新浙江现象

《新浙江现象》编写组 编

中国社会科学出版社

图书在版编目（CIP）数据

新浙江现象 /《新浙江现象》编写组编 . —北京：中国社会科学出版社，2019.10（2020.7 重印）

ISBN 978 - 7 - 5203 - 5083 - 9

Ⅰ.①新⋯　Ⅱ.①新⋯　Ⅲ.①区域经济发展—概况—浙江②社会发展—概况—浙江　Ⅳ.①F127.55

中国版本图书馆 CIP 数据核字（2019）第 194626 号

出 版 人	赵剑英
责任编辑	王　茵　马　明
责任校对	胡新芳
责任印制	王　超

出　　版	中国社会科学出版社
社　　址	北京鼓楼西大街甲 158 号
邮　　编	100720
网　　址	http://www.csspw.cn
发 行 部	010 - 84083685
门 市 部	010 - 84029450
经　　销	新华书店及其他书店
印　　刷	北京明恒达印务有限公司
装　　订	廊坊市广阳区广增装订厂
版　　次	2019 年 10 月第 1 版
印　　次	2020 年 7 月第 3 次印刷
开　　本	710×1000　1/16
印　　张	23.5
插　　页	2
字　　数	285 千字
定　　价	76.00 元

凡购买中国社会科学出版社图书，如有质量问题请与本社营销中心联系调换
电话：010 - 84083683
版权所有　侵权必究

《新浙江现象》编委会

主　任　陆发桃

副主任　徐明华　陈立旭

成　员　(按姓氏笔画排序)

　　朱纪元　朱荣伟　阮坚定　杨立新　吴为民
　　何云伟　张伟存　陈　军　陈迎春　卓厚佳
　　周显荣　洪文滨　姜海洋　柴宁宁　徐　勇

目 录

引言　高质量发展的"新浙江现象" …………………………（1）
"最多跑一次"改革：引领政府未来发展新方向 …………（10）
"一号工程"：打造数字经济示范省 ………………………（24）
大湾区：擘画未来区域发展新蓝图 …………………………（39）
大花园：全面建成美丽浙江 …………………………………（58）
未来社区：改变全省人民的生产生活方式 …………………（74）
之江实验室：打造未来高能级科技引擎 ……………………（89）
浙江精神：生生不息的发展动力 ……………………………（103）
城市大脑：构建数字社会新平台 ……………………………（115）
大交通：建设"一带一路"枢纽 ……………………………（134）
特色小镇：产城融合发展的浙江经验 ………………………（155）
"五水共治"：山水林田湖成为浙江发展的新优势 ………（168）
清廉浙江：风清气正的政治生态 ……………………………（183）
"四换三名"：凤凰涅槃看浙江 ……………………………（196）
大都市圈：建设长三角金南翼的浙江实践 …………………（209）
文化礼堂：新时代农民的精神家园 …………………………（223）
陆海统筹：以建成世界大港为目标 …………………………（237）
最佳营商环境：助力民营经济再创辉煌 ……………………（251）
"最美"现象：闪耀浙江的文明之光 ………………………（269）

转型升级：新时代浙商的历史使命……………………（284）
人才新政：打造高端人才集聚的平台…………………（296）
亩均论英雄：高质量发展出新招…………………………（314）
"地球卫士"：为践行新发展理念勇立潮头 ……………（323）
新时代"枫桥经验"：探索中国特色基层治理
　　发展道路……………………………………………（337）
精准扶贫：攻坚克难走向共同富裕………………………（351）
后　记………………………………………………………（369）

引 言

高质量发展的"新浙江现象"

胡承槐

浙江作为中国革命红船的起航地、改革开放的先行地、习近平新时代中国特色社会主义思想的重要萌发地，习近平总书记对浙江经济社会发展和各项工作给予了特殊的关爱。在2015年5月考察浙江和2016年G20领导人峰会期间，都对浙江表达了特殊的关切和期望，要求浙江"努力在提高全面建成小康社会水平上更进一步，在推进改革开放和社会主义现代化建设中更快一步，继续发挥先行和示范作用"，告诫浙江的干部和群众"干在实处永无止境，走在前列要谋新篇"，要以"勇立潮头"的精神，率先建设高水平小康社会，率先实现现代化。

16年前，习近平同志主政浙江，亲手擘画并实施"八八战略"，创造了高速度发展的"浙江现象"，创造了全国关注的浙江经验。进入新时代，历届浙江省委践行习近平新时代中国特色社会主义思想，沿着"八八战略"指引的路子一张蓝图绘到底，在政治建设、经济建设、社会建设、文化建设、生态文明建设和党的建设各领域争先创优，打造全面建成小康社会标杆省份，高质量发展的"新浙江经验"再次引起全国关注。

首先，高举习近平新时代中国特色社会主义思想伟大旗帜，鸣响"红船精神""浙江精神"的时代最强音。作为习近平新时代中国特色社会主义思想的重要萌发地，近五年来，在十三、十四届省委的带领下，全省广大党员、干部和群众掀起一浪又一浪学习贯彻习近平总书记系列重要讲话精神的热潮，习近平新时代中国特色社会主义思想走心入脑。吃透中央精神，将中央精神有机地与浙江实际相结合，发挥优势，补齐短板，是浙江改革开放以来，经济社会发展干在实处、走在前列的不二法门，更是习近平同志主政浙江时期鲜明的领导特色、实践特色。习近平同志离开浙江之后，历届浙江省委承续这一特色，十三、十四届省委将带领广大党员、干部和群众认真学习、深刻领会习近平总书记系列重要讲话精神和新时代中国特色社会主义思想作为首要的政治任务来抓，通过持续深入地学习，不断提高干部、党员和群众理解和掌握马克思主义中国化最新发展成果的思想理论水平，不断增强"四个自信""四个意识"和"两个维护"的自觉性，不断提升运用马克思主义中国化最新成果解决实际问题的能力。

不忘初心，牢记使命，自觉传承和弘扬老一辈无产阶级革命者的理想信念，并以此激发浙江广大党员、干部和人民群众建设社会主义现代化的斗志和积极性、创造性，是习近平同志主政浙江时的另一重要特色。最近五年来，十三、十四届浙江省委自觉延续这一好传统，在全省持续开展宣传、学习、弘扬"红船精神"各项活动，在全省进一步形成敬仰、体行"红船精神"的氛围和风气，进一步厚植敢为人先的创新精神，坚忍不拔的奋斗精神，以及立党为公、以人民为中心的奉献精神。与之相对应，全省各地提炼出颇具地方特色的革命精神、建设精神，诸如"梁弄革命精神""浙西南革命精神"及"大陈岛垦荒精神""海霞精神""蚂蚁岛精神"，革命精神的红色文化红遍浙江的大地山河。

人是物质性的存在物，也是精神性的存在物。从历史地生成的地方区域文化精神中寻找发展的精神动力和文化精神物质，是习近平同志主政浙江时期的又一重要特色。最近五年来，十三、十四届浙江省委自觉秉承和进一步弘扬习近平同志凝练、概括和期许的"求真务实、诚信和谐、开放图强"和"勇立潮头"的浙江精神，以浙江精神为指引，沿着"八八战略"所确定的前进路径，一张蓝图绘到底。秉持和发扬"勇立潮头""求真务实"的浙江精神，全面深化改革，进一步发挥浙江的体制机制优势，不断加快产业升级和先进生产力的发展；秉持和发扬海纳百川、博大包容、"开放图强"的浙江精神，不断提高对内对外开放水平，积极参与"一带一路"建设，始终发挥先锋和"桥头堡"作用；秉持和发扬"诚信和谐"的浙江精神，坚持和加快城乡统筹协调发展，坚持和加快以"山海战略"为底色的区域协调发展，持续深化生态文明建设，不断推动"绿色浙江"向"美丽浙江""诗画浙江"升级，持续推进文化建设，不断推动文化大省向文化强省发展。

其次，展现"勇立潮头"的奋斗精神，迈出全面深化改革的更大改革步伐。十三、十四届浙江省委遵循习近平同志"勇立潮头"的教导，坚持以"八八战略"为总纲，高举起改革大旗，突出改革强省，切实尊重基层和群众的首创精神，以"最多跑一次"改革为突破口，大胆闯、大胆试、自主改，在政治、经济、社会、文化、生态文明和党的建设各个领域，谋划实施一批群众最期盼、发展最急需的重大改革举措，以改革再创民营经济新优势，以改革加强社会治理，以改革优化发展环境，以改革惠及更多人民，使市场在资源配置中起决定性作用和更好发挥政府作用，努力在改革开放中继续走在前列。

——"最多跑一次"成为浙江敢于自我革命、勇于做改革表率的金名片。自2016年12月，浙江省委在经济工作会议提出企业和群众到政府部门办事"最多跑一次"改革目标以来，全省各地各部门自我加压，勇于探索创新，统筹推进优化营商环境，提升便民服务，加速数字政府建设，除例外事项清单外，到2018年11月，省、市、县三级实现"最多跑一次"事项100%覆盖，全省"最多跑一次"改革满意度达到94.7%。

——深化供给侧结构性改革，推进"三去一降一补"，坚决打破拖累转型升级的"坛坛罐罐"。深入实施"三改一拆"，打好治危拆违攻坚战，继续推进无违建县创建工作，做到存量违建应拆尽拆、新增违建全面禁止、拆后土地高效利用；高标准推进"五水共治"，坚持"截、清、治、修"并举，巩固扩大治污成果，不断提高防洪排涝能力，更加重视节约用水，保障优质饮用水的供应；坚决淘汰落后产能，加快小微企业园建设，扎实做好企业减负降本工作。坚决打击非法集资等金融违法行为，规范金融秩序；因城施策促进房地产市场健康发展。

——深入实施创新驱动发展战略。坚持以全球视野谋划和推动科技创新，着力创建国家实验室、建设制造业创新中心、打造协同创新联盟、引进大院名所、培育高新技术企业、建设新型研发机构、加速科技成果转化；深化科技体制改革，加强知识产权保护，全力集聚全球优质创新要素，全力扩大新技术有效供给，全力清除科技向现实生产力转化的种种体制机制障碍，打造较为完整的科技创新生态圈；大力推进杭州城西科创大走廊、国家自主创新示范区、中心城市科技城等科创大平台建设，积极创建浙东南国家自主创新示范区，加快建设"互联网＋"世界科技创新高地。

——全面振兴实体经济。坚持先进制造业和现代服务业双轮驱动，做大做强实体经济；着力发展和生成信息、环保、健康、旅游、时尚、金融、高端装备制造、文化八大万亿产业，建设一批具有国际竞争力的产业基地；加快传统产业改造提升，滚动实施小微企业三年成长计划，联动推进"互联网＋""智能化＋""标准化＋""文化＋"；建设产业创新服务综合体，加强工匠队伍建设，推进新型建筑工业化，增强传统产业生存、竞争能力。

——加大经济体制改革步伐。深化国有企业分类改革，优化国有资本布局结构，坚定不移把国有企业做强做优做大，积极发展混合所有制经济；不断完善产权保护制度，激发民间投资活力，着力构建"亲""清"新型政商关系，创造民营经济发展的更好氛围，推动民营经济实现新发展；进一步激发浙商的企业家精神，支持鼓励广大浙商创业创新、勇攀高峰；加快发展地方金融，着力建设钱塘江金融港湾，扎实抓好各类金融改革试点，继续做好企业上市工作，充分发挥上市公司在经济发展中的龙头作用、示范作用；不断推进社会诚信体系建设，着力健全地方金融风险防控和监管体系，探索创新地方金融服务新路径、新方式，让民间资本与实体经济实现更好的融合对接，为市场经济发展提供更加安全可靠的金融生态环境；统筹推进农村土地征收、集体经营性建设用地入市、宅基地制度改革；全面实施标准化战略，认真抓好国家标准化综合改革试点。

——加快农业供给侧结构性改革。坚持高效生态现代农业发展方向，以发展粮食生产功能区、现代农业园区和农业可持续发展示范园、特色农业强镇、农业全产业链为抓手，大力发展现代农业；进一步加强耕地保护，坚决守住粮食生产能力、粮食生产总量和地方粮食储备三条红线；做大做强优势特色农业产业，促进一二三产业深度融合，持续提高农业综合效益和竞争力；持续打好畜牧业转型升级战和坚定实施浙江渔场修复振兴计划；进一步创新农业经营模式，积极培育家庭农场、农民专业合作社和农业龙头企业等新型农业经营主体和新型职业农民；深化"农合联""三位一体"改革，进一步健全农村农民合作经济组织体系。

——扎实推进文化、社会、生态文明等领域改革。进一步改革和健全国有文化资产管理体制，加快国有文化企业公司制股份制改造，积极鼓励引导各类社会资本进入文化产业领域；切实推进教育领域综合改革和高考招生制度改革、医疗卫生体制改革和养老服务、医养护一体化改革，不断完善养老保险和医疗保险制度；深化环境管理体制改革，建立健全全民所有自然资源资产有偿使用制度，健全环境资源市场化配置机制；推进海洋综合行政执法体制改革，形成较为完备的海洋生态文明管理体系。

最后，坚持以"八八战略"为指导思想和总纲领、总方略，"两个高水平"建设谱出新气象。十三、十四届浙江省委谨记习近平总书记要求浙江"努力在提高全面建成小康生活水平上更进一步，在推进改革开放和社会主义现代化建设中更快一步"的嘱咐，自觉地把"八八战略"作为长期坚持的指导思想和总纲领、总方略，运用系统思想、辩证思维、战略思维、底线思维，结合发展了的变化了的浙江新实际新条件，提出高水平全面建成小康社会、高水平推进社会主义现代化建设"两个高水平建设"和"富强浙江、法治浙江、文化浙江、平安浙江、美丽浙江、清廉浙江""六个浙江"建设奋斗目标。五年来，"两个高水平"和"六个浙江"建设取得长足进步，谱写了更新气象，充分展现出全省广大干部群众干在实处、走在前列、勇立潮头的浙江精神。

五年来，浙江作为改革开放先行地地位得到进一步的巩固。经济总量进一步提高，人均可支配收入达到45840元（2018年），经济转型升级在快车道上行驶得更为稳健；城乡差别进一步缩小（全国各省区最小），城乡一体化发展更加醒目；区域发展更为协调（成为区域发展最为协调的省份之一）；民生保障得到进一步加强，民生事业得到进一步发展，人民群众的民生获得感幸福感空前高涨；法治建设走在全国前列，使法治越来越成为浙江核心竞争力重要组成部分；平安建设快速发展，使浙江成为全国最为平安的省份之一；文化建设成绩卓著，文化软实力显著增强，达成文化大省、文化强省目标指日可待；"绿水青山就是金山银山"的生态理念深入人心并体现在各项工作中，生态建设进入新境界。

概言之，全省广大党员、干部、群众，在十三、十四届省委的带领下，谨记习近平总书记的嘱咐，勇立潮头、发愤图强，五年来，创造了全方位、深层次、历史性的新变化新发展，给全省人民带来了实实在在、满满当当的种种福祉。

为了更加具体、细致地反映上述新变化、新气象，浙江省委党校专门编写《新浙江现象》一书以作记录。全书从24个方面记录、反映了最近几年来浙江发生的深刻变化和奋斗精神。《"最多跑一次"改革：引领政府未来发展新方向》，记叙了"最多跑一次"的源起、过程和效果，分析了"最多跑一次"的主客观条件及其意义和对全局的影响；《"一号工程"：打造数字经济示范省》记叙了浙江在建设数字中国进程中先行一步的担当、具体措施及其已经取得的成效，分析了浙江在建设数字经济过程中的经验和启示；《大湾区：擘画未来区域发展新蓝图》则介绍了建设杭州湾经济区的源起、目前的建设状况，分析了未来发展的可能趋势以及对浙江、长江区域发展的意义；《大花园：全面建成美丽浙江》记叙了浙江在经济发展过程中走绿色发展之路、与自然和谐共处的美好故事；《未来社区：改变全省人民的生产生活方式》介绍了浙江以未来社区建设撬动新型城镇化建设，推动社区建设朝数字化、绿色化转型的具体实践情况；《之江实验室：打造未来高能级科技引擎》则以个案情况的记录，分析了浙江如何开展政府、学校、企业三方合作推动高新科技产业发展的创新实践；《浙江精神：生生不息的发展动力》则回顾了习近平同志对铸就、凝练和概括"浙江精神"的贡献，介绍和分析了"浙江精神"引领浙江发展的意义;《城市大脑:构建数字社会新平台》介绍了杭州市运用大数据、云计算、人工智能等前沿科技构建平台型人工智能中枢,整合汇集政府、企业、社会数据,进而实现城市运行高科技化的实践经验;《大交通:建设"一带一路"枢纽》介绍了宁波、舟山以参与"一带一路"为契机推动大交通基础建设的具体进展和发展前景;《特色小镇:产城融合发展的浙江经验》介绍了115个省级创建小镇、64个省级培育小镇、7个命名小镇产城融合发展的一般情况,分析了特色小镇建设的一般经验和意义;《"五水共治":山水林田湖成为浙江发展的新优势》记叙、分析了浙江推行"五水共治"的缘由、内涵、措施、成效及其对于绿色发展的深刻意义;《清廉浙江:风清气正的政治生态》记叙、介绍了浙江努力构建山清水秀的政治环境,公平透明的经济环境,海晏河清的社会环境,风清气正的文化环境,昂扬向上的干事环境的新进展;《"四换三名":凤凰涅槃看浙江》记叙、介绍了浙江为实现经济转型升级展开腾笼换鸟、机器换人、空间换地、电商换市,培育名企、名品、名家的艰苦努力及其成效和意义;《大都市圈:建设长三角金南翼的浙江实践》介绍了浙江在融入长三角一体化过程中的创新实践和成效;《文化礼堂:新时代农民的精神家园》介绍了浙江农村传承优秀文化,弘扬文明乡风和培育农民素养的新进展;《陆海统筹:以建成世界大港为目标》讲述了统筹海洋经济、内陆经济协同发展背景下,宁波舟山港崛起成为世界级大港口的精彩故事;《最佳营商环境:助力民营经济再创辉煌》则介绍了浙江通过全面深化改革和实施大湾区、大花园、大通道、大都市区"四大建设",打造最佳投资营商环境,助力民营经济再创辉煌的实践经验;《"最美"现象:闪耀浙江的文明之光》通过对"最美人物"的介绍、分析,讲述了浙江精神文明建设的经验、特点和启示;《转型升级:新时代浙商的历史使命》简要介绍了新一代浙商的基本精神特征和在浙江经济发展中所起的作用;《人才新政:打造高端人才集聚的平台》介绍了浙江出台人才新政,打造聚集人才平台助力新经济发展的措施、成效及其经验、启示;《亩产论英雄:高质量发展出新招》介绍了浙江最近几年资源配置集约化,高标准推动产业创新升级的新进展;《"地球卫士":为践行新发展理念勇立潮头》介绍了浙江保护环境、生态文明建设的最新进展和基本经验;《新时代"枫桥经验":探索中国特色基层治理发展道路》讲述了以党建引领、"三治"融合为特征的浙江地方基层治理的新进展和基本经验;《精准扶贫:攻坚克难走向共同富裕》介绍和分析了浙江走出一条富有浙江特色的扶贫开发、共同富裕路子的措施、成效、经验及启示。

"最多跑一次"改革：引领政府未来发展新方向

陈宏彩　易龙飞

2016年12月，自浙江省委经济工作会议首次提出企业和群众到政府部门办事"最多跑一次"的改革目标以来，浙江各地各部门自我加压，勇于探索创新，统筹推进优化营商环境，提升便民服务，加强事中事后监管等工作，企业群众到政府办事的满意率和便捷度都有了提升。如今，"最多跑一次"正在从"点上突破、面上推广"转向"点面融合、系统推进"，进入向经济社会全面延伸覆盖、引领撬动各领域改革的攻坚阶段，成为浙江新一轮全面深化改革的"金字招牌"。截止到2018年11月，除例外事项清单外，浙江省、市、县三级已实现"最多跑一次"事项100%覆盖，全省"最多跑一次"改革满意率达到了94.7%。[①] 而从更深的层面看，"最多跑一次"改革的成果如何能够持续巩固并向更为广阔的领域扩散，"最多跑一次"改革的效应如何能够推动政府治理体系和治理能力的现代化等，是我们在理解"最多跑一次"改革这一新浙江现象的过程中应该思考的问题。在此背景中，浙江省委省政府作出了"以'最多跑一次'改革推动政府

---

① 《浙江实现"最多跑一次"事项全覆盖》，《浙江日报》2018年11月28日。

数字化转型"的重大举措，数字政府建设将成为数据强省和数字浙江的重大标志性、引领性工程，也标志着"最多跑一次"改革正在进入全新的发展阶段。

一 "最多跑一次"改革何以可能

"最多跑一次"从一种理念到各地实践、从一个目标到不断实现，其背后所蕴含的逻辑基础和动力机制等，是我们理解浙江"最多跑一次"改革的钥匙。

（一）得益于人民立场的改革理念

我们的改革事业和经济发展为了谁、依靠谁，这是关系到全面深化改革目标与动力的重大问题。党的十八大以来，以习近平同志为核心的党中央秉持以人民为中心的发展理念对这一问题作出了庄重回答。"以人民为中心的发展思想"是中国共产党政治先进性的集中体现，其不能仅仅停留在一个抽象的政治理念上，也不能单单止步于一个空洞的政治口号上，而要贯穿于各项改革发展事业的具体工作中。如今，"最多跑一次"改革的实践就是浙江践行以人民为中心发展思想的具体体现，改革所取得的成效全部交由群众来评判。[①] 改革过程中所推行的"一窗受理、集成服务"模式，通过审批流程优化和内部流程再造，实现了让"政府部门跑"代替"企业群众跑"，政务服务得到了根本性优化；推行"容缺受理"机制是政府部门进行换位思考的生动体现，有效地避免了企业群众因为同一件事项的办理反复办、来回跑，体

[①] 车俊：《坚持以人民为中心的发展思想将"最多跑一次"改革进行到底》，《求是》2017年第20期。

现了政府主动服务的灵活性；借助"互联网+政务服务"平台，"事前网上申请、事中在线办理、事后快递送达"的全流程服务链正在形成，部分事项可以实现"零跑腿"办理。因而，我们判断一项改革创新是昙花一现还是持久推进，最重要的是改革本身所秉持的理念是否能够让大多数人受益，是否符合社会历史的发展潮流。从这一点出发看"最多跑一次"改革，这些改革措施和创新实践都是以提升群众企业获得感为出发点，在根本上摆脱了以往政府部门自娱自乐式的改革，"以人民为中心"的改革理念将成为改革不断向前推进的根本保证。

（二）得益于前序改革的累积效应

多年以来，浙江持续推进以简政放权为核心内容的改革举措，先后开展行政审批制度改革、"四张清单一张网"改革以及乡镇"四个平台"建设，取得明显成效。在行政审批制度改革方面，以市（区、县）实体行政服务中心的建设为标志，浙江首轮行政审批制度改革于1999年正式启动。此后经过多次行政审批事项的精简和下放，到2013年，省级层面仅保留了行政许可事项718项、非行政许可审批事项243项。从2013年开始，浙江又开始推进"四张清单一张网"改革，进一步加大政府权力清单的清理力度并着手建立全省统一的浙江政务服务网。而在制度建设方面，通过建立集中审批制度、加快完善联合审批制度、建立审批前置和中介服务规范化管理制度、推行入园项目和大项目审批服务全程代理制度、建立审批事项准入制度以及健全审批责任制等措施，以实现在更高层次改善制度供给，让市场发展获取制度红利[①]。与此同时，在乡镇政府层面推行"四个平台"建设以解决

---

① 《浙江行政审批改革历程》，《人民日报》2014年5月12日。

改革措施落地的"最后一公里"问题，实现政务服务向乡镇、村延伸，使改革的红利也能够惠及基层群众。从浙江省早期的行政审批制度改革到"最多跑一次"改革，这是一个循序渐进的历史过程。改革的核心主线都是围绕着更好地调适政府与市场、政府与社会关系进行的，从而更加科学地配置政府权力、优化政府职能。因此，"最多跑一次"改革如今之所以能够推进，一个很重要的因素是改革的前期基础和积淀较为深厚，这是浙江利用改革的先发优势进行的革故鼎新式的政府自我革命。

（三）得益于政府作风的持续转变

"最多跑一次"改革是一项非常"接地气"的改革，其初衷就是要改变以往社会大众对政府部门所形成的"门难进、脸难看、事难办"的印象。因而，以改革为突破口来推动政府部门的作风转变，既是践行中央关于党风、政风建设新要求的具体行动，也是政府提升自身公信力和公众形象的绝佳机会。"最多跑一次"改革正式启动以来，由政府工作作风转变带来的成效是显著的，具体体现在三个方面。首先是雷厉风行的工作作风。省、市、县各级政府部门按照省委省政府的统一部署迅速开展事项梳理工作，各级政府仅用半年左右的时间，就实现了"最多跑一次"事项占同级企业群众到政府办事事项的80%以上，这一速度离开了政府部门有效的执行力是难以达到的。其次是敢于创新的工作作风。如浙江在全国范围内出台了第一个专门规范公共数据的省级政府规章，第一个以落实行政审批改革为内容的省级地方标准，又率先全面实施"多证合一、一照一码"改革等，这些创新让企业群众看到了政府将改革进行到底的决心和勇气。最后是为民担当的工作作风。无论是"容缺受理"机制的探索还是"帮扶代办、邮寄代办"机制的建立，都是政府部门主动对接群众企业诉求进行的实践创新。这些做法虽然在法律层面尚存在一定风险，需要出台一系列的后续政策来予以完善，但是政府部门这种敢于为民担当的工作精神是值得肯定的。政府作风的主动转变能够直接被群众所感知，其对于改变社会公众对于政府的刻板印象往往能够收到立竿见影的效果，因而能够成为改革不断深化推进带来的巨大政治红利。

（四）得益于技术创新的关键支撑

"最多跑一次"改革若要真正实现，离开互联网和大数据技术的支撑几乎是不可能的。早在2002年，浙江省委省政府就提出了建设"数字浙江"的重大决策，并把电子政务建设确定为"数字浙江"建设的核心工程。为此，各级政府和部门在各项信息化试点工作方面积极响应，推进了一批信息化重点工程的建设。特别是近年来，在以浙江政务服务网为平台，全面深化"互联网＋政务服务"，推动实体办事大厅与浙江政务服务网融合发展等方面取得了突出的成效。浙江政务服务网，是全国第一个以"互联网＋"思维打造的集行政审批、便民服务、政务公开、互动交流、数据开放等功能于一体，省市县乡统一架构、多级联动的网上政务服务平台。此外，对于数据资源丰富和产业优势明显的浙江来说，运用大数据实现政府治理创新具有天然优势。目前，浙江在大数据顶层设计、组织机构、数据应用和产业发展等方面都率先进行探索。2015年底，浙江省数据管理中心（浙江省大数据发展管理局的前身）正式成立，负责拟定并组织实施全省大数据发展规划，研究制定相关标准规范，推进大数据基础设施建设，组织协调大数据资源归集整合和共享开放等工作。因而，以互联网和大数据技术为支撑，实现政府部门间数据与信息壁垒的破解，进而建立横向统一的信息处理和调用平台，才使得"最多跑一次"改革的落地具有关键的技术载体。长远来看，利用互联网和大数据技术打破数据孤岛将是一项基础性、联动式、学习型的重大创新，对于信息化技术较为发达的浙江省来说，这是一次迭代推动政府治理数字化转型的重大举措①。

二 "最多跑一次"改革彰显服务型数字政府的新理念与新实践

"最多跑一次"改革的初衷就是优化政府职能，提升政务服务水平。在改革不断深化的过程中，浙江各地围绕省委省政府"以'最多跑一次'改革推进政府数字化转型"的总体部署，积极运用信息化工具和数字化思维，不断提升老百姓到政府办事的体验，服务型数字政府的建设水平不断得到提升。

（一）推广"无差别全科受理"

各地行政服务中心是政府联系企业群众的重要纽带，是"最多跑一次"改革成果的前端体现。2018年以来，各地行政服务中心为了适应改革需要，在先期推行"一窗受理，集成服务"改革模式的基础之上，开始试行"无差别全科受理"模式，也即行政服务中心任何一个窗口都能够代表政府受理全部办事事项，完善"前台综合受理、后台分类审批、综合窗口出件"政务服务模式，做到政务办事"只进一扇门""最多跑一次"，实现"一窗通办"。按照这一全新的政府服务模式，试点地区将行政服务中心窗口的布局进行优化，逐步由现行按照办事事项所属种类的不同

---

① 袁家军：《在打破信息孤岛推进"最多跑一次"改革第三次专题会议上的讲话》，《浙江日报》2017年9月28日。

设置"投资项目""社会事务""商事登记""不动产登记""公安出入境""税务办理"等若干大类窗口的思路，调整为仅设置综合受理窗口、综合出件窗口和"最多跑一次"投诉代办窗口等三大类窗口的思路，集成行政审批各部门收件服务，统一收件标准、审批标准和服务标准。按照试点地区的改革经验与思路，全省各地正在结合本地实际逐步优化窗口设置，并通过导服咨询、自助办理、网上办理等方式与"无差别全科受理"模式相衔接。

"无差别全科受理"改革的实施，对于政务系统对接、数据共享、事项标准化等工作提出更高要求，有助于真正打破部门行政壁垒和数据壁垒，按照"群众要办理的整个事情"重塑业务流程，真正实现让办事主体不仅"只进一扇门"，而且"只到一个窗、办成整件事"，为推进更多跨部门"一件事"联办打下坚实基础。从更深层次的意义来说，"无差别全科受理"不仅是整体政府和无缝隙政府建设的重要内容，更要依托于数字政府建设的最新成果，是对于传统政府管理所呈现出的碎片化、分裂化倾向的改良，有助于全面提升老百姓到政府办事的满意度和获得感。

（二）实现"一证通办一生事"

现代信息技术的发展，为政府办事流程的重塑和政务服务的提供创造了全新可能。"最多跑一次"改革在不断推进的过程中，充分结合互联网技术巨大优势和政务大数据共享应用的成果，在创新政务服务流程方面取得了显著成果。尤其是"一证通办一生事"等改革措施，成为浙江服务型数字政府建设的全新名片。"一证通办"改革，是指以公民身份证件作为唯一标识，依托大数据、云计算技术，实现涉及政务服务事项的证件数据、相关证明信息等跨部门、跨行业互认共享。由此，市民凭一张身份证，就能办理从出生至死亡的绝大部分涉民事项，无须提供其他证明材料。

"一证通办"的真正实现，离不开政务服务事项的标准化、规范化和政务数据共享应用平台等的建设。首先，需要政府各职能部门全面梳理办事事项，厘清共享信息数据的需求，逐一明确每个办理事项所需的信息数据；其次，需要建立各职能部门的数据仓和办事事项的主题数据仓，推动各类需求信息数据的清理和归集；再次，需要开发数据共享应用的信息化平台，为实现数据交换、数据清洗和数据归集提供技术载体；最后，需要确保应用信息数据的安全，设定相关的安全原则防止个人信息被滥用、泄露。"一证通办一生事"改革的实施不仅给群众带来了便利和获得感，更是撬动了政府各领域全面深化改革。到2019年底，浙江全省范围内至少70%的民生事项将要实现"一证通办"。

（三）创建"无证明城市"

来自于政府的证明事项过多，一方面表明部分职能部门受到"权力本位"思维的影响，意图通过开具证明的方式来展现自身的权力存在；另一方面也表明政府内部职能部门之间的数据信息沟通不畅，无法通过共享调用的方式来满足政务事项办理的需要。对此，浙江部分地市近年来开始探索"无证明城市创建"改革，以"最多跑一次"改革和政府数字化转型为契机全面清理各类证明材料，最大限度为群众和企业提供便利。所谓的"无证明"，是指群众和企业到政府机关、公共事业单位和公共服务机构办事，无须提交需要自己跑腿去开具的各类证明材料。其中，证明材料一般是指群众（或市场主体）未持有、由本地权威部门开具、针对特定事项的具有举证意义的盖章类材料。例如一些地市规定，凡是没有法律法规明确规定的证明材料，开具证明的部门无权查证、无法开具的证明材料，能够通过申请人现有证件、凭证办理的证明材料，能够通过申请人书面承诺等信用管理手段解决的证明材料，能够通过大数据信息平台实现数据信息互联共享的证明材料等，一律应予以取消。

全面清理各类证明材料，分步骤消灭各类不合理证明、奇葩证明、循环证明，最大限度地为百姓办事提供方便，打造"无证明城市"的理念，至少在以下两个方面具有重要意义。一是改革本身所具有的问题导向，也即政府精确瞄准群众反映强烈的程序烦琐、循环往复、无法开具的各类证明过多这一问题为突破口，全面改进政府权力运行方式，是政府转变职能优化服务的重要体现。二是改革所具有的联动效应，通过清理证明材料倒逼政府自我改革，压缩权力任性空间，推动业务流程再造，打通部门之间的"信息孤岛"，强化"互联网+政务服务"应用，系统提升政府治理现代化能力和水平。

（四）打造"移动办事之城"

自2014年以来，浙江不断深化全省统一架构、五级联动的浙江政务服务网建设，形成了全省事项清单统一发布、网上服务一站汇聚、数据资源集中共享的"互联网+政务服务"体系。截止到2019年3月，更新改版后的浙江政务服务网已实现适宜网上办理的事项100%网上办，其中省级860项，市级平均866项，县级平均771项。与此同时，"浙江政府服务"APP（"浙里办"）也推出了公共支付、生育登记、诊疗挂号、社保证明打印、公积金提取、交通违法处理等17个类别、300余项便民应用，能够提供省级掌上办事168项，市级平均452项，县级平均371项。《数字中国建设发展报告（2018年）》显示，浙江省整体的公共服务信息化水平居于全国领先地位。

而在地市层面，打造"移动办事之城"是各地深化"最多跑一次"改革，推进政府数字化转型的标志性项目之一。遵循为市民统一提供政务服务、公共服务、生活服务，构建数据与服务驱动的新型智慧城市综合服务平台的宗旨，一些地市开始尝试利用"办事服务"APP和综合自助服务机等载体，为市民提供高效便捷的"移动办""掌上办""就近办"等服务项目。其中，"办事服务"APP的服务内容主要以政务服务和便民服务为主，集成认证、预约、咨询、查询、受理、支付、办结、评价等办事服务功能，涵盖公共缴费、社会保障、违章处理、文化教育、住房保障、社会救助、户籍办理、出入境管理、公共交通、休闲旅游等服务事项，实现线上服务 APP 与线下行政服务中心办事大厅的部分业务的融合；综合自助服务机既可实现公民个人办事事项就近可办，又可实现公民个人办事事项全天候不间断可办，极大地夯实了基层行政服务中心、乡镇街道便民服务中心和村社区服务网点的服务能力。因此，"移动办事之城"的建设目标既有力推动了"最多跑一次"改革取得实质突破，又是政府数字化转型针对企业群众办事的移动端展现，是"互联网+政务服务"模式下的全新应用场景。

三 以"最多跑一次"改革推动服务型数字政府建设的思路与举措

上述新理念和新实践充分表明，浙江"最多跑一次"改革本质上是政府职能深刻转变、业务流程深刻重塑、权力运行方式深刻变革的系统型工程，其背后必然离不开现代信息技术的支持。近年来，互联网、大数据、云计算、人工智能等新兴技术的叠加共生，为政府利用现代信息技术实现数字化转型，创新公共服务的供给方式提供了有效的工具。① 从这个角度来说，浙江"最多跑一次"改革的持续深入推进对服务型数字政府形成了一定的倒逼作用。若要实现企业群众到政府办事"最多跑一次"或者"一次也不跑"的目标，就必须借助于政府从量变到质变、从理念到实践、从技术到应用的全面改变。

（一）进一步明确群众导向的服务理念

现代信息技术工具在政务服务领域的运用是"最多跑一次"改革取得成效的重要因素，也是推动服务型数字政府建设的重要前提。为了满足公众对于更高质量、更为便捷公共服务的要求，无论是线上服务平台、线下服务窗口还是自助式服务终端，各地政府在不断对其优化升级的过程中必须牢固树立用户导向，以提供用户满意的公共服务为目标，从企业群众的办事体验出发不断提升各种服务载体的服务能力，不断满足人民群众对于政务服务的新期待。一方面，服务型数字政府建设必须充分适应"互联网＋政务服务"发展的新特点，运用互联网发展的技术优势和互联网秉持的"用户思维"，持续推进政务业务服务流程优化和再造，提高政府部门"一站式"服务、不间断服务、主动式服务、精准式服务的能力，不断满足网络信息条件下大众对政务服务变革的新需求。另一方面，服务型数字政府建设的绩效评价必须以用户体验为核心，要建立一套科学完善的绩效评估体系，鼓励发动群众积极参与对政府改革的绩效评估，将人民群众的满意度和意见建议作为服务型数字政府建设的重要指挥棒，提高服务型数字政府建设的绩效。

---

① 戴长征、鲍静：《数字政府治理——基于社会形态演变进程的考察》，《中国行政管理》2017年第9期。

(二) 进一步推动政务数据的集中共享

掌握全面准确的信息数据是推动政府管理智能化和服务精准化的基本前提，也是服务型数字政府建设的逻辑起点。因而，要充分利用大数据资源创新政府运作模式，提升对于数据的采集、共享和应用的能力。首先，要加快推进政务数据资源跨地区、跨层级、跨部门共享和交换，树立"数据共有""共享增值"等理念，通过建立部门数据仓、主题数据仓、基础数据仓等方式清洗汇总数据，在此基础上建立政务大数据中心，协调政府部门之间数据共享调用和应用开发的相关事务，提升政府部门对于政务大数据的协同联动能力，从而为实现民生服务的数字化转型奠定技术基础大数据思维。其次，要加强政企合作、多方参与，加快公共服务领域数据集中和共享，在保证安全可控、权责明晰的前提下推进政府同企业积累的社会数据进行平台对接，充分利用外部社会数据资源尤其是互联网、金融、电信、银行、能源、医疗、教育等领域的数据，形成数据来源广泛、多方数据比对、数据时效性强的政府决策和公共服务数据支撑体系。最后，政府要善于利用自有数据、行业数据、社会数据等多方数据，进行交叉比对、关联挖掘和趋势预判，提高政府对于社会发展、民生服务、社会管理等领域的深度分析和预测能力，提升个性化服务、主动式服务的应用水平。

(三) 进一步强化部门之间的协调联动

多年以来，政府行政管理体制改革始终都在追求整合各部门资源，提高政府的整体运行效率，达到纵向权力体系和横向职责体系配置的最优状态。特别是西方整体性政府理论所强调的通过横向和纵向协同来有效增加政府公共政策的效能，加强不同政府内部不同利益主体之间的团结合作，应对碎片化公共服务的困境等，为我们的改革提供了新的启示。"最多跑一次"改革和服务型数字政府建设的根本目的，就在于从整体性政府的理念出发优化政府职能，提高政务服务水平，实现政府治理的现代化。因此，我们在改革的顶层设计中必须首先树立"整体性政府"的大局观。整体性政府是一种全新政府治理模式，与传统官僚制、新公共管理运动有显著区别，通过协调政府上下级、同级部门的思想和行动，重新整合碎片化的行政资源以实现预期的目标。针对碎片化管理体制中组织僵化、部门主义等弊端，整体性政府从文化理念、组织结构和工作机制上产生根本性变革，强调跨部门的协调与合作，实现政府部门的功能性重组，实现政府功能的"弹性"和"柔性"。[①] 当然，这种整体性思维不仅包括信息共享工作的协调，更重要的是在行政文化方面建立整体性思维。各部门在提供公共服务过程中，代表的是一个政府整体而不仅仅是部门本身，各部门协同合作，强化改革共同体意识，提高公共服务质量。此外，我们要推进一体化政府监管体系来强化对于公众诉求的回应。应当按照整体政府、职能分工和协同监管的要求，加快跨部门业务流程优化和前后对接，推动政务数据资源无缝即时流动，提升各级政府协同联动治理能力，杜绝因业务不衔接而出现监管漏洞现象，以更高水平的监管来保障民生福祉的提升。

（四）进一步夯实政务服务的基层基础

"最多跑一次"改革和服务型数字政府建设还必须关切广大基层的现实利益诉求，通过各种渠道打通政府联系群众、服务群

---

① 王佃利、吕俊平：《整体性政府与大部门体制：行政改革的理念辨析》，《中国行政管理》2010年第1期。

众的"最后一公里",着力形成人往基层走、钱往基层投、政策往基层倾斜的良好导向,促使一大批多年积累在基层的矛盾和问题得到有效化解,一大批事关基层群众民生痛点的问题得到切实解决。首先,要构建多级联动的工作机制。通过现有信息化平台和网格化治理模式将省、市、县、乡四个行政层级串联起来,形成对于基层社会问题和利益诉求的及时响应,让各级政府所实施的改革目标和服务举措更加具有协调性和针对性。其次,要不断提升基层政府的服务能力。应当以"最多跑一次"改革和服务型数字政府建设为契机,着力强化基层政府的公共服务职能和服务能力,着力完善基层政府的服务方式和服务体系。尤其是对于乡镇(街道)政府而言,要着力推进便民服务中心功能升级,提升乡镇(街道)政府在提高义务教育质量和水平、做好劳动就业和社会保险服务、落实社会救助和社会福利政策、提供养老和基本医疗卫生服务、强化村(社区)文化礼堂和文化家园建设等方面的服务职能。最后,要实现人财物资源真正向基层倾斜。公共服务的提供实现离不开人力、物力、财力和信息化资源的支撑,各级政府在确定改革目标的同时应当同步考虑配套保障措施,确保基层政府真正拥有相应的服务供给能力。

"一号工程"：打造数字经济示范省

何圣东　徐梦周　潘松挺　胡　青

以大数据、人工智能等为代表的新一代信息技术创新突破和融合应用，推动经济社会向更高级形态演进，开启了数字经济发展新时代新机遇。世界各国都把推进经济数字化作为实现创新发展的重要动能，在前沿技术研发、数据开放共享、隐私安全保护、人才培养等方面做了前瞻性布局。面对全球数字经济发展的大潮，习近平总书记在深刻洞察世界产业和科技变革趋势的基础上，对建设网络强国、数字中国进行了科学擘画。他在党的十九大报告中指出，"要建设网络强国、数字中国、智慧社会"，"推动互联网、大数据、人工智能和实体经济深度融合"。浙江作为中国革命红船的起航地、改革开放的先行地、习近平新时代中国特色社会主义思想的重要萌发地，当好数字经济发展的排头兵责无旁贷。2017年12月，浙江省委经济工作会议明确指出"把数字经济作为'一号工程'来抓"。2018年以来，浙江加快推进数字经济建设，制定了国家数字经济示范省建设方案和数字经济五年倍增计划，着力构建以数字经济为核心的现代化经济体系，不断擦亮浙江数字经济"金名片"。

一 发展数字经济的浙江选择

数字经济，是指以数字化的知识和信息为关键生产要素、以现代信息网络为重要载体，通过大数据、人工智能等技术的广泛应用，并与各类经济活动深度融合，显著优化经济运行环境，提升经济运行质量和运行效率的新经济形态。实施数字经济"一号工程"，是深入践行习近平新时代中国特色社会主义经济思想特别是网络强国、数字中国战略思想的浙江行动，是浙江顺应数字经济时代潮流的重大战略选择。

（一）数字经济是新时代的一场新经济革命

2014年，习近平总书记在致首届世界互联网大会贺词中指出，"以信息技术为核心的新一轮科技革命正在孕育兴起，互联网日益成为创新驱动发展的先导力量"[1]。2015年，习近平总书记在第二届世界互联网大会开幕式上进一步指出，"纵观世界文明发展史，人类先后经历了农业革命、工业革命、信息革命"，"中国将大力实施网络强国战略、国家大数据战略、'互联网+'行动计划"[2]。互联网的广泛普及促使数字化的知识和信息成为重要的生产要素，数字经济日益成为经济发展的新模式。世界主要国家认识到数字经济带来的巨大机会，纷纷出台相关战略，启动经济数字化转型战略计划。仅在2018年，美国在数字经济领域就发布了《数据科学战略计划》《美国国家网络战略》和《美国先进制造业领导力战略》等多项战略计划。基于"美国优先"理念，

---

[1] 《习近平致首届世界互联网大会贺词》，新华网，2014年11月19日。
[2] 习近平：《在第二届世界互联网大会开幕式上的讲话》，新华网，2015年12月16日。

美国力图继续巩固其数字经济的优势地位。同年，欧盟也密集出台了《欧盟人工智能战略》《地平线欧洲》等一系列政策，集中部署欧盟在人工智能等全球前沿领域的技术研发、道德规范制定以及投资规划。日本综合科学技术创新会议发布《综合创新战略》，提出要加强政府对创新的支持，同时强调要完善社会基础设施所必需的数据协作基础。在此背景下，浙江必须准确把握全球数字经济发展趋势，培育具有全球竞争力的数字新技术、新产业，抢占未来发展制高点，为"两个高水平"建设提供强大动力。

（二）发展数字经济已成为国家战略

面对全球数字经济领域的激烈竞争，近年来，我国积极布局数字经济相关技术与产业创新发展，先后出台了《促进大数据发展行动纲要》《国务院关于积极推进"互联网+"行动的指导意见》《"十三五"国家战略性新兴产业发展规划》等系列政策。2017年，"数字经济"一词首次出现在政府工作报告中。同年，党的十九大报告专门提到"数字经济""数字中国"。2017年12月，习近平总书记在主持中共中央政治局第二次集体学习时明确指出，"要构建以数据为关键要素的数字经济"，"加快建设数字中国"[1]。2018年4月，习近平总书记在全国网络安全和信息化工作会议上再次强调，要发展数字经济，加快推动数字产业化和产业数字化[2]。这充分体现了国家层面对数字经济的高度关注。据统计，截至2018年底，我国数字经济规模达到31.3万亿元，占

---

[1] 《习近平主持中共中央政治局第二次集体学习并讲话》，新华社，2017年12月9日。
[2] 《习近平出席全国网络安全和信息化工作会议并发表重要讲话》，新华社，2018年4月21日。

GDP 的比重超过 1/3。[①] 其中，数字产业化规模达到 6.4 万亿元，占 GDP 比重为 7.1%；产业数字化规模超过 24.9 万亿元，占 GDP 比重为 27.6%。[②] 数字经济已成为中国经济的重要组成部分，是推动经济发展的新引擎。从全国各地的实践来看，各级地方政府陆续出台数字经济相关政策，推进数字经济持续发展。作为数字经济强省的广东制定了《数字经济发展规划》，提出用 5—8 年时间，打造成为国家数字经济发展的先导区、数字丝绸之路的战略枢纽和全球数字经济创新中心。江苏提出，到"十三五"末，数字经济的总量要达到 5.8 万亿元，2025 年达到 14.5 万亿元。贵州发布了《贵州省数字经济发展规划》，提出加快谋划和布局数字经济，发展数字经济主体产业，促进三次产业数字化融合。即便是地处西部地区的陕西、广西等地，也分别发布了《陕西省 2018 年数字经济工作要点》《广西数字经济发展规划》，以支持本地区数字经济的发展。可以说，抢抓数字经济发展机遇，正成为各省（市、区）的共同选择。因此，浙江必须对标国家要求、国际标杆、国内先进，明确发展定位，找准主攻方向。

（三）发展数字经济是浙江实现高质量发展的必由之路

发展数字经济，通过数字技术应用对传统产业进行全方位、多角度、全链条的改造，不断释放数字对经济发展的放大、叠加、倍增作用，是浙江破解资源环境要素制约，摘掉低散乱"帽子"，推动经济发展质量变革、效率变革、动力变革的重要路径，是浙江实现高质量发展的必由之路。十多年来，浙江省委省政府坚持不懈地抓数字经济发展，在信息经济产业、数字融合应用、

[①] 中国信息通信研究院：《中国数字经济发展与就业白皮书（2019年）》，2019年4月。
[②] 同上。

数据资源积累等方面打下了扎实基础。一是信息经济先发优势显著。浙江是全国唯一的国家信息经济示范区，在软件和信息技术服务业、电子信息制造业综合发展上居全国前列。全省信息技术领域的专利申请量年均增长在20%以上，已形成云计算、大数据、物联网等数字产业引领的发展格局，涌现出阿里巴巴、中电海康等一批领军企业，位居电子信息、软件、互联网等全国行业百强前列。二是数字融合应用全国领先。浙江不断深化制造业与互联网融合发展，积极推进"企业上云"，大力发展工业互联网，全省产业数字化转型进程不断加快，重点行业典型企业的企业资源计划（ERP）普及率、制造执行系统（MES）普及率、产品生命周期管理（PLM）普及率、供应链管理（SCM）普及率、装备数控化率等均处于全国领先。三是数据资源积累丰厚。通过设立省数据资源管理中心，建立省级政务信息资源目录体系，浙江政府数据资源开放共享深入推进，"最多跑一次"改革成为浙江的一张金名片。浙江拥有全球领先的电商、视频安防、健康医疗等大企业大平台，积累了丰厚的经济和社会大数据资源，为数据驱动发展奠定了扎实的基础。

二 数字经济"一号工程"战略部署与实践成效

浙江积极抢抓新一轮科技革命与产业变革的重大历史机遇，以"数字产业化、产业数字化"为主线，突出"三区三中心"定位，聚焦关键技术攻坚、数字产业培育、数据驱动发展、基础设施提升、开放协同发展、体制机制创新等八大领域实现重点突破，落实组织领导、政策扶持、项目引领、试点示范、统计评价、提升全民数字素养等六个方面的保障措施，形成了浙江数字经济示范省建设的"3386"体系，为浙江经济高质量发展提供了强大动力。

（一）推动数字经济"三区"建设

1. 建设全国数字产业化发展引领区

一方面是推动数字经济核心产业规模能级不断壮大，打造全省新经济新动能培育的主战场以及全省经济增长的主引擎；另一方面是全面提升数字经济核心产业综合竞争力，形成一批世界级产业集群和世界一流企业，力争云计算产业进入全球第一方阵，大数据、数字安防、工业互联网等细分领域领跑全国，人工智能、虚拟现实、量子信息、柔性电子等新兴产业全面起势，数字经济核心产业整体发展水平进入国内外先进行列，引领全国数字产业化发展。目前，浙江已布局建设6个省级集成电路产业基地，中芯国际等一批重大项目已落地建设。数字经济业务收入超千亿元企业1家（阿里巴巴），超百亿元企业20家，入选全国电子信息百强、软件百强、电子元件百强分别为14家、10家、20家。

2. 建设全国产业数字化转型示范区

推进互联网、大数据、人工智能和实体经济深度融合，提升全省重点行业、规模以上企业、产业园区等数字化水平，广泛推行智能生产（无人车间、无人工厂）、网络协同制造、个性化定制、服务型制造等新型制造模式，发展工业互联网创新能力（工业大脑）、工业互联网网络基础设施以及融合应用，探索形成数据驱动实体经济转型的浙江模式，打造全国产业数字化转型的示范样本。2018年，浙江率先打造"1+N"工业互联网平台体系，发挥阿里云、中控技术、之江实验室等在工业物联网平台、工业云平台、工业操作系统等领域的优势，组建国家级工业互联网平台supET，为制造业数字化转型提供了重要的平台支撑。

3. 建设全国数字经济体制机制创新先导区

一方面，加快政府数字化转型，打造"掌上办事、移动办公"之省。另一方面，建立健全与数字经济发展相适应的政策体系与制度环境，探索数字经济统计监测评价、包容审慎监管、多元协同共治、跨区域合作等方面体制机制创新，以体制机制创新释放数字经济发展红利，破解数字经济发展的制度瓶颈。同时，形成统一公平、竞争有序的数字经济现代市场体系，构筑适应数字经济创新新业态、新模式发展的产业政策与引导体系，打造数字经济发展最优环境。

（二）推动数字经济"三中心"建设

1. 建设数字科技创新中心

聚焦数字技术前沿、基础、高端领域，建设具有国际先进水平的大科学中心、大科学装置和实验验证平台，引进全球领军人才和顶尖创新团队，突破占据制高点的自主可控核心技术，汇聚全球数字经济科技资源、人才资源等高端创新要素，发展具有全球影响力的数字科技创新中心。对标国际一流水平，加快推进重量级高等级的新型科研机构建设，增强浙江数字技术原始创新能力。2017年，浙江整合集聚国内外高校院所、央企民企优质创新资源，由浙江省政府、浙江大学、阿里巴巴集团共同举办重大科技创新平台——之江实验室。之江实验室以创建国家实验室为目标，聚焦网络信息和人工智能领域基础研究。目前，之江实验室拥有18名国内院士、12名国外院士级专家，引进了10余位以图灵奖获得者、国内外院士领衔的首席科学家和方向带头人，组建了一批来自名校、名院、名企的100多人的青年科研队伍。2018年，之江实验室在人工智能、网络安全等领域的首批5个重大攻关项目已正式启动。

2. 建设新型贸易中心

浙江跨境电商、服务贸易、智慧物流等新型商业和贸易形态快速发展，eWTP（世界电子贸易平台）已相继在中国、马来西亚、比利时、卢旺达等国家落户。在此基础上，浙江紧抓"一带一路"数字经济国际合作契机，进一步推进eWTP全球化布局，建立适应和引领全球跨境电子商务及新型贸易发展的管理制度和规则，引领全球新型贸易自由化、便利化、规范化发展，打造以数字贸易为标志的新型贸易中心，成为我国进口商品"世界超市"、全球电子商务核心功能区和"21世纪数字丝绸之路"战略门户；建设新零售示范城市、示范街区、示范企业，建成覆盖率和便捷度全球领先的新零售网络，引领全球新零售发展。

3. 建设新兴金融中心

一方面，快速推进"移动支付之省"建设，推广移动支付在交通出行、医疗服务等社会各领域的普及应用。以杭州为例，目前，超过95%的超市便利店、超过98%的出租车、杭州地铁及5000余辆公交车都支持移动支付，初步实现"一机在手、诸事可办"。另一方面，依托钱塘金融港湾及杭州国际金融科技中心建设，构建科技金融、金融要素市场、互联网金融、金融大数据产业协同发展的新金融生态圈，同时加快移动支付全球化布局，打造在国际上有较大影响力、在国内处于优势地位，具有强大资本吸纳能力、人才集聚能力、创新转化能力、服务辐射能力的新兴金融中心。

（三）浙江数字经济实践成效

1. 数字经济保持强劲增长势头

2018年，浙江省数字经济总量达2.33万亿元，较上年增长19.26%，占GDP的比重达41.54%，高出全国平均水平6.74个百分点，总量和增速均居全国第 4 位。国家网信办发布的《数字中国建设发展报告（2018 年）》显示，浙江在各项排名中均名列前茅。其中，"信息服务应用指数"和"产业数字化指数"两项，浙江均名列第一；"信息基础设施指数"排名，浙江名列第二，仅次于上海；在"信息化发展评价指数""信息技术产业指数"的评比中，浙江也均位列前五。①

2. 数字产业不断提升发展

随着数字经济"一号工程"的实施，浙江加强前沿数字技术攻关，推进高水平创新载体建设，加快数字人才汇集，数字经济核心产业的创新能力明显增强。数据显示，浙江省每万人拥有数字经济核心产业有效发明专利数 6.3 件，比上年增长 24.3%，数字经济核心产业 R&D 经费支出相当于营业收入的 2.2%，比规模以上工业企业高 0.7 个百分点②。数字技术在各产业部门中的广泛渗透，有效地增加了对数字智能化产品的需要，提升产品高附加值，数字经济核心产业增势强劲，质量效益明显提升。2018 年，浙江省数字经济核心产业增加值为 5547.7 亿元，较上年增长 13.1%，占 GDP 比重达 9.9%，对 GDP 贡献率达 17.5%③。全省电子信息制造业、软件和信息技术服务业综合发展指数分别达 73.34、74.47，均居全国第 3 位。浙江省共引进数字经济省"千人计划"专家 50 人、"万人计划"专家 26 人、省领军型创新创业团队 11 个、院士专家 126 人。依托梦想小镇、云栖小镇等主要平台，杭州连续 2 年人才净流入率全国第一，成为数字人才的新高地。

---

① 国家网信办：《数字中国建设发展报告（2018 年）》，2019 年 5 月 6 日。
② 浙江省经信厅、浙江省统计局：《浙江数字经济发展综合评价（2018 版）》，2019 年 1 月 21 日。
③ 浙江省统计局：《2018 年浙江省国民经济和社会发展统计公报》，2019 年 2 月 28 日。

3. 实体经济数字化转型不断加快

随着数字技术的创新突破和融合渗透，传统企业不断加强数字技术在生产、运营、管理和营销等诸多方面的应用，推动各行各业数字化、网络化、智能化转型升级。作为全国唯一的信息化与工业化深度融合示范区，浙江省信息化发展指数达 95.89，居全国第三位；"两化"深度融合发展指数达 102.54，居全国第二位。截至 2018 年底，创建省级工业互联网平台 47 家，2 家入选国家级工业互联网平台建设及推广工程。全省累计上云企业数超过 28 万家，拥有云应用服务商、产业链合作伙伴 200 余家，云平台服务商 30 余家，主动上云、深度用云逐渐成为企业的共同选择，数字技术赋能实体经济发展呈现新气象。

4. 新业态新模式蓬勃发展

随着数字技术与各行业的融合程度加大，电子商务、智慧物流、无人超市、共享单车等新业态、新模式大量涌现。当前，浙江在电子商务、数字金融等诸多领域取得了令人瞩目的发展成就，涌现出一批处于全国乃至世界前列的互联网企业和高新技术企业，成为全国数字经济的领跑者。其中，淘宝网、阿里巴巴和支付宝分别成为全球最大的网络零售电商、产业电商和网上支付平台。浙江省网络零售额、跨境电商零售出口额、移动支付总额及人均支付等均居全国第二。

5. 政务及民生服务智慧应用日益广泛

浙江把大数据、云计算、物联网、人工智能等新技术广泛运用于智慧城市建设，健康、医疗、交通、教育、文化、旅游等公共服务领域智慧化应用快速发展。目前，全省 20 个智慧城市示范试点项目全部建成并投入应用，已建成 i-zhejiang Wi-Fi 热点 20698 个，铺设 AP 18.2 万个，实现了主要公共场所广泛覆盖和便捷使用[①]。政府数字化转型取得重要突破。浙江政府服务方式完备度、服务事项覆盖度、办事指南准确度、在线办理成熟度和在线服务成效度,分别为85.9%、87.6%、91.2%、80.4%和79.1%。"掌上办事之省""掌上办公之省"正在逐步成为现实。

三 浙江发展数字经济的经验与启示

从建设"数字浙江"到发展信息经济,再到实施数字经济"一号工程",浙江数字经济持续发力,综合水平走在全国前列。浙江发展数字经济过程中形成的宝贵经验对我国数字经济建设具有重要启示意义。

(一) 把握人才为根本、创新为内核的基本规律

数字技术创新是推动数字经济持续发展的核心动力,而人才是数字技术创新的第一资源,是数字经济建设的根本所在。在数字经济建设中,浙江牢牢把握人才为根本、创新为内核的基本发展规律,加快集聚全球数字经济科技资源、人才资源等高端创新要素,高标准建设重大创新载体,全面推进数字经济发展。在吸引数字人才上,浙江在省级层面上制定了《浙江省信息经济人才发展规划(2017—2022年)》《浙江省新一代人工智能发展规划》等系列政策文件,以加强数字经济领域高端人才引育工作。在此基础上,全省各地市纷纷出台"升级版"人才新政,在借鉴运用国际通行、灵活有效的办法的基础上,推动人才政策创新突破和细化落实。如杭州创新提出"全球聚才十条""开放育才六条"

[①] 浙江省经信厅、浙江省统计局:《浙江数字经济发展综合评价(2018版)》,2019年1月21日。

等政策，宁波实施《宁波市区户口迁移实施细则（试行）》，温州出台的《关于高水平建设人才生态最优市的40条意见》等，对人才的个人奖励、配套资助等支持力度都比以往有大幅提升。在建设重大创新载体上，浙江加快推进之江实验室、阿里达摩院、西湖大学等一批重点创新平台建设，不断增强全省数字经济的发展后劲。同时，着力推进杭州城西科创大走廊、G60沪嘉杭科创大走廊、嘉兴科技城、温州浙南科技城以及省级特色小镇等产业平台建设，加快集聚数字经济领军企业和重点项目。以特色小镇建设为例，作为特色小镇发源地，浙江着力推进杭州梦想小镇、杭州云栖小镇、滨江物联网小镇、滨江互联网小镇、萧山信息港小镇、德清地理信息小镇等一批数字经济特色小镇建设，加快创业者、风投资本、孵化器等高端要素集聚。据统计，仅在余杭区梦想小镇，自2014年8月规划建设以来，累计引进孵化平台50余家，互联网创业项目1519个，创业人才近13900名，举办创新创业类活动1157场，参与人数近17.5万人次，成为数字经济领域创业创新的热土。

（二）遵循数字技术与传统产业深度融合的发展路径

近年来，浙江涌现了阿里云、海康威视、大华、新华三等一批全球领先的ICT产业领军企业，有效助推了浙江数字经济的发展。但是发展数字经济并不能简单地等同于发展互联网、大数据、人工智能等新一代信息技术。数字经济的本质是以数字产业为主导和以信息技术在社会和经济各领域的融合应用。和广东、江苏等兄弟省份相比，浙江数字经济核心产业方面优势其实并不突出，更大优势在融合应用方面。而在融合应用的市场主体方面，浙江是我国民营经济的先行地，是民营经济大省，民营企业占浙江省总量达90%。数据显示，民营企业贡献了全省60%的税收、70%的GDP、80%的出口、90%的就业。[①] 在民营企业中，中小企业占比超过90%。相比国有企业或大型企业，中小民营企业的数字化转型会因为人才、资金、市场等方面的约束面临更大困境。因而，推动中小企业智能化改造成为浙江推动产业数字化转型的重要抓手，并率先走出了一条从"机器换人"到"工厂物联网"再到"企业上云""ET工业大脑"驱动的智能制造之路。2013年以来，浙江审时度势，作出加快推进"四换三名"[②]的重大决策，旨在破解浙江经济长期以来过多依赖低端产业、低成本劳动力，过多依赖资源要素消耗、传统市场和传统商业模式的难题。自2015年起，以杭州为代表，浙江又率先启动工厂物联网专项行动，推动人、机、物、法、料感知联网，2016年进一步深化，开展"工业互联网"探索，从"研发设计协同化、生产过程智能化、能源管控集成化、服务模式延展化和个性化定制"五个方向，推动企业从内部数字化向网络化应用拓展。2017年，浙江启动"十万企业上云"行动，助力企业借助云计算、ET工业大脑等，优化生产、营销、管理各环节的效率，推动企业降本增效。

（三）消弭数字鸿沟，打造区域协调发展的创新格局

在数字化进程中，由于对信息、网络技术的拥有程度、应用程度以及创新能力的差别导致区域之间数字经济发展水平不均衡，"数字鸿沟"加大。因此，如何消弭"数字鸿沟"，让各区域共享"数字红利"，是数字经济发展的重要内容。从浙江的发展情况来看，杭州、宁波等地区的数字经济发展相对较快，而其他

---

① 浙江省统计局：《发挥体制机制优势，推动多种所有制经济共同发展——"八八战略"实施15周年系列分析之二》，2018年11月23日，http：//tjj.zj.gov.cn/art/2018/11/23/art_1562012_25740577.html。

② 四换是指腾笼换鸟、机器换人、空间换地、电商换市；三名是指名企、名品、名家。

地市的数字经济发展水平与其存在一定的差距。为进一步推动数字经济"一号工程"在全省落地，2018年，浙江召开全省数字经济发展大会，全面部署数字经济各项重点工作。全省各地市结合自身资源禀赋和经济基础，积极探索适合本地区的数字经济发展路径，形成了全省层面的数字经济协同发展的新格局。杭州作为全省数字经济综合实力最强的区域，以推进数字产业化、产业数字化、城市数字化"三化融合"为主要路径，打造全国数字经济第一城。宁波依托雄厚的制造业基础，加快推进制造强市建设，大力发展智能经济，打造国家数字经济创新发展高地、国家制造业数字化升级示范市。嘉兴紧抓峰会机遇，大力推进乌镇互联网创新发展试验区和全面接轨上海示范区建设，建设互联网经济强市。作为"绿水青山就是金山银山"理念诞生地的湖州，以绿色智造为主线，聚焦新能源汽车及关键零部件、数字经济核心产业、绿色家居等产业，努力打造全国数字化引领的绿色智造样板地。温州、台州、绍兴则基于原有传统产业基础，以生产智能化、产品智能化和产业链智能化为导向，不断拓展互联网、大数据、人工智能和实体经济融合的广度和深度，助力传统产业数字化转型。金华大力发展数字贸易、数字娱乐、信息软件、智慧物流、信息制造等优势产业，致力于打造特色鲜明、有全国影响力的电子商务产业中心、数字娱乐产业中心、大数据运营服务产业中心、智慧物流产业中心。衢州充分发挥衢杭山海协作的资源优势，大力发展美丽经济幸福产业和数字经济智慧产业，提出打造全国数字经济第一副中心城市。丽水通过大力发展生态数字经济，打造全省绿色智慧新高地。舟山突出"智慧海洋"发展特色，致力于建设具有舟山特色的海洋数字经济体系，创建国家级海洋电子产业基地和国家级海洋大数据中心。

（四）推进政府数字化转型，打造高水平营商环境

浙江数字经济的高速发展离不开良好的营商环境。在推动数字经济发展的过程中，浙江把数字政府建设作为再创营商环境新优势的着力点和突破口，扎实推进"最多跑一次"改革，以用户需求为导向加强服务管理，全力破解一窗受理、网上办理、"数据孤岛"等难点，加快实现各级政府线上线下业务流程再造、数据共享和业务协同，在为个体、企业提供便捷与个性化服务的同时也为数字经济领域的"大众创业、万众创新"营造了良好的发展环境。截至2018年底，已打通省级部门自建系统85套，占应对接总数的100%；各市已累计打通275套市县部门自建系统，占应对接总数的100%。已提供掌上可办事项省级168项，市级平均452项，县级平均371项。一般企业投资项目审批"最多100天"改革目标成功实现，"工商通办""多证合一"事项拓展至28个，常态化企业开办时间压缩至5.5个工作日；省级以上平台出让"标准地"宗数、面积占比均超70%。政府数字化转型是经济数字化转型的先导力量，也是数字经济的重要支撑。一方面，政府是"数据海洋上的巨轮"[1]，掌握着极其庞大的数据渠道以及数据资源，可以为企业创新、市场拓展提供庞大的发展空间；另一方面，政府数字化转型需要互联网、大数据、人工智能等数字技术的应用，可以带动数字消费，为数字服务业发展创造条件。

---

[1] 刘淑春：《数字政府战略意蕴、技术构架与路径设计——基于浙江改革的实践与探索》，《中国行政管理》2018年第9期。

大湾区：擘画未来区域发展新蓝图

包海波　潘家栋

　　浙江省十四次党代会明确提出，要谋划实施"大湾区"建设行动纲领，建设杭州湾经济区，大力发展湾区经济。湾区经济是当代经济的主导力量和龙头。在世界经济版图中，全球最主要的跨国公司总部和高科技巨头，全球价值链和创新链的顶端基本上都集聚在发达国家的一流湾区，如纽约湾区、旧金山湾区、东京湾区等。以杭州湾区为核心的浙江大湾区，是浙江经济基础最雄厚、产业体系最完善、创新能力最强、对外开放最活跃、体制机制最有活力的区域，是浙江全面接轨上海、深度融入长三角的桥头堡，也是浙江贯彻新发展理念、建设现代化经济体系的先行区、示范区。加快浙江大湾区建设，是深入贯彻习近平总书记"支持长三角一体化发展上升为国家战略"重要指示精神的要求；加快提升上海浙江合作发展水平，提升全球竞争力，也是浙江省以"一带一路"统领新一轮对外开放，实现省党代会提出"两个高水平"奋斗目标的重要举措。

一　世界一流湾区的发展规律及主要特征

　　浙江省大湾区建设的目标，是打造绿色智慧和谐美丽的世界级现代化大湾区,大湾区是浙江省现代化经济体系建设的空间形态。大湾区是浙江经济发展进入高质量发展阶段的必然选择,世界一流湾区演进的规律和路径机制对浙江省大湾区建设具有重要启示意义。

(一) 世界一流湾区的发展规律

湾区是指由一个海湾或者相连若干个海湾、港湾、邻近岛屿共同组成的区域。[①] 纵观全球经济社会发展历史,湾区经济是世界各国城市群发展到高级阶段的必然趋势,全球60%的经济总量集中于湾区[②],而其中最为著名的湾区包含了纽约湾区、旧金山湾区、东京湾区等。湾区经济演进,往往经历港口经济、工业经济、服务经济、创新经济四个阶段[③],最后形成滨海经济、港口经济、都市经济与网络经济的高度融合[④]。世界三大湾区,亦是经历了第二次工业革命以来100多年的发展,尤其是第二次世界大战后经济和金融全球化的不断深入推进,才达到今日之规模。

1. 纽约湾区是世界级湾区之首,经历了制造业快速发展阶段、后工业化阶段以及知识经济主导阶段[⑤]

19世纪中叶,运河、铁路等交通设施发展联通了纽约与内陆腹地,使纽约成为美国制造中心。"二战"结束后,纽约推行"知识密集型"产业复兴,建设"袖珍工业园区"及"高科技产

[①] 鲁志国、潘凤、闫振坤:《全球湾区经济比较与综合评价研究》,《科技进步与对策》2015年第6期。

[②] 张锐:《世界湾区经济的建设经验与启示》,《中国国情国力》2017年第5期。

[③] 伍凤兰、陶一桃、申勇:《湾区经济演进的动力机制研究》,《科技进步与对策》2015年第12期。

[④] 张锐:《世界湾区经济的建设经验与启示》,《中国国情国力》2017年第5期。

[⑤] 伍凤兰、陶一桃、申勇:《湾区经济演进的动力机制研究——国际案例与启示》,《科技进步与对策》2015年第12期。

业研究园区"等产业平台，巩固全球金融中心的地位。当前纽约湾区的城市化水平高达90%，制造业产值占据全美的30%。纽约湾区发展的原因，在于消费市场潜力巨大并且信息资源丰富，有利于纽约集聚经济发展的要素。同时，天然的地理位置优势为纽约成为贸易中心奠定了核心优势，开放包容的政策为纽约吸引丰富劳动力输入以及国际资本流入提供了有利条件。[1]

2. 旧金山湾区百年发展成就世界第一创新栖息地，但亦经历了淘金期、后淘金期及后工业化时代[2]

19世纪后半期的淘金热带动了旧金山地区发展，使其成为湾区制造业中心；后淘金期制造业逐步衰退，金融业成为主导产业。后工业化时代，旧金山湾区城市结构不断形成，吸引全球优质人才、资金、技术等高端要素集聚，滋生出开放和具有创造性的社会环境，也打造了世界级创新高地——硅谷。1951年，斯坦福大学科技园成立；1972年，第一家风险资本落户，引导了半导体工业、软件产业和互联网服务产业的发展，成为世界第一的创新栖息地。旧金山湾区的发展优势在于宜居宜业的环境，吸引了高端人才等创新要素进驻，"小政府、大社会"的制度环境提供了良好的创新创业氛围。[3] 同时，大力发展绿色交通网络、合理规划城市功能等，都为旧金山湾区百年发展提供了基础保障。

3. 东京湾区的发展由政府主导和城市群协同合作产生，以现代物流和高新技术等产业为主导[4]

---

[1] 王旭阳、黄征学：《湾区发展：全球经验及对我国的建议》，《经济研究参考》2017年第24期。
[2] 伍凤兰、陶一桃、申勇：《湾区经济演进的动力机制研究——国际案例与启示》，《科技进步与对策》2015年第12期。
[3] 田栋、王福强：《国际湾区发展比较分析与经验借鉴》，《全球化》2017年第11期。
[4] 伍凤兰、陶一桃、申勇：《湾区经济演进的动力机制研究——国际案例与启示》，《科技进步与对策》2015年第12期。

>> 新浙江现象

19世纪中叶,东京凭借日本政治中心的地位迅速崛起成为工业中心,并形成了以东京车站为中心的都市圈铁道网。1956年,由东京都及相关地方城市等政府主导首都圈规划与城市群协同分工,形成一个"广域港湾",东京—横滨、东京—千叶两大世界级制造业带得到了加强。由此可见,东京湾区的发展最为重要的因素是政府合理规划,包括都市圈内部的城市功能分配、产业用地等土地资源有效利用以及港口与城市的和谐发展等。[①] 不仅如此,早在19世纪中叶,东京已经具备完善的交通网络,有效提高了要素资源流动的效率,为东京湾区快速发展提供了有力保障。

世界三大湾区的发展轨迹虽然不尽相同,但存在带有规律性的共同点。一是湾区往往具有发达港口群,占据国际门户的优势区位打造开放枢纽,引领区域打造一流的城市群。[②] 二是湾区具有发达的内联外通的交通网络体系,包括高速公路、轨道交通、机场、港口等。例如,19世纪东京便已具备完善的交通圈,当前东京圈2000多公里轨道交通体系,连接京滨、京叶两大制造带城市群,促使要素能够自由流通。三是湾区产业结构以服务业为主体,世界三大湾区第三产业比重均超过75%,完成了向服务经济转型。[③] 四是湾区引领着创新经济的快速发展。三大湾区建设中,都能够抓住新一轮产业技术革命的机遇。斯坦福大学和斯坦福科技园孕育了硅谷,纽约湾区拥有优质的大学资源,东京湾区拥有筑波科技园等平台。由此可知,世界级湾区皆具有优越的地理位置,较强的经济基础及经济核心区,较强的产业带及世界影响

---

① 田栋、王福强:《国际湾区发展比较分析与经验借鉴》,《全球化》2017年第11期。

② 申勇、马忠新:《构筑湾区经济引领的对外开放新格局——基于粤港澳大湾区开放度的实证分析》,《上海行政学院学报》2017年第1期。

③ 鲁志国、潘凤、闫振坤:《全球湾区经济比较与综合评价研究》,《科技进步与对策》2015年第6期。

力、广阔的经济腹地、良好的创新环境等。①

（二）湾区经济的内涵与基本要素

100多年的发展历程表明：湾区是以海湾城市群为空间承载框架的先导发展区域，是特殊的城市群。纽约、东京等就是从沿海门户发展而来的超级城市群。湾区经济是湾区的核心竞争力，经历了百年的演进和成长，是湾区得以傲立全球的支柱。

1. 湾区经济是区位和功能特殊的海湾城市群经济

海湾城市群是一国参与全球经济竞争合作化的主要门户，是一国与国际市场连接的门户，是一国与国际人才与资本等要素交换的主要场所，是全球城市网络的重要节点。利用优势区位，湾区从贸易发端，逐渐形成包括海港、空港、信息港对外沟通的强大能力，带动人才、资本和信息的国内外交流。

2. 城市群是湾区经济的空间载体和空间格局，拥有发达的区域交通网络

湾区城市群的国际门户枢纽城市，吸引、集聚、配置全球高端要素，城市群节点城市承接了要素与产业溢出，区域中心城市是城市群公共服务中心，是宜居生活圈的重要组成部分。

3. 现代湾区在信息技术革命的推动下，湾区发展得益于营造"创新栖息地"的创业创新氛围

科创产业是湾区的主要产业形态，湾区城市群的科创平台、总部CBD、制造业平台、大学园区等合理布局，孵化、培育了大批世界级的创新企业参与经济全球化竞争。

---

① 林贡钦、徐广林：《国外著名湾区发展经验及对我国启示》，《深圳大学学报》（人文社会科学版）2017年第9期；王旭阳、贲征学：《湾区发展：全球经验及对我国的建议》，《经济研究参考》2017年第24期。

二 浙江大湾区建设的历史机遇与核心优势

早在习近平总书记主政浙江期间，就高度重视浙江湾区的产业发展与空间布局。2003年，省政府下发《浙江省环杭州湾产业带发展规划》和《环杭州湾地区城市群空间发展战略规划》。党的十九大以后，我国经济逐渐进入高质量发展的新阶段，浙江省积极贯彻新发展理念，深入贯彻落实习近平总书记"支持长三角一体化发展上升为国家战略"重要指示精神，全面融入长三角一体化，谋划现代化经济体系，加快供给侧结构性改革，重点加快浙江大湾区建设。

（一）浙江大湾区建设的历史机遇

1. 浙江大湾区建设是促进长三角地区率先发展、一体化发展的必然选择

2003年，浙江省"八八战略"就提出进一步发挥浙江的区位优势，主动接轨上海、积极参与长江三角洲地区交流与合作，不断提高对内对外开放水平。2018年，习近平总书记针对长三角合作问题，提出要"促进长三角地区率先发展、一体化发展"。加强环杭州湾经济区建设，通过制度接轨、交通互连、产业互融，强化跨区域资源整合和深度融合，可以更有效推进浙江与上海的协同发展和整体发展，强化长三角金南翼战略核心地位，深化对长三角腹地经济辐射和整体发展，促进长三角地区高水平实现率先发展、一体化发展。

2. 浙江大湾区建设是深入实施多重国家战略的重大举措

浙江大湾区作为连通亚太经济圈与欧洲经济圈的交通战略支

点，是"一带一路"、长江经济带和长三角城市群等国家建设的交会点。应以大湾区经济形态建设环杭州湾经济区，从国际竞争合作策略、科学综合规划、跨区域资源整合和深度融合等方面促进多重国家战略的有效整合实施，突破现有的行政、地理局限性，提升国际经济战略地位，在国家战略实施中更好地发挥排头兵和主力军作用。可以打造实施国家战略的开放发展大平台，有利于深化沿海地区开放态势，能更好地服务于"一带一路"市场空间拓展、"一带一路"与长江经济带战略大通道建设、长三角城市群跨区域深广度战略合作。

3. 浙江大湾区建设是我国区域发展模式转型的有益探索

党的十八大以来，党中央和国务院高度重视国家和区域发展的战略布局和发展模式转型，先后出台《京津冀协同发展规划纲要》《深化粤港澳合作推进大湾区建设框架协议》，加快我国核心战略区域和城市群的高水平发展。环杭州湾地区是中国开放型经济最具活力、市场化水平较高的区域，具备与纽约、旧金山和东京三大湾区比肩的经济体量和区位优势。以大湾区经济形态积极筹划和建设环杭州湾经济区，可以紧抓全球科技革命和产业结构调整中的机会空间，在实施国家创新驱动发展战略和供给侧结构性改革中全面创新、大胆探索，以区域合作促进新生产力布局、以扩大开放倒逼深层次改革，形成参与和引领国际合作竞争新优势。环杭州湾经济区与京津冀一体化、粤港澳大湾区，共同打造我国新一轮改革开放的战略大平台和发展示范区。

（二）浙江大湾区建设的区位优势

1. 浙江大湾区是全球海岸、海岛资源最为丰富的大尺度湾区空间之一

浙江大湾区海岸线超 7000 公里，可建万吨级以上深水岸线超

过 500 公里，均居全国首位。环杭州湾地处长三角南翼黄金区域、钱塘江入口，是国内唯一的河口性海湾，也是全球海岸、海岛资源最为丰腴的大尺度湾区空间之一。浙江大湾区的集装箱吞吐量、机场旅客吞吐量等空海运输能力均超过三大湾区。2018年，浙江大湾区经济规模接近旧金山湾，小于东京湾和纽约湾、粤港澳大湾区。由于浙江大湾区经济保持较高增速，差距会进一步缩小。浙江大湾区发展具有广阔的腹地基础和良好的发展潜力，但基础交通设施网络还有待进一步提升和完善。

表1　　　　　　　　2017年主要湾区总体经济指标对比

	东京湾区	纽约湾区	旧金山湾区	粤港澳大湾区	浙江大湾区
面积（万平方公里）	3.68	1.74	1.79	5.6	6.0
人口（万）	4347	2340	715	6671	4000
GDP（万亿美元）	1.8	1.40	0.76	1.36	0.69
集装箱吞吐量（万标准箱）	766	465	227	6520	4090
机场旅客吞吐量（亿人次）	1.12	1.3	0.71	1.75	0.7

2. 浙江大湾区域具有较高水平的全球化能力

目前，上海港是全球第一大集装箱干线港，宁波—舟山港是全球最大综合港和第四大集装箱干线港。江海联运的交通网络，使杭州湾的出口处成为太平洋西岸最大的国际航运中心，交通运力和集疏运保障条件远超过其他湾区经济。从国际贸易来看，杭州湾区域进出口贸易和外资引进均保持很高水平，外贸总额占GDP比例达到76%；尤其是上海，进出口总额高于GDP，说明上海国际化程度非常高。特别是上海自贸区和舟山自贸区建设，将进一步推动浙江大湾区在金融制度、贸易服务、外商投资、大宗货物交易等领域的国际竞争力，提高对外开放水平。

3. 浙江大湾区具有广阔的发展腹地

一方面，上海、杭州、宁波等门户城市已经分别在航运与金融、信息经济和制造业形成一定错位发展与合作分工，舟山、嘉兴、绍兴、湖州、台州等腹地城市也通过比较发达的交通网络与门户城市形成人流、物流等合作互通。更重要的是，从更广阔的视角看，浙江大湾区将长江口与杭州湾连接起来，将长江和海运的联运融合在一起，黄金水道长江的年货运量约占全国河流运输量的70%。再与贯通欧亚大陆的高铁、高速公路快速通道对接，将进一步辐射东南亚、南亚、中亚、西亚以至欧洲大陆，有望成为全球最大的物流中转枢纽。因此，浙江大湾区成为江海联运的枢纽点，这在国际湾区中是非常难得的稀缺资源。

（三）浙江大湾区建设的产业基础

总体上看，浙江大湾区正在朝现代湾区经济的阶段和形态发展，呈现出较好的发展趋势。

1. 港口经济向航运中心升级

浙江大湾区已建成世界吞吐量最大的港口群，集装箱吞吐量上海港稳居第一，宁波舟山港超越釜山港、香港港，接近深圳港，位居第四。鉴于世界级湾区的港口基本退出世界前30位，上海建设全球贸易中心和航运中心，浙江大湾区港口必须加快一体化步伐。浙江大湾区拓展区港口集装箱吞吐量为736.47万标箱，具有很大的发展空间，加快浙江大湾区拓展区的港口发展速度势在必行。

2. 从国家经济中心、贸易中心向全球贸易经济中心、科创中心转变升级

改革开放和开放开发浦东，上海作为经济中心、贸易中心和金融中心，在长三角经济一体化发展中发挥了龙头作用。2008年

国际金融危机爆发后，上海及时调整了发展方向和功能定位，以加强全球竞争的能力，立足于2040年建设成为全球城市，成为全球资源配置中心、科创中心、文化交流中心。G20峰会后，杭州的国际化水平快速提升，互联网领域的创业创新大大增强了城市竞争力。上海的科创中心目标，全球资源配置中心的功能，与杭州"互联网＋"信息技术创新中心的地位，能够形成世界级湾区的"创新"支撑，有助于上海非核心功能疏解和区域产业的协同发展。

3. 湾区产业结构逐步优化，初步具备与三大湾区竞争的主导产业基础以及新兴产业亮点

湾区产业发展呈现"二、三、一"向"三、二、一"转变趋势，并以新产业、新技术、新业态推动产业高端化。上海和杭州第三产业比重分别达到70.5%、61.2%，服务业已领跑三产，与世界级湾区相比，上海、杭州的服务业比重提升和结构优化还有很大空间。与此同时，宁波、绍兴、嘉兴、温州、台州、舟山等浙江大湾区核心城市的第三产业占比皆未突破50%，产业结构调整迫在眉睫。上海、杭州第三产业比重与宁波、嘉兴、绍兴、温州、台州等形成了梯度差异，两地非核心的制造业正在都市圈转移。上海全力建设全球科创中心，提升金融和信息等现代服务业的国际化水平，先进装备和加工制造业（航空装备、汽车制造、轨道交通、能源化工等）正在与上海都市圈临近的嘉兴市、舟山市多个产业平台加快接轨合作。作为享有较高全球知名度国际都市和长三角金南翼核心城市，杭州全力打造信息、旅游、时尚、金融、高端装备制造等七大产业，创建全球跨境电子商务中心和互联网＋科创中心。作为中国临港中心城市，宁波以战略性新兴产业（信息技术、新能源汽车、生物、新材料）、高新技术产业、装备制造业和临港产业为核心，凸显先进制造、跨境商贸和国际

海运枢纽产业特色。其他副中心城市，舟山做强做大新兴临港产业和港口平台，嘉兴、绍兴、湖州承接中心城市产业外迁，形成城市间产业高度互补互联。

4. 浙江大湾区产业空间分布已呈现多核、多带显著地理特点，并以更为灵活、多样的"创新走廊+特色小镇+产业集群+环湾产业区"产业平台形式，实现地区间产业辐射外溢、港产城一体化发展的空间效应

杭州城西科创大走廊、G60 沪嘉杭科创大走廊、宁波甬江科创大走廊、绍兴科创大走廊、温州浙南科技城等科创走廊与科技城，正在成为都市圈创新发展增长极以及城市间科创资源整合协同平台，逐渐呈现出科创资源从点到线和面的规模化、区域化发展的新特征。与此同时，特色小镇加快打造新型产城融合平台，加快创新链、产业链、信息链、金融链融合发展，成为区域产业和城市发展新增长极的重要布局。在产业区域布局上，现代产业集群示范区 42 个，国家新型工业化产业示范基地 15 个，形成杭州装备、宁波服装和家电、绍兴纺织、舟山船舶、台州智能制造等一批知名度较高的区域品牌。沿湾区岸线分布着功能性、政策性各类产业区，包括上海临港新城、嘉兴港区、杭州下沙经开区、萧山经济技术开发区、绍兴滨海新城、宁波经开区、梅山保税港区、宁波保税区、温州高新区等临港产业区，形成"以港聚产、以产兴城、以城育港"的新动力和新结构，促进城市与港口共同繁荣。

三 浙江大湾区建设的空间布局及未来展望

浙江大湾区以打造绿色智慧和谐美丽的世界级现代化大湾区

为目标，全面拓展发展空间，着力构建现代产业体系、交通体系、城镇体系，推动高质量发展。在空间布局上，形成三个层次的现代化的高质量经济功能布局。宏观层面，即整个大湾区，总体布局是"一环、一带、一通道"，即环杭州湾经济区、甬台温临港产业带和义甬舟开放大通道。中观层面，即环杭州湾经济区，这是大湾区建设的重点，将构筑"一港、两极、三廊、四新区"的空间格局。微观层面，即发挥现有产业优势，瞄准未来产业发展方向，整合延伸产业链，打造若干世界级产业集群；推进产业集聚区和各类开发区整合提升，打造若干集约高效、产城融合、绿色智慧的高质量发展大平台。

图1 大湾区建设的总体布局

（一）宏观布局：一环、一带、一通道

1. 聚力"一环"

着力构建环杭州湾综合交通体系，促进城市群协同发展，高

标准推进港口集群、机场群、高铁和高速公路网络建设，打造杭州湾经济区"1小时交通圈"。不断集聚高端要素，以科技创新引领产业升级，加快重大科创平台、现代产业平台和国际科教园区建设，不断改善湾区生态环境，促进竞争力提升和高质量发展，把环杭州湾经济区建成全国现代化建设的新样本。积极打造"互联网＋"科技创新高地，建设一批高端创新大平台，布局一批高端创新机构，培育引进一批高端人才。到2022年，打造省域一小时、市域一小时、城区一小时交通圈。

2. 提升"一带"

以宁波舟山港为枢纽，支持台州湾区经济发展试验区建设，争创温州海洋经济示范区，打造港产城湾一体化发展样板。统筹沿海港口、海湾和海岛资源，引导全省石化、汽车、航空、新能源、新材料等产业大项目向沿海临港区域集中布局，发展特色海洋高新技术产业，提升甬台温临港产业带发展水平。2019年，台州将围绕七大千亿产业培育发展，以100个产业数字化转型项目推进为工作载体，加快数字化经济与实体经济融合，推动台州制造业数字化转型和工业企业智能化技术改造。

3. 拓展"一通道"

发挥中国（浙江）自由贸易试验区和宁波"一带一路"建设综合试验区的开放带动作用，大力发展大宗商品贸易、加工贸易、网络贸易和小商品贸易，把义（乌）甬舟（山）开放大通道打造成国际商贸物流功能突出、国际高端要素资源集聚、产业竞争优势明显、开放型经济体制健全的战略性开放大通道。宁波作为"义甬舟"大通道建设的核心区域，可积极发挥其开放平台全、开放层级高、开放基础好、开放主体多的优势，强化其主导功能，发挥牵引作用。包括以港口物流、开放集成为主攻方向，着力强化港口物流服务功能、强化开放平台支撑作用，打造好

"一带一路"建设综合试验区、"16+1"经贸合作示范区等重大开放平台建设等。

（二）中观布局：一港、两极、三廊、四新区

1. 争创"一港"

发挥自贸试验区体制优势，推进浙沪洋山合作，加快梅山和六横一体化发展，高水平建设中国（浙江）自由贸易试验区，争创自由贸易港。尤其是在长三角高质量一体化背景下，以上海港、宁波—舟山港和南京—南通港为依托，由上海、浙江、江苏共建自由贸易港。

2. 强化"两极"

都市圈城市群模式是未来发展的重要增长极，增强杭州、宁波两大都市圈辐射带动作用，以城市国际化、现代化建设为目标，推动杭州宁波一体化发展，促进杭绍甬融合发展，带动环杭州湾经济区创新发展、开放发展、联动发展。在此过程中，加快都市圈城际铁路的建设是促进杭州、宁波都市圈发展的重要条件。2018年，二期规划了7条高铁线路，包括杭州都市圈的杭德线、绍兴旅游风情线；宁波都市圈的宁象线；温台都市圈的台州S3线、台温连接线、温州S3线二期工程，以及浙中城市群的金武永东线。这些线路符合去年国家出台的《关于促进市域（郊）铁路发展的指导意见》的要求，从功能上说更接近于远程地铁。这对于扩大交通有效供给、缓解城市交通拥堵，改善城市人居环境，优化城镇空间布局，促进新型城镇化建设，具有重要作用。

3. 提升"三廊"

以高新区、高教园、科技城为依托，引进和建设国际知名科研院所，加快建设杭州城西科创大走廊、宁波甬江科创大走廊、G60沪嘉杭科创大走廊，促进产业平台与科创走廊联动融合，加快构建环杭州湾经济区区域协同创新体系。浙江要将杭州城西科创大走廊打造成全球数字科技创新高地,将G60沪嘉杭科创大走廊打造成长三角跨区域协同创新中心,将宁波甬江科创大走廊打造成智能制造和新材料创新中心。

4. 培育"四新区"

加快集聚高端要素和新兴产业,培育城市服务功能,谋划打造杭州钱塘新区、宁波前湾新区、绍兴滨海新区、湖州南太湖新区,将新区建设成为产城融合,中芯国际宁波、绍兴等项目不断推进落地,人与自然和谐共生的现代化新区。譬如,宁波前湾新区则重点突出开放创新、产城融合、智慧宜居导向,重点发展汽车制造、高端装备、生命健康、新材料、现代服务等高端产业,超前布局建设现代化基础设施,打造长三角一体化标志性战略大平台。杭州钱塘新区计划到2025年,产业竞争力和集聚度明显提升,生产总值比2018年翻一番,力争突破2000亿元;到2035年,先进制造业与数字经济融合程度全国一流,新区工业增加值相当于杭州其他区域的总和,再造一个杭州制造业,生产总值比2018年翻三番,力争突破8000亿元大关,实现高水平的基本现代化;到新中国成立100年,经济指标跻身国家级新区第一方阵,主要产业竞争力达到世界先进水平,成为具有全球影响力的先进制造业基地和现代化新区。

(三)微观布局:点面结合、集群发展

预计到2022年,湾区经济总量达到6万亿元以上,数字经济对经济增长的贡献率达到50%以上,高新技术产业增加值占工业增加值47%以上。近年来,浙江的数字经济增势强劲。浙江湾区建设要瞄准未来产业,大力发展数字经济、先进制造、智能汽车、生物医药、人工智能、航空航天等重量级未来产业,打造一批现代产业集群；大力发展海洋经济，纵深推进港产城湾一体化，培育建设一批海洋特色产业基地，建设海洋经济强省。

作为浙江产业发展平台的"顶配版"，"万亩千亿"新产业平台是指面向重量级未来产业、具有万亩空间左右、千亿产出以上的产业平台。浙江省首批7个"万亩千亿"新产业平台培育对象，包括杭州万向创新聚能城产业平台、紫金港数字信息产业平台、大江东航空航天产业平台、宁波杭州湾新区智能汽车产业平台、嘉兴中新嘉善智能传感产业平台、绍兴集成电路产业平台、台州通用航空产业平台。在规划空间上，"万亩千亿"新产业平台充分与大湾区战略行动相衔接，充分保障重大项目落地的用地需求，聚焦重量级未来产业，包括数字经济核心领域、智能装备、航空航天装备、高端生物医药、前沿材料等五大重点方向。

依托大湾区总体布局和环杭州湾经济区空间布局，发挥现有产业优势，瞄准未来产业发展方向，整合延伸产业链，突破核心关键技术，培育自主品牌，科学合理布局数字经济、先进制造业等产业，打造若干世界级产业集群。综合考虑区位条件、竞争优势、发展潜力等因素，按照"万亩空间、千亿量级"的要求，高起点规划、高标准建设，通过谋划新建一批、整合提升一批，打造若干产业高端、优势突出、竞争力强的产业大平台。突出以产促城、以城兴产、产城融合的发展理念，推进产业集聚区和各类开发区整合提升，促进产业与城市功能融合、空间整合，打造若干集约高效、产城融合、绿色智慧的高质量发展大平台。

（四）浙江大湾区建设的未来展望

把握长三角一体化历史机遇，主动接轨上海，提升杭州宁波两大门户，打造杭州城西科创大走廊、宁波甬江科创大走廊、

G60 沪嘉杭科创大走廊三大走廊，加快推进科技创新体系、区域金融体系、综合交通网络体系、宜业悦居环境四大建设。

1. 更加主动接轨上海全面融入长三角

紧抓长三角一体化机遇，全面融入长三角一体化，根据《长江三角洲区域一体化发展规划纲要》的要求，加快浙江大湾区建设与长三角一体化发展的有机融合，在更高要求下建设高质量一体化融合发展的浙江大湾区。主动接轨上海，全面融入长三角，是深入实施"八八战略"的应有之义，是落实习近平总书记"推进长三角率先发展、一体化发展"的具体行动，也是推进杭州湾经济区建设的内在要求。本质上而言，浙江大湾区建设与长三角一体化建设在目标定位、时空联系、推进联系上高度一致。大湾区是推进长三角高质量一体化发展的重要平台，按照新发展理念，深入实施创新驱动发展战略，着力推动高质量发展。要更加主动全面地接轨上海、拥抱上海、服务上海，积极融入上海大都市圈，全面推进城市功能互补、产业协同发展、交通互联互通、文化相通融合、生态共管共治，构建全方位、宽领域、高层次对接服务上海的新机制。

2. 加快提升两大门户国际化水平

全力支持杭州建设成为世界"互联网＋"创新创业中心，全力推动宁波"一带一路"建设综合试验区和先进制造业高地建设，进一步发挥两大门户城市作为浙江省创新、人才、资金、信息和高端产业集聚的核心作用。利用后 G20 效应和前亚运会效应，依托"一带一路"交流平台、金砖国家合作平台等新兴国际平台，主动吸引和争取一部分传统国际专业组织设立分支机构，支持举办各类国际会议、展览会，提升全球影响力。以两大门户为核心推动都市区和城市群建设。按照杭州、宁波"一体两翼"发展的总体要求，积极发挥杭州和宁波两大城市极核作用。

3. 倾力打造三大走廊

瞄准世界科技前沿，重点布局培育人工智能、生物医药、新材料、清洁能源等产业领域，抢占战略性新兴产业发展制高点，引领浙江省经济创新发展。以 G60 沪嘉杭科创大走廊为依托，杭州、嘉兴、湖州的国家级高新区为平台，统筹建设一批产业特色鲜明、创新资源集聚、公共服务能力强的创新载体，对接吸引上海科创要素。统筹杭州、宁波、绍兴产业空间规划，加快智能装备、新能源汽车、绿色石化、新材料、新能源等先进制造业优化布局与整合。积极推动沪甬舟合作建设海洋经济，紧抓长三角一体化的战略机遇，加强长三角油气市场体系一体化合作，加强与上海的港口分工合作，加快江海联运中心建设，依托"一带一路"积极拓展海外合作关系，推进宁波舟山港国际枢纽港建设。

4. 着力推进科技创新体系建设，统筹布局前沿科技领域的创新大平台

支持之江实验室、西湖大学、阿里巴巴"达摩院"等重大科技平台建设，加强国家实验室、一流高等教育资源、军民融合重大项目等引进落户。大力引进国际一流研究型大学、科研机构和世界 500 强企业研究院创办或合办分支机构，引进培育国际性技术服务机构。大力吸引国内著名大学、研究机构、大企业总部入驻或设立分支机构，引进培育高水平创新型研究院所。支持鼓励民营企业开展国际战略资产并购和引进，打造高科技龙头企业。

5. 着力推进综合交通网络体系建设

合力把杭州萧山机场、宁波栎社机场打造成长三角世界级机场群的核心成员，加大空域协调力度，全力拓展国际航线，提升杭州、宁波、温州、义乌的空港地位。加快杭州、宁波两大都市区轨道交通建设，打通高铁与机场、地铁的连接，尽快建成联通大学园区、CBD、科创园区、居住区等核心功能区的综合交通网

络。推动沪杭甬三大高铁枢纽通勤一体化，完善沿湾高速公路规划，适度增加高速公路出入口，提升高速公路的通勤功能。突出"大湾区、大通道、大枢纽、大网络"，联动推进杭州、宁波（舟山）两大门户陆港、空港、海港建设，完善高水平现代综合交通基础设施网络和服务体系，加强集疏运体系建设。

6. 着力推进宜业悦居环境建设

率先开展湾区综合管理创新试点，尽快制定出台湾区海岸资源、生态环境保护法规。充分发挥湾区生态优势，充分利用山水林田湖草生态资源，高标准建设绿色城市群，系统布局健身基础设施和绿色慢行系统，大力建设具有诗画江南韵味的美丽城乡，推动形成绿色发展方式和健康生活方式，打造休闲舒适的人居环境。以"最多跑一次"改革为抓手，深化简政放权，深化商事制度改革，创新监管方式，加快推进产权、技术、信息等一体化市场体系建设，推动资格互认、社会信用数据库的资源共享，加快构建一流的营商环境。

大花园：全面建成美丽浙江

胡承槐　卢　宁

从 2003 年浙江实施生态省战略以来，从打造"绿色浙江""生态浙江"到党的十八大以来提出建设"美丽浙江""诗画浙江"大花园，推进一系列环境污染治理行动，特别是坚持走"绿水青山就是金山银山"的绿色发展与绿色转型之路，体现了浙江人对环境污染问题，做到求真务实、治理到底，正确处理好人与自然的关系，做到和谐共生、和谐发展，为培育新时代绿色发展新优势、新动能、新平台，勇于创新、开拓进取。在习近平生态文明思想的指导和引领下，浙江战略性提出"诗画浙江"大花园建设的总体思路，高标准推进生态文明建设，高水平创新绿色发展路径，谱写新时代高质量发展的浙江生态新篇章。

一　大花园建设的提出与部署

"绿水逶迤去，青山相向开。"浙江拥有良好的生态景观和生态资源，经过多年来的有力保护和修复，绿水青山、蓝天白云已经成为浙江自然环境的显著标志，因此浙江建设大花园具备优良的生态基础。

（一）大花园建设的正式提出

2017年6月，浙江省第十四次党代会提出，按照把省域建成大景区的理念和目标，谋划实施大花园建设行动纲要，使山水与城乡融为一体、自然与文化相得益彰。到2035年，美丽浙江全面建成，生态环境面貌根本改观，人民对优美生态的需要得到有效满足。

2018年6月，在浙江全省生态环境保护大会暨中央环保督察整改工作推进会上，省委书记车俊强调，要深入学习贯彻习近平生态文明思想，抓好"大规划、大花园、大创建"。按照全域景区化、产业绿色化、生活品质化的要求，建设山水与人文融合、历史与现代交汇的诗画江南，扎实开展生态文明示范创建行动；高标准推进生态文明建设，高质量建设美丽浙江。

浙江作出建设大花园的决策部署，是学习贯彻落实习近平生态文明思想的战略举措和具体行动。大花园作为现代化浙江的底色，高质量发展的底色、人民幸福生活的底色，必然成为美丽浙江的金名片。

（二）大花园建设的总体目标

大花园的本质是人与自然和谐共生，目的是不断满足人民日益增长的美好生活需要。大花园建设要结合自然禀赋、人文积淀和产业特色。到2022年，把全省打造成全国领先的绿色发展高地，全球知名的健康养生福地，国际有影响力的旅游目的地。高标准建设美丽乡村、美丽田园、美丽河湖、美丽园区、美丽城市，形成"一户一处景、一村一幅画、一镇一天地、一城一风光"的全域大美格局，建设现代版的"富春山居图"。到2035年，全省生产空间集约高效，生活空间宜居适度，生态空间山清水秀，生态文明高度发达，绿色发展的空间格局、产业结构、生产生活方式全面形成，建成绿色美丽和谐幸福的现代化大花园。浙江自然风光与人文景观交相辉映，杭州是"人间天堂"，义乌是"购物天堂"，舟山是"东方明珠"，国家级风景名胜区、中国优秀旅游城市数量均居全国首位，4A、5A级景区数量居全国第二位，完全有条件成为全国最佳旅游目的地。①

（三）大花园建设的总体布局

精品布局，质量优先，串珠成链，共建共享，是大花园建设的主要特点。建设范围为浙江全省，核心区是衢州市、丽水市。大花园建设实施十大标志性工程、百个重大项目，创建千个美丽示范，形成万亿有效投资，简称"十百千万"。

"十"——实施十大标志性工程。包括推进实施唐诗之路黄金旅游带、十大名山公园、万里骑行绿道、大运河（浙江段）文化带、美丽乡村、5A级景区创建、百河综治、静脉产业基地、幸福产业、珍贵彩色森林等十大标志性工程，把标志性工程打造成为全省大花园的亮点和看点。

"百"——推进百个重大项目。谋划实施生态环境质量提升、全域旅游推进、绿色产业发展、基础设施提升、美丽城乡建设等五大类百个重大建设项目。建立大花园建设重大项目库，2018年，大花园重大项目计划投资2200亿元。

"千"——创建千个美丽示范。在美丽乡村、美丽田园、美丽河湖、美丽城市、美丽园区等领域创建千个示范并串珠成链，加快形成全域大美格局。

---

① 袁家军：《深入践行习近平生态文明思想 加快建设"诗画浙江"大花园》，《求是》2018年第17期。

"万"——形成万亿有效投资。通过重大项目、标志性工程以及美丽载体的建设实施，带动万亿有效投资，为全省大花园建设提供强大动能。

（四）大花园建设的总体要求

大花园建设是浙江富民强省十大行动的重要组成部分，要把大花园建成自然生态与人文环境的结合体，现代都市与田园乡村的融合体，历史文化与现代文明的交汇体。

第一，高质量建设"诗画浙江"。坚持保护为先，严守生态保护红线、永久基本农田保护红线、城镇开发边界控制线、环境质量底线、资源利用上限；坚持攻坚为重，全力打赢治气治水治土治废等污染防治攻坚战；坚持美丽为基，打造国家公园、美丽山水、美丽城乡、美丽河湖、美丽园区、美丽田园、美丽海岛；坚持文化为魂，树立大文化理念，守好乡愁古韵、树好文明新风，建设现代版"富春山居图"。

第二，高水平发展绿色产业。打造一批生态产业平台，培育引进一批生态龙头企业，建设一批生态产业项目，创建一批优质生态产品品牌，推动自然资本和城市乡村大幅增值，变美丽风景成美丽经济。

第三，高标准推进全域旅游。把名山大川、著名景点串珠成链，变盆景为风景，以水为纽带，打造浙东唐诗之路、钱塘江唐诗之路、瓯江山水诗之路、大运河（浙江段）文化带；以山为依托，打造十大名山公园；以浙皖闽赣边界为载体，打造生态旅游协作区。

第四，高起点打造现代基础设施网络。加快建设大型国际客运枢纽、美丽经济交通走廊、骑行绿道网和水利、信息、能源网络。

第五，高品质创造美好生活。让人民群众看见绿水青山，呼吸清新空气，吃得安全放心，在畅游山水意境中涤荡心灵，全力打造"养眼、养肺、养胃、养脑、养心"的大花园。

二 大花园建设的重大意义

2003年7月，时任浙江省委书记的习近平同志在谋划部署"八八战略"时提出，要进一步发挥浙江的生态优势，建设生态省，打造"绿色浙江"，为"诗画浙江"大花园建设打下了坚实基础。因此，大花园建设是对"绿色浙江"的再深化，是浙江高水平推进生态文明建设的再出发，是全面践行习近平生态文明思想的浙江战略行动。

（一）深入践行"两山"理念，体现把习近平生态文明思想作为浙江大花园建设的指针

2018年5月18日，全国生态环境保护大会全面系统地总结了习近平生态文明思想，深刻回答了为什么建设生态文明、建设什么样的生态文明、怎样建设生态文明的重大理论和实践问题，是新时代推进生态文明、建设美丽中国的强大思想武器。习近平同志在浙江工作期间，提出绿水青山就是金山银山等一系列重大论断，对生态文明建设进行了全面探索，奠定了生态文明思想的理论和实践基础。特别是，2005年8月15日，习近平同志在浙江安吉余村首次提出"绿水青山就是金山银山"理念。"诗画浙江"大花园建设，是浙江继续照着"绿水青山就是金山银山"走下去的战略部署。浙江坚持把习近平生态文明思想作为指针，通过"诗画浙江"大花园建设，为浙江创造更具承载力的生态条件，打造更有竞争力的生态优势，努力走

向社会主义生态文明新时代。

（二）继续深化美丽乡村建设，体现以绿色发展引领乡村振兴的时代特色

"良好生态环境是农村最大优势和宝贵财富。要守住生态保护红线，推动乡村自然资本加快增值，让良好生态成为乡村振兴的支撑点。""实施乡村振兴战略，一个重要任务就是推行绿色发展方式和生活方式。"2013年10月，习近平对浙江2003年以来在全省农村开展"千村示范万村整治"工程作出重要指示，强调要认真总结浙江省开展"千万工程"的经验并加以推广。浙江大花园建设是对"千万工程"、美丽乡村的继续深化。在严守生态底线的基础上，以基于良好生态的农村一、二、三产业融合为重点，合理推动产业生态化、生态产业化，向农业投入品减量、产业价值链提升、农村新业态增长要效益，实现生产、生活、生态协调发展，对如何走好乡村绿色发展之路进行浙江探索。

（三）增强人民群众的绿色获得感，体现坚持以人民为中心的发展原则

建设生态文明，关系人民福祉，关乎民族未来。2015年5月，习近平总书记回浙江视察时，充满深情地说："这里秀美的山水，这里勤劳的人民，这里悠久的文化，给我留下了难以忘怀的印象。"2018年4月，习近平总书记作出重要指示强调，要结合实施农村人居环境整治三年行动计划和乡村振兴战略，进一步推广浙江好的经验做法，建设好生态宜居的美丽乡村，让广大农民有更多获得感幸福感。党的十九大报告强调，我们要建设的现代化是人与自然和谐共生的现代化，既要创造更多物质财富和精神财富，以满足人民日益增长的美好生活需要，也要提供更多优质生态产品，以满足人民日益增长的优美生态环境需要。① 人民群众不仅是大花园的建设者，更是大花园的享受者。美丽大花园是美好生活的基础、人民群众的期盼。建设大花园是实现绿色发展方式、绿色生活方式、创造高品质生活的重要载体，目的是不断满足人民日益增长的美好生活需要，为人民创造良好的生产生活环境，为子孙后代留下天蓝、地绿、水清的生产生活环境，让浙江的绿水青山变成人民的金山银山，建成各有所长、百花齐放、各美其美、美美与共的大花园。

三　大花园建设的创新探索之路

保护生态环境就应该而且必须成为发展的题中应有之义。"诗画浙江"大花园建设，是实现高质量发展和高品质生活有机结合、推动形成绿色发展方式和生活方式的战略之举，在现代化浙江建设中具有独特地位和作用。浙江全省在大花园建设中，正在探索如何走出一条生态优先、绿色发展的新路子。

（一）打造浙江唐诗之路，探索大花园建设的文化之路

浙江唐诗之路具有十分重要的时代价值和文化价值，能够生动地展示出浙江山水特色，彰显浙江历史文化内涵，为推进大花园建设提供新思路。同时，建设大花园战略举措为浙江唐诗之路深度开发带来难得的重要历史机遇，浙江唐诗之路切合并彰显"诗画浙江"的人文主题。

---

① 习近平：《决胜全面建成小康社会　夺取新时代中国特色社会主义伟大胜利》，《党的十九大报告辅导读本》，人民出版社2017年版，第49—50页。

1. 浙江唐诗之路能够丰富浙江全域旅游的文化内涵

全面建成"诗画浙江"中国最佳旅游目的地，是大力发展富有诗画江南韵味的全域旅游的重大战略举措。随着景点旅游模式向全域旅游模式和发展阶段转变，发展全域旅游已上升为国家战略。2017年，全域旅游被首次写入国务院政府工作报告；2018年，进一步提出"创建全域旅游示范区"。浙江开展国家全域旅游示范区多规融合试点，先行编制以旅游业为引领的"多规合一"全域旅游总体规划，建立健全浙江旅游交通、沿海旅游、房车自驾车露营地等旅游新业态规划体系，实施万村景区行动，建设特色小镇推动全域旅游发展。浙江已经形成以城市全域辐射、全域景区发展、特色资源驱动、产业深度融合、旅游功能区支撑等为特色的市、县、乡镇多层级全域旅游推进新模式。因此，在浙江建设大花园战略举措和全域旅游试点省的背景下，深度开发浙江唐诗之路迎来了难得的历史发展机遇。

浙江唐诗之路为大花园建设和全域旅游布局提供既具有传统文化特色又极富人文创意的新概念。全域旅游的"全域"不是一个单纯的地域概念，也不是一个平面概念、微观概念、短期概念，而是一个立体的、综合的、全局的、宏观的、战略的、长远的理念。特别是对传统历史文化内涵的挖掘、展示和开发，提出了新的要求。浙江唐诗之路正是富有浙江特色的传统历史文化资源与大花园建设、全域旅游充分融合的交会点，是浙江文化建设与生态文明建设、经济建设有机整合的牵引线。浙江唐诗之路将绘制出一幅人在画中游、景在心中留、足踏诗路走的"诗画浙江"山水诗歌画卷，成为浙江成功打造中国最佳旅游目的地的金名片，成为"诗画浙江"旅游品牌体系的诗意王牌。

2. 浙江唐诗之路能够激活浙江乡村文化振兴的历史基因

唐诗之路丰富的诗作描绘了美丽山水，抒发了田园情怀，提供了历史元素,为"诗画浙江"建设与乡土文化振兴提供了取之不尽的素材。浙江唐诗之路的本土诗人诗作和游历诗人创作故事,都是对乡愁文化的历史表达,能够展示增添乡愁文化的文脉更迭和诗歌魅力。"让居民望得见山,看得见水,记得住乡愁。"浙江历史文化传统村落保护、农村文化礼堂建设,为浙江农村乡愁文化传承打下了坚实基础和浓郁氛围。

浙江唐诗之路为深耕新时代乡村振兴的文化内涵提供历史线索和文学元素,是加强保护农村传统历史文化遗存风貌和传承发展农村优秀历史文化的重要载体。同时,浙江唐诗之路也有利于把"诗意的乡愁"融入到历史经典产品品牌中,增强历史经典产业对乡村文化产业发展的示范效应,建成乡村振兴战略背景下的浙江版诗意乡村。

3. 浙江唐诗之路将为打造浙江文化品牌提供全新内容

浙江唐诗之路是"诗画浙江"的诗意具象,"诗画浙江"是唐诗之路的品牌传承。浙江唐诗之路是串山水风景之"链",串名山公园之"链",串江南文化之"链",把浙江的自然、历史、人文、艺术、宗教乃至神话传说等都串了起来,再现浙江文化的艺术魅力和浙江山水的自然魅力。一系列知名的浙江文化品牌需要一个宏大主题贯穿,一条特色主线串联,并融入文化强省整体框架,进行有机整合。2000年,浙江省委提出建设文化大省的目标并制定实施《浙江省建设文化大省纲要》。2005年,浙江省委决定加快推进文化大省建设,组织实施文化研究工程和文化建设"八项工程"。浙江省第十四次党代会强调,今后五年,要统筹推进文化浙江建设,深入实施中华优秀传统文化传承发展工程,加大文化与自然遗产、历史文化风貌保护力度,挖掘传承地方特色文化,进一步延续浙江文脉,着力提升文化软实力。因此,深度开发浙江唐诗之路是对浙江省第十四次党代会提出着力提升文化软实力要求的具体落实。

浙江唐诗之路是"诗画浙江"文化品牌的点睛之笔，是串联浙江文化品牌、诠释浙江精神的特色主线。浙江唐诗之路融合儒学、佛道、诗歌、书法、茶道、民俗、神话传说等内容。深度开发唐诗之路，能够让当代人和诗歌对话、和历史对话、和山水对话，让传统历史文化印记充分融入浙江文化品牌中，在文脉传承中让浙江文化软实力更加丰厚。因此，深度开发浙江唐诗之路，是从中华文明绵延发展的高度，向世界展示浙江历史文化的非凡魅力。

（二）推动全域绿色现代化，探索大花园建设的转化之路

2006年7月，时任浙江省委书记的习近平到丽水调研时强调，"绿水青山就是金山银山，对丽水来说尤为如此"。丽水人民始终牢记习近平同志的重要嘱托，立志成为践行"两山"理论的实践样本，长期坚持探索打通"绿水青山"向"金山银山"的转化通道，生态文明建设走在了全省、全国前列。

2018年4月，习近平总书记在深入推动长江经济带发展座谈会上指出："浙江丽水市多年来坚持走绿色发展道路，坚定不移保护绿水青山这个'金饭碗'，努力把绿水青山蕴含的生态产品价值转化为金山银山，生态环境质量、发展进程指数、农民收入增幅多年位居全省第一，实现了生态文明建设、脱贫攻坚、乡村振兴协同推进。"[①] 习近平总书记充分肯定丽水在打通"绿水青山"与"金山银山"的通道上所取得的突破性成就，彰显了浙江践行"两山"理念的创新做法和坚强定力。

---

① 习近平：《在深入推动长江经济带发展座谈会上的讲话》（2018年4月26日），人民出版社2018年版，第11—12页。

1. 丽水建立基地直供、检测准入、全程追溯的农产品区域公用品牌运营标准，以生态农业全面升级推动农业供给侧结构性改革，让人民对生态农业发展有实实在在的获得感

丽水创立"丽水山耕"农产品区域公用品牌，以生态农产品及劳务品牌化提升市场价值，让人民对生态农业发展有实实在在的获得感。习近平同志第一次到丽水时，要求丽水进一步抓好特色农业与生态经济相联系，依托生态优势，大力发展无公害、绿色、有机农产品。产业兴旺是乡村振兴的重点。地域条件决定了丽水无法走规模化、机械化、设施化的农业发展之路。因此，推动农业方面经济增长点的培育、发展和壮大，做精做优新产业、新业态，让丽水的好山好水都能转化为农民增收致富的一个个聚宝盆，让山景带来"钱景"。丽水高度重视农产品品牌培育与创新，在农产品区域特色品牌发展的基础上，成功创立了"丽水山耕"农产品区域公用品牌，成为实现生态价值转换、促进农民增收的重要路径。

2013年，丽水市通过实施《生态精品农产品区域公用品牌战略规划》，出台《"丽水山耕"品牌建设实施方案（2016—2020年)》，成立农业投资发展有限公司。2014年，以政府所有、协会注册、国资公司运营模式，创立全国地级市首个覆盖全区域、全产业、全品类农业品牌——"丽水山耕"区域农产品公用品牌。通过政府推动，建立全产业链一体化公共服务体系，通过建立统一的认证、追溯系统和标准化程序，为符合标准的农产品提供品牌认证，不断提升农产品价值，为生产主体进入市场创造条件。2017年"丽水山耕"区域农产品公用品牌四大标准向社会公布，促进丽水生态农产品生产标准化和营销品牌化发展。

经过四年运营，"丽水山耕"品牌效应明显。2018年，"丽水山耕"会员数量达到903家，拥有443个母子品牌商标，培育

813个品牌农产品，建立1122个合作基地，建成21.51万亩海拔600米以上的绿色有机农林产品基地，销售额累计约129亿元，产品溢价率超过30%，品牌评估价值为26.6亿元。丽水立足全面提高生态农产品质量和市场经营效益，通过处州十珍、绿谷十佳畜产品、丽水十大特色蔬菜品牌等一系列评选活动，助推农业品牌化发展。"丽水山耕"解决了农产品由于缺乏品牌支撑，难以形成优质优价的机制，造成农业增效难、增收慢的难题，生产主体加盟，使用品牌的积极性高涨。

2. 丽水以智能化、科技化推动生态工业扩量转型，建立特色生态工业产业体系，加强对传统工业生态化治理，推进开发区生态化改造，让人民对生态工业发展有实实在在的获得感

无"农"不稳，无"工"不强。丽水作为生态优质地区，在"两山"理论的引领下，较早走出这种思想误区，超越了"要不要"发展工业的初级问题，在严守生态保护底线的前提下，致力于探索发展得"好不好"的问题，聚焦于发展什么样的工业，以及怎样发展工业。丽水深入实施"工业强市"战略，坚守生态发展底线，推进工业绿色转型。党的十八大以来，丽水主动适应经济新常态，积极落实创新、协调、绿色、开放、共享的新发展理念，着力传统产业转型升级，实行生态工业发展负面清单，努力培育新兴产业，生态工业体系形成丽水特色。丽水坚持绿色生态引领工业发展，将发展"绿色环保、高效低耗、高端低碳"的生态工业作为生态产业的第一经济来抓，通过全力打造生态工业"丽水样板""丽水模式""丽水实践"，建立了较为完整的生态工业体系，全市生态工业发展实现了产业结构不断优化、总量规模不断壮大的良好态势，实现了速度、质量和效益的有机统一。

工业是现代产业体系的核心，实现工业发展的绿色化，是破解生态保护与工业发展难题的关键所在。对此，丽水采取了整治

存量与培育增量双管齐下的战略。一方面，着眼修复和优化生态环境，大力整顿工业存量，坚决淘汰和出清不符合生态环境保护要求的低效、落后产能。另一方面，着眼于产业转型和经济高质量发展，立足生态资源优势，重点打造"丽水生态制造"品牌，发展壮大了生物医药、节能环保、新材料、新能源等一批战略性新兴产业。

生态工业发展可以与生态资源增量同步增强，铅笔竹木产业规模与活立木总蓄积量同步提升。铅笔制造是丽水庆元县重点发展的主导产业。"不砍一棵树，照样有出路。"全县活立木总蓄积量，从2015年的1166.9万立方米上升到2017年的1321.6万立方米。铅笔制造不但没有给环境带来过重负担，还加快了传统产业改造提升和新产业、新业态培育，生态经济质量进一步提质增效，开启了庆元制造的"品质革命"。作为庆元工业强镇的竹口，大力发展铅笔产业，成为全国首个国家级出口铅笔质量安全示范区，创新发展眉笔、彩妆等高品质产品，畅销海内外。经过38年的发展，庆元目前有制笔产业企业38家，年产值18亿元，占全国总量的20%，总产量达70亿支，其中规模以上企业12家，亿元企业4家。产品85%以上远销欧美、东南亚等国家和地区。庆元竹木产业体系完善，其中竹筷、竹砧板行业占领国内市场达到60%以上。

3. 丽水从农旅融合、生态旅游向特色鲜明的全域旅游升级，把"绿水青山"变成"摇钱树"，让人民对生态旅游发展有实实在在的获得感

习近平同志在浙江工作期间，曾八次深入丽水调研，首次到丽水就给予"秀山丽水、天生丽质"的盛赞。"良好生态环境是农村最大优势和宝贵财富。要守住生态保护红线，推动乡村自然

资本加快增值，让良好生态成为乡村振兴的支撑点。"① 丽水通过农旅融合，打开"两山"通道，全面打响生态旅游品牌。生态旅游业被丽水定位为第一战略支柱产业。凭借得天独厚的生态环境优势，丽水充分挖掘最原始的江南山区生态，最古朴的江南文化遗存，最丰富的江南山地空间，全面打造"秀山丽水、养生福地、长寿之乡"，大力发展"生态旅游＋民宿经济"，促进了生态旅游业迅速崛起，丽水旅游产品更是因为生态优势而获得了极大的价值提升。2016年2月，丽水正式列入首批国家全域旅游示范区创建单位。2017年6月，丽水以排名第一的佳绩成功入选"第二批国家级旅游业改革创新先行区"。目前，全市9县（市、区）全部列入了省全域旅游示范县（市、区），生态旅游总收入连续11年保持25％以上高增长。

2017年，丽水立足生态优势，坚持以创建国家全域旅游示范区为总抓手，以培育千亿级第一战略支柱产业为目标追求。以现有景区品质提升为重点，以农旅融合为突破点，创新理念、扩充业态，初步形成高等级景区（旅游度假区）、农旅融合集聚区、景区化村等多层次协同推进格局。2017年10月，首届中国休闲度假大会在丽水成功召开，授予丽水"中国休闲度假5U奖"，还发布了《2017休闲度假行业发展报告》，引领中国休闲度假产业发展迈上新台阶。

丽水建立文化引领、经济先行、民宿带动、乡村治理同步推进的民宿业态发展模式。目前，丽水全市有农家乐民宿经营户4181家，实现年营业总收入增长30％以上。2017年，丽水旅游总收入644.37亿元，同比增长20.26％。其生态旅游总收入连续

---

① 《走中国特色社会主义乡村振兴道路》，《论坚持全面深化改革》，中央文献出版社2018年版，第403页。

11年保持25%以上高增长，位居浙江省前列，旅游业增加值占GDP比重突破8%。全市旅游总收入已连续12年保持20%以上增长。2018年，全市实现旅游总收入667.88亿元，同比增长16.58%。完成旅游投资206.24亿元，同比增长27.76%，旅游经济总体保持较高增长态势。

生态产品价值实现机制是践行"两山"理念的关键核心路径，是落实习近平生态文明思想、协同推进生态文明、扶贫攻坚和推进乡村振兴的结合点和转换点。丽水用生态经济产业化、生态农产品品牌化、生态营销多元化、生态文明体制改革系统化等组合拳，打通"绿水青山"向"金山银山"转化的"两山"新通道。发展一二三产业融合、联动升级的"第六产业"，以特色鲜明的现代化生态经济体系创造生态经济价值，把良好生态环境优势向生态经济价值转化，走出了一条绿色发展的新路子，实现了山区脱贫、乡村振兴、生态保护三赢的结果。全市农民人均收入增幅连续9年名列浙江全省第一，让人们生活在生态丽水有幸福感和获得感。截至2018年，丽水生态环境状况指数连续15年全省第一，生态环境质量公众满意度连续11年全省第一，全市农民人均可支配收入增幅连续10年位居全省第一。2018年，丽水市GDP增长8.2%，位列全省第一；农业增加值增长3.1%，高于全省平均水平1.1%；规模以上工业增加值同比增长12.2%，高出全省平均水平4.9%，位居全省第一；限额以上消费品零售总额增长16.7%，城镇常住居民人均收入增长9.2%，均为全省第一，其中农民人均收入增长9.9%。

浙江生态实践充分证明，生态环境保护和经济发展不是矛盾对立关系，而是辩证统一关系，二者是可以做到相得益彰、相互促进的。丽水通过创新探索，把"绿水青山"转化为让人民有更多获得感的"金山银山"，既保留了后发制胜的实力，更激活了永续发展的潜力。在浙江大花园建设的战略背景下，浙江已经走出一条生态为先、发展为要、民生为本的高质量绿色发展新路，成为美丽社会主义现代化国家的探路者和"模范生"。

未来社区：改变全省人民的生产生活方式

董敬畏 葛 亮 徐 律

2018年10月，袁家军省长就浙江省发改委《推进未来社区建设的思考和建议》专报做出批示："先启动试点，大胆探索。"同年11月，浙江省发改委召开浙江省未来社区建设课题研究工作启动会。2019年3月29日，在浙江省数字经济发展领导小组第一次会议上，袁家军省长指出，一定要抓好未来社区等十大标志性、引领性数字化项目。此前，浙江省政府正式印发《浙江省未来社区建设试点工作方案》，为浙江未来社区建设提出了明确的工作目标和建设要求，勾勒出浙江未来社区建设的九大场景。自2018年以来，浙江省以未来社区撬动新型城镇化建设，推动社区建设朝数字化、绿色化转型。未来社区是数字社会建设的重要组成部分，是社会领域改革的重要举措。

一 浙江未来社区的意义

自党的十八大以来，浙江广大干部群众深入学习领会、贯彻落实习近平新时代中国特色社会主义思想，坚持以"八八战略"为总纲，秉持浙江精神，始终遵循习近平总书记对浙江广大干部群众提出的"干在实处永无止境,走在前列要谋新篇,永立潮头方显担当"要求,以高度的政治责任感和历史重任感推动未来社区建设。未来社区是民生工程,也是民心工程;是技术工程,也是政府流程再造工程;是环境工程,也是社会工程。大力推动未来社区建设具有高度的政治意义,它不仅是浙江省委省政府向党中央交出的答卷,更是向浙江广大人民群众交出的答卷。

(一)未来社区建设是"以人民为中心"发展思想的生动实践

党的十九大报告指明了新时代坚持和发展中国特色社会主义的十四条基本方略。"坚持以人民为中心"紧随"坚持党对一切工作的领导"位列第二条。坚持以人民为中心,"必须坚持人民主体地位,坚持立党为公、执政为民,践行全心全意为人民服务的根本宗旨,把党的群众路线贯彻到治国理政全部活动之中,把人民对美好生活的向往作为奋斗目标,依靠人民创造历史伟业"。发展为人民,发展靠人民。处处想着人民,处处靠着人民。未来社区建设就是在社区工作中更新理念、更新手段、更新内容、更新主体。数字技术是人民的创造,把人民的创造应用于社区工作的更新,就是为了让人民更好地享受技术的红利、分享发展的成果,让人民更多地融入自我管理的进程、参与自我服务的过程。浙江改革发展的动力孕育在人民,浙江以藏富于民著称,浙江大地社区建设的实践始终为了人民、紧紧依托人民。离开人民的未来社区是孤芳自赏、自娱自乐,拥抱人民的未来社区才会一派生机、欣欣向荣。

(二)未来社区建设是浙江探索"共建共治共享"的创新实践

党的十九大报告指出,要"打造共建共治共享的社会治理格局"。同时,"提高社会治理社会化、法治化、智能化、专业化水平"。"共建共治共享"的社会治理新格局,是对"党委领导、政府负责、社会协同、公众参与、法治保障"的进一步凝练。凝聚的精华在于"共",面临的难点也在于"共"。《浙江省未来社区建设试点工作方案》指出:"充分调动市场主体、投资主体积极性,激发社会活力,探索形成产业联盟支撑的可持续未来社区建设模式。"未来社区破解的症结也在于"共"。未来社区体现浙江广大干部群众主动拥抱新时代、新技术、新方式,创造性地将其应用于社会领域,着力破解党委政府、市场、社会多种主体在社会治理协同中"心有余而力不足"的困境。社区建设为大家,社区建设靠大家。未来社区建设就是用技术手段搭建新平台,吸纳多种主体的过程,为多种主体创造效益的过程。在未来社区的技术平台上,政府、市场、社会、群众能够顺利地找到多方价值的结合点,从而产生荣辱与"共"的决心和信心。

(三)未来社区建设是浙江推动"新型城镇化"的切入点

2019年的政府工作报告指出,要"深入推进新型城镇化"。同时指出:"新型城镇化要处处体现以人为核心,提高柔性化治理、精细化服务水平,让城市更加宜居,更具包容和人文关怀。"具体包括:"城镇老旧小区量大面广,要大力进行改造提升,更新水电路气等配套设施,支持加装电梯,健全便民市场、便利店、步行街、停车场、无障碍通道等生活服务设施。"新型城镇化的内涵之一,就是充分借助信息化为城市发展注入活力。未来社区,起源于城镇化进程中人的问题,经由数字技术,回到人本身。浙江历经改革开放40年,是人从农村向城市集聚的过程。集聚,为浙江经济社会发展带来活力,也在发展中为浙江经济社会的进一步向前带来困扰。未来社区建设是数字时代浙江省委省政府在新型城镇化进程中主动求变的实践探索。其核心要义在于，以勇往直前的改革精神超越前数字时代的社区工作的困境，用数字技术赋予浙江社会领域工作崭新活力。数字技术不是万能的，但离开数字技术的新型城镇化建设万万不能。数字技术解决了新型城镇化进程中人的聚集带来的诸多困境，也充分利用了人的聚集可能产生的诸多效益。

（四）未来社区建设是增强人民群众获得感、幸福感、安全感的切实举措

习近平总书记在各种场合反复强调："人民群众对美好生活的向往就是我们的奋斗目标。"党的十九大报告指出，保障和改善民生要抓住人民最关心最直接最现实的利益问题，使人民获得感、幸福感、安全感更加充实、更有保障、更可持续。人民始终是社会主义中国心之所系，念之所想。《浙江省未来社区建设试点工作方案》指出："以人为核心，满足社区全人群美好生活向往。"未来社区建设，强调发展的目标指向在于为了人民，力量源泉在于依靠人民，发展成果由人民共建共享，把改善人民生活、增进人民福祉作为出发点和落脚点，在人民中寻找发展动力，依靠人民推动发展，使发展造福人民。社区是人民之所在，社区建得好不好，直接决定人民群众的生活质量，事关人民群众获得感、幸福感、安全感。离开社区的群众路线是没有根基的，着眼社区的群众路线是基础性工作。未来社区建设紧紧依托社区，着眼于人民群众的获得感、幸福感、安全感，是我们党人民路线的实践化身。

与此同时，未来社区突出强调的以人为本是指"全人群"。中国的改革开放旨在先富带动后富，最终实现共同富裕。未来社区不是指向一部分人的获得感、幸福感、安全感，更不是指向少数人的工作生活体验。相反，未来社区始终以浙江5700万人总体幸福为导向，以浙江全人群的获得感、幸福感、安全感为目标。这就是在社区建设中突出强调公平正义和公平公正，突出强调先富带动后富，最终实现共同富裕。改革开放带来了一定程度的贫富差异，但社会主义的本质是共同富裕。未来社区是追求共同富裕道路上的一种尝试，是旨在广大人民群众中巩固执政根基的重要举措。未来社区建设并不只是部分社区或部分群众的事，而是全体浙江人民共同的事业。

二　浙江未来社区的发展趋势

2017年6月，中共中央、国务院《关于加强和完善城乡社区治理的意见》指出，要"实施'互联网+社区'行动计划，加快互联网与社区治理和服务体系的深度融合，运用社区论坛、微博、微信、移动客户端等新媒体，引导社区居民密切日常交往、参与公共事务、开展协商活动、组织邻里互助，探索网络化社区治理和服务新模式"。浙江身处改革前沿阵地，未来社区立足当下，着眼未来，兼具数字导向、生态导向、民生导向、市场导向，是浙江今后一个时期内社区工作的重要举措。厘清、弄通未来社区建设的大方向、大趋势，是对于未来社区建设的总体方向把握至关重要、不可或缺的部分，同时也是民生工作的有效途径。

（一）浙江未来社区建设的数字化趋势

数字化是未来社区建设的核心特质。离开数字技术，社区建设就谈不上"未来"。面向"未来"，必然要拥抱数字技术。数字化趋势，就是将数字技术全方位地应用到社区管理、社区互动、社区资源开发等社区工作的一切环节。纵览新加坡、日本、中国香港等社区建设较为领先的国家和地区，数字技术无不融入到社区工作中，用数字技术助力社区建设。在北京等地，也在通过智慧化手段推动社区建设。未来社区不是数字技术，但数字技术至关重要，甚至是其最重要的要素。通过数字技术优化社区工作流程，开拓社区市场资源开发，提升社区互动频率和强度。传统社区建设依赖自上而下强有力的组织关系，未来社区建设不是完全摈弃组织优势，而是通过数字技术优化和改进传统方式的不足，增强社区工作的效率。不能将数字化趋势简单理解为社区工作利用微信等新媒体平台加强沟通和交流，而是利用数字技术彻底改变社区工作中信息的收集与反馈，资源的调动与整合以及服务供给等。

（二）浙江未来社区建设的生态化趋势

生态化，就是把社区打造成环境宜人、生态宜居、景色优美的绿色环保生活居住空间。《浙江省未来社区建设试点工作方案》指出，要打造未来低碳场景，就是要把绿色化理念植入社区建设中，使其贯穿未来社区发展的始终。2005年8月，时任浙江省委书记习近平同志在安吉余村发表了"绿水青山就是金山银山"的重要讲话。绿色，不专属于乡村，更应该在城市社区实践。社区是群众居住的空间，居所是群众心灵的归宿。拆迁安置小区、城市老旧小区、落后村在绿色化方面，与新建商品房小区形成鲜明差异。然而，低碳环保人居环境并不是一部分人的特权，而是广大人民群众的基本权利。未来社区建设着眼于在社区间拉平绿色化差异，满足广大人民群众对美好人居环境的渴望，进而满足广大人民群众对美好生活的向往。因此，绿色化不仅是一项环境工程，更是一项群众心灵工程。它是用绿色来感化群众，是群众工作的绿色实践。归根结底，它是"两山理论"在浙江的深化实践。

(三) 浙江未来社区建设的集成化趋势

集成化趋势,就是利用数字技术打破社区建设各种壁垒的过程。数字技术带来的信息壁垒,是全世界面对的共同困境。但凡利用数字技术推动政府工作的国家,都面临部门间的壁垒。但这一壁垒必须被集成化趋势取代。包括打破社区内部和外部的壁垒,即打破城市管理和社区工作的界限;打破各条线和各部门在社区工作中的壁垒,使各条线和各部门协同配合推进社区工作。传统社区工作深陷"上面千条线,下面一根针"的困局。这一困局的根本在于条、线部门在社区工作的独立分割。政法、公安、民政、人社、卫健、城管等各部门都在社区中实施各自的工作方案,相互间又缺乏协同。这就形成职能分割基础上的资源分割,以及进一步形成的工作壁垒。集成化趋势就是在社区建设中以数字融合打通部门壁垒的过程,从而形成高效、整合的社区工作格局。未来社区不是传统政府行政工作方式的简单重复,而是创新性地纳入数字技术,尽可能地破除壁垒的新的政府工作方式。它是整体性政府视域下的浙江实践探索。

(四) 浙江未来社区建设的市场化趋势

未来社区的基础是硬件,硬件投入必然巨大。未来社区建设是政府工作,但并不是政府大包大揽一肩挑。单纯依赖各级政府投入,必然无法有效推动未来社区建设由点到面。相反,积极主动纳入市场资源,为市场资源寻求生存空间,是未来社区建设中市场化趋势的重要推进,也是推动未来社区建设的关键举措。未来社区建设不是政府"唱独角戏",而是政府、市场"大合唱",政府扮演的角色是"总指挥"。市场主体的技术优势、资金优势、机制优势，都是政府可以利用而且必须加以利用的条件。不用好市场力量，不发挥市场能动性，未来社区建设中的政府会举步维艰、事倍功半。积极纳入市场力量，给予市场主体活动空间，未来社区建设中的政府将会如虎添翼、事半功倍。社区环境改造需要资源，数字基础设施建设需要资源。资源从何而来？这其中，数字技术大有可为。也就是，让信息转为数字，让数字变成资源，让资源产生效益，让效益反馈社区，即社区数据资源市场化。数字技术为资源空间拓展创造了条件。从深层意义上来讲，是创造条件为政府工作寻求市场协同。

（五）浙江未来社区建设的人本化趋势

人本化趋势，就是"以人民为中心"发展思想的体现，就是政府扮演更好地满足广大人民群众各种需求的角色过程。《浙江省未来社区建设试点工作方案》指明了未来社区建设的九大场景。其中，多个场景与政府的公共服务直接相关，包括教育、健康、创业、交通、服务等。有些场景是政府传统公共服务领域，有些场景是政府新型公共服务领域。不管是哪个领域，都意味着政府直面群众对高水平公共服务的迫切需求。对于新时代的政府而言，通过数字技术优化服务场景，就是提升政府提供公共服务的能力，就是从根本上满足人民群众对美好生活的向往。未来社区建设是硬件建设，同时也是软件建设，归根结底是让人民群众提升获得感、幸福感的工程。社区环境建设只能部分提升群众满意度，只有齐步前进的公共服务才能真正让群众满意。群众对服务的渴求度越来越高，对服务质量的渴求甚至超过对服务数量的渴求。未来社区不是单纯地增加服务数量，而是致力于通过改善服务方式，进而改善服务质量。

（六）浙江未来社区建设的善治化趋势

善治化，即利用数字化技术的应用，转变社区治理建设的方式，在未来社区建设中达成目标定向、手段革新、工作效率提升、居民获得感满足的治理目标。2019年3月，中共中央办公厅发出《关于解决形式主义突出问题为基层减负的通知》，明确提出将2019年作为"基层减负年"。《浙江省未来社区建设试点工作方案》提出未来治理场景，其内涵包括搭建数字化精益管理平台，统筹基层工作任务，通过技术改良、业务去重、流程优化再造，事件自动化转流、闭环式管理，实现基层工作效能提升。未来社区建设不是为社区增加工作负担，而是为社区减负，为社区工作人员减负。当然，未来社区的技术不是取代社区建设中的人，而是提升人的工作效率，推动社区建设减员增效。这样就切实提升了治理效率、效益，切实为居民美好生活提供了支撑。因此，未来社区建设应当是真正受社区基层干部群众欢迎的工程。

三 浙江未来社区建设举措

2019年4月，浙江未来社区建设在全省范围内开始试点工作。2019年底前，全省将选出20个社区作为第一批未来社区试点单位。按照《浙江省未来社区建设试点工作方案》提出的设想，到2021年底，要培育建设省级试点100个左右，同时构建标准体系，形成可复制可推广的经验做法。未来社区建设是浙江数字社会建设的重要组成部分，是浙江省委省政府在社会领域探索数字化进程的重要举措。未来社区面向浙江5700万群众，涉及公共服务、社会治理等多个社会领域，意义重大。针对关键环节，解决关键问题，有助于未来社区建设迈上发展的"高速公路"。

（一）加强各部门间的协同配合

跨部门协同配合，着重解决的是未来社区建设中的"信息孤岛"困境。2016年12月7日，国务院常务会议通过了《"十三五"国家信息化规划》。李克强总理强调，"信息孤岛"要坚决打通，会议确定的规划重点首先便是打破"信息孤岛"，构建统一高效、互联互通、安全可靠的数据资源体系，打通各部门信息系统，推动信息跨部门跨层级共享共用。① 他同时指出，目前，我国信息数据资源80%以上掌握在各级政府部门手里，"深藏闺中"，是极大浪费；一些地方和部门的信息化建设各自为政，形成信息孤岛和数据烟囱。②

未来社区建设具有鲜明的数据化导向。离开数据的互联互通，未来社区就无法构建有效的基础条件。可以说，信息孤岛是未来社区建设中一块巨大的绊脚石。应对信息孤岛，关键是健全职能部门间的信息共享和业务协同机制。合理划分各职能部门信息公开和共享的权限、责任和优先等级，完善信息共享、业务协同的身份认证和授权管理机制，在制度和技术层面对政务服务信息能否公开、怎样公开和如何共享进行明确的权限规定和责任界定，加强各职能部门信息系统的对接，推进数据整合和信息共享，促进政府职能部门之间的业务协同。③

如杭州市拱墅区小河街道打造"城市眼云共治"模式，利用

---

① 向小雪、黄勇：《电子政务中"信息孤岛"问题的思考》，《中国质量与标准问题导报》2018年第1期。
② 同上。
③ 陈文：《政务服务"信息孤岛"现象的成因与消解》，《中国行政管理》2016年第7期。

城市多部门摄像探头进行实时监控，取得显著成效。在初期，出店经营月拍摄抓取 1700 多起；经过一年的努力，出店经营月拍摄抓取数量降到 635 起，下降了 1000 多起。而且月拍摄抓取 600—700 起的水平已经维持了 5 个月。下一步，拱墅区准备进一步加大投入，在社区内部增加摄像头数量和覆盖范围，从而使得"城市眼云共治"模式可以在社区内外全覆盖，在机制上形成城管、街道、社区一盘棋、一张网的机制。

（二）加强统筹规划和顶层设计

未来社区建设涉及面广，涉及社区建设中的深层次问题。只有加强省级层面的统筹规划和顶层设计，才能从源头上理顺建设中的症结，为自上而下的社区建设改革创造条件，形成保障。调研中发现，基层社区干部在诸多问题上非常渴望省政府予以协调，帮助理顺关系。也有很多基层干部认识到，各个社区分割式的投入不仅成本高昂，而且事倍功半，需要省级层面统一行动。从总体上来看，省级层面应当尽快在社区层面梳理问题，确立重点任务、解决方案、时间节点。

建议省级相关部门组织开发"浙江未来社区"APP，满足基层相关需求。APP 开发技术要求高、资金投入大，不是所有的乡镇街道和社区都有能力开发自己的 APP。同时，APP 的价值在于广泛的应用性，社区层面自主开发的 APP 很难获得受众的广泛认可。因此，由省级相关部门统一操作，一方面可以减轻基层经济负担，另一方面可以推动社区间的整合，避免重复浪费。首先应考虑将群众关注度高的泊车功能纳入其中，率先推动实现未来交通场景。逐步集成为老人、儿童服务以及医疗服务等功能，实现未来教育、健康、服务等场景。推动未来社区 APP 成为社区资源效益转化平台，让社区从中获益。

在《浙江省数字化转型标准化建设方案（2018—2020年）》基础上，拓展标准化应用范围，在社区多种公共设施建设和服务提供等方面构建省级标准。在社区环境营造上，推动创建省级标准，明确老旧小区和新建社区各自的车位配比、绿化规模、各类管网标准、公共用房设施与服务标准。建议省政府加强与多部门协调，推动社区公共设施与党群服务中心、文化礼堂一体化建设和运行，统筹使用资源，推动社区硬件建设。

（三）深入开发数据的应用

大数据的特点是大，它由海量数据构成，是大规模乃至超大规模的数据资源的集合。根据相关学者的研究，与传统数据相比，大数据具有新的特点，现可概括为"5V"，即Volume（数据规模大）、Velocity（处理速度快）、Variety（数据类型多）、Value（价值密度低）、Veracity（数据准确性低）。[1]互联网时代是信息为王的时代，紧紧抓住大数据应用这一环节，能极大推动未来社区建设。如英国、澳大利亚、法国等国家，都已开始利用大数据来推动社区建设与发展。

未来社区中社区服务具有精准、快速的特征，它不同于传统社区服务模式。实现精准、快速的特征，就要依赖大数据的应用。如拱墅区善贤社区利用数字技术进行垃圾分类。以这种方式，垃圾分类可以追踪到每户人家，只要用手机扫垃圾袋上的二维码就可以知道垃圾是从哪户人家出来的。利用垃圾袋上的二维码，还可以自动生成评分，获得的积分还可以兑换生活日用品。善贤社区还利用门禁系统收集的数据，加强对社区独居老人的服

---

[1] 于施洋等：《国内外政务大数据应用发展述评：方向与问题》，《电子政务》2016年第1期。

务。如果系统显示老人已经48小时没有出门，社区就会主动上门对老人进行关爱。这个办法解决了独居老人的众多潜在问题，使得社区的关爱及时、合理。

当然，利用大数据参与社区建设仍面临着法制建设的难题，我国尚未出台一部专门针对个人隐私和商业秘密的法律法规[①]。要保持可持续的发展基础，吸纳市场化力量就显得十分重要。部分社区存在"等靠要"的心态，合理利用手头资源"补充"所需资金的能力偏弱，完全指望上级政府投入。大数据的价值在于应用，不应用的大数据是没有价值的。要引入市场主体，利用社区既有资源，以群众关注的热点社会问题为导向，开发大数据的应用。例如，老旧小区白天闲时多少会有停车泊位，但社区或缺乏开发利用的意识，或因缺乏封闭空间而未利用，或因管理困难从而望而却步。新建小区停车泊位相对宽裕，物业尝试白天闲时有偿向社会开放，但因利益分配问题，很难与业主达成共识。

（四）寻求多样化的模式

《浙江省未来社区建设试点工作方案》指出，因地制宜，分类施策，结合城市实际情况，统筹考虑改造更新和规划新建两大类型。也就是说，要针对老旧小区和新建小区分类进行。首先就是要遵循底线原则。老旧小区和新建小区可以有差异，但在涉及基本公共服务和社区环境等方面，必须进行无差异化改造或建设。在此基础上，要遵循多样化的原则。两类社区人员的结构特质、基础条件、市场潜力、文化氛围、管理模式等方面存在根本性差异。只有尊重差异，才能制定切实有效的未来社区建设方

---

① 熊俊潇：《政务大数据应用的价值、问题与对策》，《信息化建设》2017年第7期。

案。如我国老小区建设起步于20世纪70年代末，一般采用重建、整治或维护等方法，很多城市要么通过大规模的拆除重建，要么通过环境整治、立面粉刷为主要手段的城市美化运动来推动老旧小区改造[1]。因此，需要因地制宜，不能用同一种模式套用两类社区，不能用同一种标准推动两类社区。每个社区在推行未来社区建设时，一定要结合各自的实际条件，寻求一条适合自己的发展模式。

《浙江未来社区建设试点工作方案》明确了未来社区建设的九大应用场景，其中教育、健康、创业、服务是群众非常关注的领域。上述领域工作推进是否有实际成效，直接决定群众是否有获得感，决定未来社区建设的工作能否走入群众心里。打动群众的唯一办法，就是满足群众的迫切需要。在老龄化趋势日益显著的今天，养老问题日益显著。在优质教育资源稀缺的情况下，新建小区的适龄儿童上学问题同样突出。未来社区建设应当直面上述民生问题，让民生问题化解在社区内，用社区的手段化解民生问题。可在老年人群体中进行互联网普及，让老人触网就是赋权的过程，是从根本上增强老年人幸福感和生活质量的方法，使其和社会保持常态化的接触。可利用社区物业用房创造学龄前儿童活动空间，增进其体验感，进而培养成年社区居民间的感情交流。

利用数字技术方便社区居民进行需求表达，有学者将此称作需求智能化表达[2]。一方面，是居民通过数字技术的主动表达。例如，居民对"吃、住、行、游、购、娱、健"全方位的需求都

---

[1] 蔡云楠等：《城市老旧小区"微改造"的内容与对策研究》，《城市发展研究》2017年第4期。

[2] 蒋俊杰：《从传统到智慧：我国城市社区公共服务模式的困境与重构》，《浙江学刊》2014年第4期。

>> 新浙江现象

可以通过互联网进行表达，居民一段时间内表达的信息也将被记录和分析。另一方面，居民需求表达将得到精准把握，进而更好地提供精准服务。社区或者市场主体可以为社区居民提供个性化的服务，实现从被动供给向主动供给的转变。

之江实验室：打造未来高能级科技引擎

徐梦周　杨大鹏　周　凌

当前科技发展呈现突飞猛进的局面，是人类历史上突破性成果涌现速度最快的时期。习近平总书记指出，成为世界科技强国，必须拥有一批世界一流科研机构、研究型大学、创新型企业，能够持续涌现一批重大原创性科研成果。之江实验室是浙江有史以来投入规模最大、规格和层次最高的实验室。该实验室聚焦网络信息和人工智能等重点领域的基础研究，着力创建国家实验室，是浙江落实党中央创新驱动发展战略、加快创新强省建设的重大举措，是全面实施数字经济"一号工程"的高能级科技引擎，对浙江经济高质量发展具有重大战略意义。

一　之江实验室的建设背景及意义

2017年9月，浙江省政府、浙江大学、阿里巴巴集团共同出资在杭州余杭区设立之江实验室。作为新型研发机构，之江实验室采用混合所有制模式，以大数据、云计算为基础，布局未来网络计算、泛化人工智能、泛在信息安全、无障感知互联、智能制造与机器人等五大方向，着力建设成为全球一流的开放型、平台型、枢纽型的创新基地。之江实验室的建设，是浙江争创国家实验室的战略之举，是补齐浙江科技创新短板的当务之急，是推动经济高质量发展的制胜之道。

（一）浙江争创国家实验室的战略之举

国际科技发展新态势下，各国纷纷将科技创新视为提高综合国力的关键支撑。从发达国家经验来看，国家实验室已经成为抢占科技创新制高点的重要载体，诸如美国阿贡、洛斯阿拉莫斯、劳伦斯伯克利等国家实验室和德国赫姆霍兹研究中心等，都是围绕国家使命，通过跨学科、大协作和高强度支持等方式开展协同创新的研究基地。习近平总书记在党的十八届五中全会指出，要在重大创新领域组建一批国家实验室，这是一项对我国科技创新具有战略意义的举措，对国家实验室定位及创建提出了新要求，强调学科交叉融合、重大科学装置和全国优势科技资源整合，致力于打造集战略性、基础性、综合性于一体的国家级创新平台。

在这一背景下，全国各省市纷纷布局战略核心项目和重大科学装置，抢抓战略机遇加快推进国家实验室建设。安徽把创建量子信息科学国家实验室作为合肥综合性国家科学中心的重要基石和科技创新的"一号工程"；上海市加快布局建设张江实验室以争创国家实验室；广东省采用省市共建的模式前后成立7家实验室，第三批实验室已在筹备中，形成了批次型创建国家实验室的整体态势。此外，北京、山东、江苏、湖北、四川和重庆等省市都提出了建设国家实验室的构想。

作为全国经济的先发地，浙江要为我国建设创新型国家、世界科技强国贡献自身力量。以人工智能为重要突破口建设之江实验室，这一选择既体现了国家战略导向，又充分结合浙江优势。从全球科技革命和产业变革的趋势来看，人工智能是战略性核心技术，具有显著的"头雁效应"。围绕人工智能产生一批原创性、战略性、集成性成果，将会为我国成为人工智能领域全球科技创新的领跑者提供战略支撑。浙江省在人工智能等数字技术研发和产业化应用领域具有良好基础和先发优势，人工智能创业创新活跃，人工智能企业数量、融资规模居全国前列。立足本地优势建设之江实验室，充分体现了浙江融入国家创新体系、争创国家实验室的行动自觉和强烈愿望。

（二）补齐科技创新短板的当务之急

浙江以超常规力度建设创新型省份，"创新强省"建设需要打造高能级的科技引擎，要求重视全面创新、紧紧抓住科技创新这个"牛鼻子"。相比经济建设和社会发展的巨大成就，浙江在科技创新上一直存在明显的短板，存在科研基础条件薄弱、国家级科研基地少、政府研发投入较低、大规模高水平的高校科研院所缺乏、大科学装置建设不足等问题。如研发投入方面，全省1000多亿的研发经费投入中，政府投入占比不到10%，基础研究仅占全社会研发经费的比重低于全国平均水平；高水平研究机构方面，在最近颁布的"双一流"大学名单中，42所一流大学建设高校浙江仅有1所，95所一流学科建设高校浙江仅有2所，不到全国的1/40。

正如省委书记车俊反复强调的，在经济发展中要善于算大账、算长远账，以家国情怀和空前力度谋划推进一批具有基础性、前瞻性、引领性的重大科技项目。之江实验室聚焦重点研究方向，一方面围绕前沿科学设立基础类研究项目，鼓励科技人员大胆创新、自由探索；另一方面围绕相关产业的"卡脖子"技术进行重点攻关，着力解决经济社会发展的重大需求，持续推进技术创新和产业创新。前沿基础研究和应用技术研究的有机互动和深度融合，无疑为浙江补齐科技短板、提升创新驱动能力提供了重要支撑。

（三）推动经济高质量发展的制胜之道

经济高质量发展的本质在于突出新经济引领，强化新动能培育，加快建设实体经济、科技创新、现代金融、人力资源协同发展的产业体系。其中新经济、新动能是推动高质量发展的核心力量，传统产业的优化升级是重要内容。2016年，浙江提出建设杭州城西科创大走廊，打造全球领先的信息经济科创中心，成为国际水准的创新共同体、国家级科技创新策源地、浙江创新发展的主平台、主引擎。从2016年到2020年，浙江每年从省创新强省资金中安排4.5亿元，支持杭州城西科创大走廊建设，打造创新创业生态体系。到2020年，大走廊各类人才总量预计达到30万，引进科研院所100家，集聚高新技术企业1000家、科技型中小微企业1万家，各类基金资产管理规模达到2千亿元，战略性新兴产业产值比重达到70%。

作为杭州城西科创大走廊建设的"核心灵魂"，之江实验室通过打造一批世界一流的基础学科群，整合协同一批重大科学基础设施，汇聚一批全球顶尖的研发团队，取得一批具有影响力的重大共性技术成果，为把城西科创大走廊打造成具有世界竞争力的创新型产业集群提供有力支撑，助力浙江新经济发展和新动能培育，同时也为浙江传统产业的效率变革、动力变革和质量变革提供技术赋能。之江实验室的实践，对浙江而言是探索一条从人才强、科技强到产业强、经济强的高质量发展新路径。

二 之江实验室建设的主要举措与发展成效

之江实验室成立以来，省委省政府高度重视高水平建设之江实验室，先后在《关于全面加快科技创新推动高质量发展的若干意见》和《关于全面加强基础科学研究的实施意见（征求意见稿）》等重要文件中强调要全力支持之江实验室建设，完善"一体双核多点"新型研发机构体制机制，强化重大科研基础设施建设，建立省市区三级联动的财政保障机制，并在建设初期前五年内省财政安排100亿元，积极争取国家实验室布局。实验室编制了《之江实验室发展规划（2018—2022）》，明确未来发展方向，并制定《之江实验室重大科研项目管理办法》《之江实验室双聘科研人员管理办法》和《之江实验室规范性文件制定办法》等40余项规章制度，为运行管理、人才集聚与激励评价、项目管理、经费保障、开放合作等工作奠定了坚实的制度基础。

成立近两年来，在浙江省委省政府的高度重视和浙大、阿里巴巴等高等院所和创新型企业的支持下，之江实验室建设正在稳步推进，着力打造高能级科技引擎，争创国家实验室。之江实验室在体制机制创新、组织架构优化、重大科技攻关、高层次人才引进、重大科研项目和科学装置布局等方面进行了积极的探索，在组建学术咨询委员会、编制发展规划、引进高端人才、谋划研发项目等工作方面取得了重要阶段性成果。

（一）实施混合所有制模式，打造"一体双核多点"格局

之江实验室由浙江省政府、浙江大学、阿里巴巴集团按照2∶1∶1的比例出资1亿元注册资本设立，通过实施混合所有制模式，其宗旨是政府主导、校企合作、多元投入、协同攻关、开

放共享、成果分享，在具体运行模式上，按照"事业单位性质、企业运行机制"运行。采用混合所有制模式，可以弥补传统事业单位管理和企业管理模式的不足。通过明确浙江大学和阿里巴巴等主体的权责界限，致力于提高实验室发展自主权，破除思想和制度制约，激发科研人员积极性，为打造高能级科技引擎提供制度保障。

在混合所有制模式下，之江实验室着力打造"一体、两核、多点"的发展格局，其中一体是指以省政府、浙大、阿里巴巴出资成立的之江实验室，双核是浙江大学和阿里巴巴，多点包括国内外高校院所、央企民企优质创新资源，充分吸收政府、高校、企业的体制优势，整合国内外优势科创资源。在多点串联上，之江实验室已经与美国匹兹堡大学、英国剑桥大学达成初步合作意向，分别与中电科集团、下一代互联网工程中心签订协议共建"天地一体化技术创新中心"和"下一代互联网研究中心"；与北京航空航天大学签订战略合作协议，在关键问题上开展集中式攻关，破解科学难题，同时共享创新成果，实现资源配置向产业链、创新链、资金链高效配置转变。

（二）优化组织架构，构建协同治理体系

实验室治理结构是自主创新能力构建的"推动器"与"制动器"，对科研人员创新能力和科研成果产出有重要影响。之江实验室充分发挥理事会领导下的主任负责制，优化理事会决策机制，落实主任负责制，加强学术咨询委员会建设，不断优化组织架构，理顺各方关系，明确权责界限，破除传统束缚，建立健全由实验室事业单位法人治理结构、学术咨询、第三方评估等构成的协同治理体系。

一是明确理事会和实验室主任的职责，并开始正式运转。理

事会是实验室决策机构和监督机构,负责对实验室进行宏观指导和重大事项的决定,通过协调联络和争取资源等方式支持实验室发展。第一届理事会由袁家军省长任理事长,由省级相关部门、浙江大学、阿里巴巴集团、杭州市政府及有关高校院所、央企民企有关负责人作为理事会成员。实验室主任在理事会领导和学术咨询委员会指导下,全职从事实验室管理工作,统筹实验室人、财、物等资源,具体组织科学研究、运营维护科研平台、提供服务保障等。首届实验室主任由浙江大学党委副书记、浙江大学机器人研究院院长朱世强教授担任。

二是加强学术咨询委员会建设,制定了学术咨询规章制度。学术咨询委员会是实验室的学术指导机构,向理事会提供研究方向、重点发展领域、重大任务和目标等意见和建议,对实验室战略定位和科研方向进行过程指导和学术评估等。在之江实验室建设过程中,完善了学术咨询委员会的制度建设,制定出台了学术咨询委员会的规章,细化了运作规程。之江实验室第一届学术咨询委员会委员聘请了包括图灵奖获得者、"人工智能之父"、卡内基大学 Raj Reddy 教授在内的 33 名国内外相关领域院士、顶尖科学家、特级专家,会聚了国内外相关领域的顶尖科学家,阵容庞大,实力雄厚。

三是顺应实验室开展研究的规律优化组织架构,构建"两院多中心"的科研项目组织机制,围绕核心方向,组建人工智能研究院、未来网络技术研究院以及感知科学与技术研究中心、智能芯片研究中心等交叉研究中心。

(三)明确主攻方向,加快形成特色优势

围绕国家重大战略目标与任务,充分利用浙江大学、阿里巴巴等单位的既有优势,之江实验室科研思路日渐清晰,方向布局

陆续开展。明确了人工智能和网络安全两大研究方向，通过开放合作、项目攻关和平台建设，加快构建相互支撑、融合发展的科研生态体系，加快形成特色优势。

在人工智能领域，聘请潘云鹤院士担任首席科学家，在实验室成立周年之时举办"下一代人工智能发展趋势"高端论坛，成立首批五大研究中心，包括智能机器人研究中心、人工智能算法研究中心、网络大空间搜索研究中心、智能芯片研究中心和网络健康大数据研究中心。在对外合作上，之江实验室与浙江省数据中心、浙江大学以及阿里巴巴、海康威视等企业合作，从数据收集、基础研究到产业应用开展布局，启动建设浙江省公共数据研究中心、人工智能研究院，并围绕智慧城市、安防、超级视觉等领域形成重大产业核心技术攻关联合，快速形成在人工智能领域的影响力。在项目开展上，之江实验室在2019年的浙江省工业和信息化科技全球精准合作大会上，承担"人工智能开源开放平台"技术攻关项目。该项目主要技术指标实现突破，并面向智慧安防、智能制造等浙江省优势产业，形成人工智能赋能行业转型升级的示范性应用。在开放平台建设上，之江实验室依托中国人工智能产业联盟，联合国内外一流研究机构与骨干企业，建立AI算法开源开放平台和智能搜索平台，设立全球性的人工智能大赛，打造高能级的国际化开放交流平台。

在网络安全领域，成立网络安全技术研究中心，聘请邬江兴院士为首席科学家，以突破互联网、物联网新环境下的系统安全、网络安全、应用安全、数据安全和系统攻防等核心关键技术为目标开展研究。一方面突出前沿技术研究和核心能力建设，围绕工业互联网安全这一重点，设立网络安全技术研究中心，建设supET工业互联网平台；另一方面加强开放合作平台建设，以"强网杯"工业互联网安全主动防御国际邀请赛为载体，联合国内多方力量共同参与工业互联网安全平台建设，建立工业互联网安全靶场。

（四）会聚高端人才，组建强大科研队伍

"人才是创新的第一资源"，科技人才是实验室竞争能力和发展潜力的重要影响因素，特别是高层次人才，更是区域创新发展的强大引擎。之江实验室建设过程中深刻认识到人才的重要性，提出了到 2022 年集聚科研人员 2000 人左右，打造顶尖科学家、行业领军人才领衔的创新创业团队 200 个的目标。目前已经集聚了一批包括院士、国家"千人计划"入选者、长江学者特聘教授在内的网络信息相关领域国内外高端人才和创新团队，构建了梯次分明、结构合理的科研队伍。

在人才队伍打造上，积极打造包括首席科学家、科研骨干和青年科研人才三个层次的人才团队。之江实验室聘请潘云鹤和邬江兴为首席科学家，以此为基础组建高端科研团队，整合国内外高端资源，带动了其他高层次人才的加盟。引进科研骨干充实实验室研究队伍，目前已与"图灵奖"获得者、国际脑机接口领域最有影响力的科学家和加拿大工程院院士等 20 多位海内外高层次人才签订协议。同时，实验室特别重视高端青年科研人员，以高标准、严要求扩充青年科研队伍，现在全职到岗已经有 150 余人，其中博士占 80% 以上，35 周岁以下科研人员占比超过 70%。

在人才引进聘用模式上，之江实验室创新人才引进聘用模式，充分发挥两核的优势人才资源，以科研项目和大装置建设为纽带，集聚了 200 余人的双聘和流动科研力量，其中院士 6 人，长江学者、杰出青年、国家"千人计划"等高端人才 25 人，形成了一支双聘和流动科研力量。

在人才服务平台建设上，之江实验室于 2018 年 10 月成立国际青年人才俱乐部，以推动青年科研人才交流合作常态化。俱乐部设有开放创新项目管理平台、青年发展基金、创新赛事平台和在线合作交流论坛，将为俱乐部成员提出的研发项目提供资金、装置、场地、咨询、管理等全方位支持服务，帮助青年人才将好的创新创意转化为科研成果，并推动创新成果落地生根、开花结果。

（五）实施重大项目，夯实科研基础条件

大科学装置和科研项目是实验室运行和成果产出的基础，之江实验室积极筹划重大科技攻关和大科学装置建设，夯实实验室开展科学研究的基础条件，致力于产出一系列具有世界一流技术水平的科研成果。

科研项目方面，之江实验室通过自主设计或共建的方式，遴选一批体现国家战略意图、发挥浙江科技优势的项目，组成实验室首批重大科研项目，以"成熟一项，启动一项"的方式滚动实施重大科研项目。首批启动的 5 个重大攻关项目包括：研发一个先进人工智能算法开源开放平台；研制出一款毫米波无障感知芯片与智能决策 AI 芯片；建立一个覆盖多个中心协同生物医学智能信息技术平台；建立城市数据资源和服务平台，挖掘城市数据价值；建设一组内生安全的拟态工业控制系统、内生安全的智能边缘网关与内生安全的拟态工业云平台，并打造国际领先、拟合应用场景的工业互联网先进试验场。

大科学装置方面，围绕"五年内力争 2 个以上大科学装置、10 个以上国家级试验验证平台"的总体目标，之江实验室正在筹划设计 3—4 个重大装置项目，确保 2 个列入国家计划。实验室依托浙江大学、阿里巴巴集团现有科研资源，整合提升一批科学装置，加快建设一批人工智能、网络信息领域全球领先的大科学装置，力争面向全球，构建从基础研究到技术创新、成果转化和应用的高效科研生态体系。

此外，之江实验室还积极搭建开放协同平台，科技资源全面向社会开放共享。之江实验室建立重大科研基础设施、大型科研仪器、文献数据等科技资源向社会开放共享制度，除涉及国家安全、安全保密、国防等领域的特殊规定外，实验室科技资源一律向社会开放，为高校、院所或企业提供检验检测、合作研发、委托开发、研发设计等服务，提高重大科研基础设施使用效率。

三　创新驱动，争创国家实验室

经过将近两年的发展，之江实验室在探索建设新型研发机构的路上取得了一定的成效，但仍需在汇聚全球顶尖人才团队、突破重大技术成果、引领产业创新发展和创新体制机制等方面加大力度、加快进度，打造世界一流的融突破型、引领型、平台型为一体的高能级科创引擎，加快争创国家实验室。

（一）优化高端人才会聚能力

人才是实验室发展的重要资源，要从选、育、用、留全方位提升人才会聚能力。一要创新人才引进模式。进一步发挥"两核、多点"作用，依托大科学装置，以"进驻带动""项目驱动"的模式，大力推进全球范围"高精尖"人才引进，着力引进具有标志性和影响力的人物，对急需紧缺特殊人才开展定制化招聘，建立和丰富之江实验室全球人才库。二要优化高端人才培育机制。建立专业化和过程化人才培养制度和体系，引导科研人员

"干中学",选拔优秀中青年人才担任科研项目负责人,通过重大项目、重大成果带动人才成长。三要优化人才发展环境,确保用好、留住高端人才。建立面向创新质量的科研人才考核评价体系、公平和高效的人才激励体系、多方协同的人才保障体系,提升人才在实验室的获得感和成就感,提升实验室的人才吸引力。

(二)提升关键技术研究能力

提升关键技术的研究水平,加快高水平研究成果产出,是实验室建设的重要目标,之江实验室要在基础学科建设和基础科学设施等方面提升基础研究能力。一要加强基础学科研究能力建设。以具有影响力的重大共性技术成果为目标,瞄准世界科学前沿方向,围绕涉及长远发展和国家安全的"卡脖子"科学问题,加强基础研究,前瞻布局,加大战略高技术攻关。坚持把强化国家战略需求与科学探索目标相结合,加强对关系全局的科学问题研究部署,集成跨学科、跨领域的优势力量。构筑面向国际学术前沿的知识创新体系,建设一批世界一流的基础学科群,不断增强浙江省国际学科话语权、科研主导权,提升我国科学发现、技术发明和产业产品创新的整体水平。二要加强重大科学基础设施的整合协同。整合浙江大学、西湖大学、阿里巴巴等资源,谋划实施大科学工程、建设大科学装置。以提升原始创新能力和支撑重大科技突破为根本,以健全协同创新和开放共享机制为保障,全面提升科研设施与仪器资源的整合协同和运行效率,构建跨领域、多层次的优势科研资源网络。

(三)强化产业辐射带动能力

实验室要为区域发展注入活力,要通过成果转化和产业辐射放大基础应用研究的价值。一是通过成果转化基金或企业合作等方式，按照责任共担、利益共享的原则，吸引更多社会资本参与之江实验室技术创新、条件建设和技术成果转移转化。要将前沿基础研究与当地优势基础相结合，拓展研究能力和资源整合，推动研究成果转化和产业化。二是通过产业辐射带动区域经济发展，构建创新合作生态，支撑引领具有世界竞争力的创新型产业集群发展。在战略新兴产业领域，支撑培育一批研发实力与创新成果国际一流、产业规模与竞争能力位居前列的领军型企业，以技术的群体性突破支撑引领智能机器人、智能终端、智能制造示范、大数据、网络信息安全五大产业集群发展。展望未来，之江实验室要紧密结合浙江"数字经济一号工程"需要的前沿数字技术进行研发，通过技术赋能带动未来科技城、杭州乃至全省的数字经济发展水平，扩大之江实验室的产业影响力。

（四）提高内部管理创新能力

自主、高效的内部管理能力是实验室创新的保障，之江实验室要进一步优化内部管理机制，激发实验室创新活力。一要优化实验室内部管理体系。进一步梳理实验室现有内部管理体系，健全党组织全面领导、实验室高度自主、全球招募人才、企业化运作的内部综合管理体系，切实提升管理效率和资源集约利用水平。二要强化实验室自主管理权。之江实验室要按照"事业单位性质、企业运行机制"提升管理自主权和效率，赋予实验室更大的发展自主权，建立相应的聘任制、年薪制、合同制、考核制等市场化运行机制。实验室主任相当于之江实验室的首席执行官（总裁），要更好地发挥实验室主任在人才引进、职称评聘、人员聘用、条件建设等方面的管理自主权。三要简化组织结构，在落实理事会领导下的主任负责制基础上，按照机构改革的方向和去行政化的要求，合理设置内部管理部门和科研业务部门，重点布局业务部门，减少保障日常运转的综合部门。

浙江精神：生生不息的发展动力

李 涛　张洪岭

党的十八大以来，浙江省委带领全省人民同心同德，始终以"八八战略"为总纲，秉持浙江精神，干在实处、走在前列、勇立潮头，在新的历史时期，推动浙江改革开放实践的创新发展，取得了举世瞩目、浙江人民广泛认可的成就，为全面建成高水平小康社会、全面建设高水平现代化奠定了基础。

下面，我们回顾浙江精神形成的历史脉络，以及习近平总书记对新时代浙江精神新阐释，同时总结党的十八大以来浙江精神的时代发展，浙江创新的实践经验。

一　浙江精神：浙江改革发展的精神动力

在改革开放的伟大实践中，浙江在经济社会各方面均在全国占有一席之地。2004—2018年，连续14年保持全国经济总量第四位，经济社会各方面均走在全国前列。浙江现象、浙江经验、浙江模式，引起世人的广泛关注。

浙江经济社会发展的内在精神因素、文化基因是什么？是什么样的一种精神支撑起了浙江这些年改革开放的巨大成就？浙江要想"走在前列"、在率先实现现代化的征程中做出更多贡献，

>> 新浙江现象

需要什么精神来指引？这些都是浙江省在改革开放实践中遇到的重大问题。

2004年至今，浙江省委对浙江精神的理论概括基本是按照两种表述展开。一种是2006年"求真务实、诚信和谐、开放图强"12字的精练表述，另一种是2007年浙江省第十二次党代会报告中提到的"大力弘扬以创业创新为核心的浙江精神"。这两个版本的浙江精神表述一脉相承，体现了浙江改革发展中迸发出的精神力量。

20世纪末期，浙江经过20多年的改革发展，经济总量、人均收入和社会发展水平均处于全国前列，国内外普遍关注"浙江现象"，浙江省委开始思考和提炼浙江现象背后的精神因素和精神力量。1999年12月21日，时任浙江省委书记的张德江同志代表省委号召全省社科工作者提炼"浙江精神"，总结浙江经验，开拓浙江未来。根据省委要求，有关方面对浙江精神进行了提炼和概括，形成了"自强不息、坚忍不拔、勇于创新、讲求实效"16字表述。这是改革开放以来浙江精神的第一次提炼和表述。

党的十六大之后，全球化发展的新挑战，浙江改革发展的新实践，中央对浙江走在前列的新要求，为新时期的浙江精神注入了新的思想观念、价值取向和社会道德标准。浙江省委高度重视总结和提炼新时期的浙江精神。时任浙江省委书记的习近平同志提出，要"深入研究浙江现象，充实完善浙江经验，丰富发展浙江精神"。省有关部门经过多次理论研讨，广泛听取专家学者、基层干部和普通群众的意见，经过反复研究和讨论，最后确定了与时俱进的浙江精神的新的表述，这就是"求真务实、诚信和谐、开放图强"。我们可以把这个版本的"浙江精神"的表述称为"浙江精神的升级版"。

2007年，浙江省第十二次党代会确立了"创业富民、创新强省"总战略，将浙江精神进一步提炼为"以创业创新为核心的浙江精神"。这三个表述一脉相承，共同构成浙江精神的内涵和精髓。

浙江省第十三次党代会召开以来，浙江省委省政府带领全省人民秉持浙江精神，干在实处，走在前列，勇立潮头，取得了改革发展的成就。浙江精神发挥了新时代的精神动力作用，浙江精神是浙江改革发展的精神财富。同时，我们也结合新的时代条件，与时俱进地发展浙江精神。

二　勇立潮头：习近平总书记对新时代浙江精神的阐释

党的十八大之后，习近平总书记对浙江工作非常重视。在2015年5月25—27日考察浙江期间，以及2016年在杭州主持展开G20领导人峰会期间，都对浙江工作以及"浙江精神"进行了新的阐释。

2015年5月，习近平总书记在考察浙江期间，要求浙江："努力在提高全面建成小康生活水平上更进一步，在推动改革开放和社会主义现代化建设中更快一步，继续发挥先行和示范作用。"习总书记对浙江工作明确提出了"干在实处永无止境，走在前列要谋新篇"的要求。习总书记对浙江工作提出的要求，也是对"浙江精神"的准确把握和生动阐释。无论是要求浙江"更快一步"，还是"继续发挥先行和示范作用"，都是要求坚持改革创新的基本精神，都是对与时俱进的浙江精神的阐释和具体化。同时，习近平总书记对浙江工作提出的"干在实处永无止境，走在前列要谋新篇"，着重点在于从实干、务实、创新的角度对浙江发展经验的总结，也是对浙江未来发展的精神动力的揭示，更是对浙江精神的生动解说。

习近平总书记2016年9月初在杭州主持G20领导人峰会期间，对浙江和杭州发展中涌现出的基本精神进行了阐释，并对浙江发展提出了"勇立潮头"的要求。G20杭州峰会的主旨即建设"创新、开放、活力、包容"的世界经济，浙江和杭州的发展既生动阐释了"创新、开放、活力、包容"的发展理念，也是对浙江精神的具体化和生动注解。G20峰会杭州向世界展示了"西湖风光、江南韵味、中国气派、世界大同"的理念和基本精神，得到世界各国的高度赞誉和肯定。这也体现了浙江精神的具体内容和生动实践。

特别令人瞩目的是，在G20峰会期间，习近平总书记对浙江未来发展提出了"干在实处、走在前列、勇立潮头"的要求。其中提到的要弘扬勇立潮头的精神，就是对浙江精神的生动阐释。勇立潮头与创业创新精神一脉相承，是对浙江精神之内涵的重新定位。改革开放40多年来，浙江经济社会之所以得到快速发展，关键在于激发了广大人民群众的创新创造精神，走在前列、勇立潮头精神。这也是敢闯敢干的浙江人民在改革开放的大潮中体现出来的新的思想风貌和精神境界。

勇立潮头精神，是敢闯敢干的精神。邓小平1992年总结改革开放以来的基本经验时说，改革要敢于试验，"看准了的，就大胆地试，大胆地闯"，"没有一点闯的精神，没有一点'冒'的精神，没有一股气呀、劲呀，就走不出一条好路，走不出一条新路，就干不出新的事业"。中国改革开放40多年来取得的成就，就是因为有这种"闯"的精神、"冒"的精神。浙江改革开放以来经济社会快速发展的根本精神支撑，也就是这种"闯"的精神和"冒"的精神。勇立潮头精神在浙江的具体化，就是以"创业创新"为核心的浙江精神。

勇立潮头精神，是浙江经济转型升级内在需要。浙江省在新的发展时期，面临着转型升级的巨大压力。浙江省是民营经济大省，民营企业小而分散，经济转型升级最终还是需要以创新的精神，"千方百计提升品牌，千方百计拓展市场，千方百计自主创新，千方百计改善管理"。总而言之，"勇立潮头、创业创新"精神，是经济实现转型升级必备要素。

勇立潮头精神，是浙江破解改革开放中出现的难题的关键支撑。浙江作为全国的先发省份，经济社会发展走在了全国前列，同时，改革开放中遇到的难题也率先在浙江出现。譬如快速城镇化中出现的问题，新居民社会管理问题等。破解这些难题，需要以改革创新、勇立潮头的精神，在新的形势下大胆试验、大胆创新，在现实实践的基础上找到破解这些改革开放难题的办法和现实途径。

勇立潮头精神，是浙江应对全球化挑战必备精神素质。浙江省作为改革开放的沿海开放前沿省区，是对外贸易大省，整个经济社会的发展与整个全球发展联系密切。应对全球化对浙江经济社会发展的影响，是一个全新的事业，需要浙江人继续发扬"创新""领先"精神，不断总结对外开放的经验，积极探索融入全球化的有效方式途径，这是新时期浙江人民的重要使命。

勇立潮头精神，是浙江建设高水平小康社会、率先实现现代化的文化动力。实现"两个率先"是中央对浙江发展的战略定位，浙江要率先建成高水平小康社会、率先实现现代化，就必须弘扬勇立潮头的精神，不断用强大的创新精神引领全国发展之潮流。总之，勇立潮头的精神是浙江精神与时俱进的新发展，是引领浙江发展的文化动力和精神支撑，也是党的十八大以来浙江创新发展的生动写照。

三　浙江精神：浙江发展的精神主旋律

党的十八大以来，浙江省全面贯彻"五位一体"战略总布局和"四个全面"战略布局，以"八八战略"为总纲，按照中央对浙江提出的明确要求，秉持浙江精神，干在实处，走在前列，勇立潮头，以"八八战略"再深化、改革开放再出发为战略指引，以"最多跑一次"改革引领全面改革，打出转型升级组合拳，在"六个浙江"建设等方面均取得了重要成就。在浙江创新发展实践中，充分展现了浙江精神的内涵和时代价值。

（一）以"两个高水平"引领浙江发展

党的十八大以来，浙江全面落实中央决策部署，按照习近平总书记对浙江提出的"更进一步、更快一步"的要求，制定浙江今后的发展战略。2017年，浙江省第十四次党代会提出，确保到2020年高水平全面建成小康社会，并在此基础上高水平推进社会主义现代化建设。"两个高水平"战略思想的提出，体现了习近平总书记"更进一步、更快一步"的战略要求，也体现了浙江发展要超前、要有更高目标的要求。"两个高水平"已经成为浙江未来创新发展、走在前列的总体战略思路。

省第十四次党代会围绕"两个高水平"要求，提出了统筹推进富强浙江、法治浙江、文化浙江、平安浙江、美丽浙江、清廉浙江等"六个浙江"建设。"六个浙江"建设是中央"五位一体"总体战略部署和"四个全面"战略布局在浙江的具体体现，也是推动"两个高水平"建设的具体的战略举措，为浙江创新发展提供了行动指南。总而言之，"两个高水平"和"六个浙江"

建设，贯穿了干在实处、走在前列、勇立潮头的浙江精神，也是浙江精神的生动体现。

（二）以"最多跑一次"改革撬动全面改革

2016年，浙江省启动"最多跑一次"改革，推动政府服务自我革命，通过"一窗受理、集成服务、一次办结"的要求，创新政府服务模式，达到了让企业和群众到政府办事实现"最多跑一次"的目标。自启动以来，"最多跑一次"改革取得了十分明显的成效，提升了政府服务效能，压缩了审批时间，提高了政府服务的满意度。

"最多跑一次"改革，全面推行"一窗受理、一网通办、一证通办、一次办成"，100%的事项实现网上办理，63.6%的民生事项实现"一证通办"，百姓办事更加方便了。企业投资项目开工前审批全流程实现"最多跑一次、最多100天"；"标准地"出让占省级以上平台新批工业用地的80.1%；深化商事制度改革，常态化企业开办时间压缩至4个工作日，企业投资更加便利了。通过"最多跑一次"改革，全面提升了政务服务能力，释放了改革发展红利。

浙江在全国率先推行"最多跑一次"改革，通过"最多跑一次"改革，打破原来的体制制度障碍，为其他领域全面深化改革提供了重要推动力，也撬动了其他领域的革命，为浙江全面贯彻落实中央全面改革的总体要求，推动省域改革向纵深发展创造了条件。

（三）以"数字经济一号工程"引领创新转型

信息技术引领的新科技革命，为整个经济社会创新发展带来了机遇和条件。为了顺应科技革命和新经济的发展，浙江省提出了"数字经济一号工程",使浙江经济新动能明显增强。

在"数字经济一号工程"引领下,浙江新经济蓬勃发展,制订数字经济五年倍增计划,2018年,数字经济核心产业增加值比上年度增长13.1%。预计2019年,建成"无人车间""无人工厂"66个,新增上云企业12万家。实施人才新政,新增"国千""省千"人才320名。制定科技新政,推进之江实验室、西湖大学设立,新增高新技术企业3187家、科技型小微企业10539家,研发经费支出占比达到2.52%。全面实施凤凰行动、雄鹰行动、雏鹰行动,新增上市公司28家、累计535家。在"数字经济一号工程"的引领下,浙江经济必然会为实现腾笼换鸟、凤凰涅槃提供战略引领和发展动力。这也体现了浙江勇立潮头,顺应时代潮流发展的创新精神。

(四)创新生态治理,推动美丽浙江建设

多年来,浙江省牢固树立习近平总书记的"绿水青山就是金山银山"的战略理念,坚持绿色发展不动摇,积极探索生态治理现代化浙江模式。2013年以来,浙江根据自身发展中遇到的资源环境生态等问题,作出了"五水共治"的重大战略部署,统筹治污水、防洪水、排涝水、保供水、抓节水,并以此为突破,探索省域生态治理和转型升级相结合的发展路径。

通过全面部署、强势推进,浙江深入推进"五水共治",通过加强黑河臭河垃圾河治理,提出消灭劣五类水专项行动、加强污水处理和截污纳管及产业整治,加强生态恢复等工作,全面提升了浙江省域水环境质量。通过"五水共治",治出了环境改善的新面貌,治出了转型升级的新局面,治出了全民共享的"生态红利",治出了百姓点赞的好口碑,治出了社会文明的新风尚。

浙江"五水共治"工作的推进，是浙江弘扬务实、实干精神的结果，是创新创业的重要举措。同时，"五水共治"通过体制机制创新和工作机制创新，也为推进浙江生态治理体系和治理能力创造了载体和平台。

（五）特色小镇：引领经济转型发展的新引擎

浙江省近年来，探索出了以特色小镇建设为抓手，推进创新创业平台建设的道路。浙江省规划建设100个特色小镇，这是浙江省委省政府为推动全省经济转型升级和城乡统筹发展，贯彻国家新型城镇化和产城融合发展战略作出的重大决策。

为此，浙江省出台《关于加快特色小镇规划建设的指导意见》，提出用五年时间，通过"自愿申报、分批审核、年度考核、验收命名"，创建100个特色小镇的目标，对特色小镇的概念及如何创建等作了具体规定。目前，浙江省首批37个特色小镇，按照3年近期5年远期的规划正在稳步推进，其中约三分之一的特色小镇建设已粗具规模。通过培育特色小镇，集聚人才、技术、资本等资源要素，推进产业集聚、产业创新和产业升级，实现"小空间大集聚、小平台大产业、小载体大创新"，从而形成新的经济增长点。

浙江省的"特色小镇"建设得到了中央和其他省市的高度重视，作为推进转型升级的重要载体，为浙江转型发展提供了重要平台支撑。这也体现了创新创业的浙江精神，是浙江精神的生动写照。

总之，在党的十八大以来浙江创新发展实践中，涌现出生动阐释浙江精神的实践经验和案例很多。这些浙江改革创新经验，足以解释浙江精神在实践创新中的价值和意义。浙江精神是浙江发展的精神指引和精神底色，是浙江高水平建成小康社会，高水平建设现代化的精神力量和生生不息的动力源泉。

四 浙江精神、红船精神和中国精神的有机统一

与时俱进弘扬浙江精神，应当与弘扬红船精神和中国精神统一起来。浙江精神作为浙江地域文化精神的集中体现，既是历史的，又是面向现实的，它与红船精神具有一脉相承的关系。红船精神诞生于浙江嘉兴，体现了中国共产党的建党精神。习近平总书记对红船精神的阐述，具体为：开天辟地、敢为人先的首创精神，坚定理想、百折不挠的奋斗精神，立党为公、忠诚为民的奉献精神。这里的首创精神、奋斗精神和奉献精神，都和浙江精神高度一致。红船精神诞生于浙江，但是其精神意义和思想价值是中国的。在精神高度、思想内涵和价值取向等方面，浙江精神和红船精神是内在统一的关系。我们在新时代弘扬红船精神，应当和与时俱进弘扬浙江精神统一起来、结合起来。

浙江精神作为一种地域文化精神，不仅具有浙江地域特色，而且对于中国社会主义现代化建设、对于全国的改革发展具有普遍性意义。

（一）浙江发展是中国发展的缩影，浙江精神是中国精神的缩影

我们纵观改革开放以来中国的发展，浙江是中国发展的一个缩影。浙江的发展确有其自身的历史根基、人文传统、地理位置等独有的地域特色，以及浙江人具有的敢于吃苦、艰苦创业的特有精神气质。如此等等，皆可证明浙江发展的独特性。但是，放在全国的改革开放大背景下，浙江发展从属于整个中国的改革开

放进程，折射出来的是中国改革开放的地域特色。

从这个角度讲，浙江精神本身就是整个中国精神的地域呈现，其所包含的价值内涵也是体现中国改革开放和市场经济发展趋势的具有普遍性的东西。譬如，"自强不息""勇于创新""诚信和谐""务实求真""创业创新"等精神内核，又具有表征中国发展精神的普遍性意义。

从这个角度讲，我们可以把浙江发展归为中国发展的地域呈现形式，而浙江精神则是中国精神的地域表现形式。

（二）浙江精神呈现出具有普遍性的市场经济的基本伦理意识

"浙江精神"也反映了浙江作为先发省份的市场经济基本伦理意识的形成。从注重"勇于创新"，到"诚信和谐"，再到内涵更为丰富的"以创业创新为核心"的浙江精神表述，可以大体勾勒出浙江从鼓励敢闯敢试，以"释放"为主的改革创新的价值导向，到注重"诚信和谐"等以"约束"和"规范"为主导的价值重建、信用重建，再到既包含前两者的价值导向，又倡导创新发展的"以创业创新为核心的浙江精神"。

从这个轨迹考察，整个中国改革开放的市场经济的基本伦理意识，也是按照这样的线索展开的。从20世纪八九十年代提倡"大胆地创、大胆地试"，到21世纪以来倡导科学发展，构建适合社会主义市场经济的核心价值体系、发展文化，重建道德伦理秩序，等等。这和浙江精神所内蕴的市场经济伦理意识，可以说是一脉相承、相互契合的。概括地说，普遍性的市场经济伦理意识，中国特色和浙江模式，是浙江精神的基本构成要素。

从这个角度我们可以说：浙江精神以地域特有的方式，展现出了中国发展具有普遍性的东西。正如有学者指出的，浙江精神

"虽是一种以地域名称来命名的群体意识,但其有效性绝不限于浙江一地"。在精神内涵上,"浙江精神具有超地域的普遍性","它在很大程度上表达了社会主义市场经济的基本伦理意识"。

"浙江精神"具有"地域性"与"超地域性","特殊性"与"普遍性"的双重意义。这就是说,"浙江精神"不仅是浙江的,也是中国的;再大而言之,能从中管窥到世界市场经济发展所蕴含的精神追求和伦理意识。

浙江精神既是民族精神和时代精神在浙江发展的集中体现,同时,又是对浙江这些年来所涌现出来的"浙江现象""浙江经验""浙江模式"的提炼和反思。发展着的"浙江精神"具有与时俱进的精神品格,折射出中国特色社会主义发展的精神诉求和伦理意识的自觉。

总之,浙江精神为浙江发展提供了精神支撑和文化动力。同时,与时俱进的浙江精神也是浙江在未来发展中,不断获得文化自信的力量源泉。党的十八大以来,浙江秉持作为浙江文化核心和精髓的"浙江精神",与时俱进地推动浙江文化创造性发展,激发浙江人民的无穷智慧和伟大创造力,开辟浙江更加美好的未来。在弘扬浙江精神的同时,弘扬红船精神和中国精神,使浙江精神、红船精神、中国精神成为推动浙江创新发展、推动"两个高水平"建设的精神基因和精神底色。

城市大脑：构建数字社会新平台

徐 晖 李 颖

一 大数据战略与城市治理

在迈向国家治理体系和治理能力现代化的过程中，以数字化、网络化、智能化为特征的新一轮信息技术发展，成为助力治理转型的新理念和新动能。党的十八大以来，站在新的历史起点上，习近平总书记要求围绕网络强国、数字中国、智慧社会，审时度势、精心谋划、超前布局，推动实施国家大数据战略，更好地服务我国经济社会发展和人民生活改善。习近平总书记从产业、国家治理与民生等维度全方位部署信息技术的应用与发展。在产业方面，要瞄准世界科技前沿，集中优势资源突破大数据核心技术，加快构建自主可控的大数据产业链、价值链和生态系统。在数字国家的建设上，新一轮信息技术发展不仅是一场技术革命和经济变革，也是一场国家治理的变革。

在习近平总书记的战略布局中，实施大数据战略，加快数字中国建设，民生是最大的政治，人民始终是主角。信息技术推动了数字社会的发展与民生服务的持续改善，为解决民生问题、改善社会治理质量提供了重要支撑。习近平总书记指出，要坚持以人民为中心的发展思想，推进"互联网+教育""互联网+医疗""互联网+文化"等，让百姓少跑腿、数据多跑路，不断提升公共服务均等化、普惠化、便捷化水平。要坚持问题导向，抓住民生领域的突出矛盾和问题，强化民生服务，弥补民生短板，推进教育、就业、社保、医药卫生、住房、交通等领域大数据普及应用，深度开发各类便民应用。

浙江在信息化发展和数字社会的探索中一直走在前列，处于数字化产业和应用的第一方阵。2003年，时任浙江省委书记的习近平就已布局"数字浙江"建设，全面推进信息技术在浙江经济与社会中的应用。要求加快建设数字浙江支撑平台，深度开发经济、社会等各类信息资源，逐步形成面向城乡、以中心城市为基本单位的信息资源集成、应用与共享系统。党的十八大以来，以习近平新时代中国特色社会主义思想为指导，浙江适应数字经济生产力快速变革要求，积极利用互联网、大数据等信息技术，全面实施数字经济"一号工程"，推动治理模式创新。

在数字产业上，加快建设全国领先的网络基础设施，加快构建新一代信息技术产业体系，推进以智能制造为主攻方向的新工业变革，着力提升大数据开发和应用能力，完善大数据产业公共服务支撑体系和生态体系。在政府数字化转型上，源自浙江的"最多跑一次"改革有效推进了政务信息系统进一步整合，从群众视角审视和简化政务事项及流程，得到中央肯定，并写入政府工作报告。浙江还充分运用"互联网＋大数据＋服务"的方式，建立统一的政务平台，提供精准、便捷的民生服务，加大推动智慧医疗、交通、教育、旅游等领域互联互通和业务协同，促进公共服务均等化和便捷化。

在此背景下，杭州抓住机遇，在信息科技发展和应用领域发展迅猛，提出数字化、产业化、城市化之间的"三化融合"，成为浙江数字社会探索的代表性缩影。其中，又以始于2016年的"城市大脑"的数字平台试验最具代表性。它是指按照城市学

"城市生命体"理论和"互联网+现代治理"思维,创新运用大数据、云计算、人工智能等前沿科技构建的平台型人工智能中枢。整合汇集政府、企业和社会数据,在城市治理领域进行融合计算,实现城市运行的生命体征感知、公共资源配置、宏观决策指挥、事件预测预警、"城市病"治理等功能。[①]

"城市大脑"以可感知的方式成为治理的新平台,从而引发治理理念—结构—过程的相应变化。它已向苏州、衢州、吉隆坡等城市输出经验,其交通治堵方案和相应的警务机制改革也被公安部推广。因此,分析杭州"城市大脑"设计、建设与运行当中的治理价值变现,以及价值变现过程中的平台建设与作用,有助于更好地理解新技术环境下的治理转型,具有典型的实践意义和研究价值。

二 数字时代背景下的治理理念的变迁

以大数据、云计算、物联网、智能化等为特点的信息技术带来了社会化场景应用范围的扩大,整个社会成为技术创新与问题系统性解决的生动试验场,为解决一些复杂议题提供了新的思路和手段。在此背景下,以技术之力同时疏解旧有困境与新的挑战矛盾,成为许多国家和城市的共同选择。各国面对数字时代的到来,纷纷调整治理战略和治理内容,力求以公众需求为核心,进行系统性、整体性的政府转型安排,持续提升治理质量。[②] 党的十八大以来,随着改革开放的持续推进和国家政策的导向性支持,中国在此次治理转型中的技术运用首次站到了与世界其他城

[①] 《关于印发杭州城市数据大脑规划的通知》,杭发改规划〔2018〕183号。
[②] 张晓、鲍静:《数字政府即平台:英国政府数字化转型战略及其启示》,《中国行政管理》2018年第3期。

市同样的起跑线上。2018 年，全球已启动或在建的智慧城市多达 1000 多个，而中国就居于 500 个试点城市首位。其中，杭州在领域应用渗透指标上的领先优势明显。①

数字社会的发展必然带来治理理念的变迁。首先，数字社会的治理内涵发生变化，信息结构与传递方式正在更新。它主要体现在三个维度：一是个体感知的数字化和可视化。在新技术的强大支撑下，信息表达和呈现的底层逻辑出现了根本改变，信息可以采用统一、简洁的数字化形式自动采集、整合、存储、管理、交流和再现。② 二是社会全方位的"数字化"，出现了数据资源和数据权力的重新分配。社会生活中的各种日常行为都在自动生成数字，加速了"数字化"趋势。③ 每个个体在具体行为过程中同时扮演了数字信息的消费者和生产者角色，数据在共享和使用中不断增值，通过改变组合产生出新的知识。④ 企业与社会组织掌握巨量数据与相关技术，意味着政府垄断数据的局面正在被打破，社会与市场集聚和分析数据的能力正在提升，进而影响各方的相互关系与行动预期。三是数字社会中的信息延迟问题得到解决，助推了个体与公共利益表达的简单化和便利化。在诸如交通、医疗、教育、环保等领域，散落于社会中的每个个体对公共问题或民生议题的模糊感知，现在能通过信息技术汇集起来。个体对问题的反馈成本更低，反馈速度更快，信息损耗更小，能更为迅速、快捷地传递给管理主体。

---

① 德勤中国：《智慧城市进阶：更聪明的人和治理》，上海交通大学出版社 2018 年版。

② 王乘、何精华：《现代城市管理的必然趋势："数字城市与政府智能化管理"》，《中国行政管理》2001 年第 3 期。

③ 涂子沛：《大数据：正在到来的数据革命以及他如何改变政府、商业和我们的生活》，广西师范大学出版社 2013 年版；维克托·迈尔·舍恩伯格：《大数据时代：生活、工作与思维的大变革》，浙江人民出版社 2013 年版。

④ 涂子沛：《大数据：正在到来的数据革命以及他如何改变政府、商业和我们的生活》，广西师范大学出版社 2013 年版。

只要链接这些信息的平台具备足够存储、运算、判断能力,则不仅能输出即时反应策略,还能通过自我深度学习和自动跟踪揭示规律和预判未来,这意味着原有治理中所依赖的分析工具和决策原理发生了改变。

其次,数字社会的治理外延不断扩充,传统的属地治理逻辑面临挑战。数字技术极大提升了社会个体行为的自由度和独立性,从而对原有治理的空间依赖及治理范围产生冲击。技术行为同时叠加了个体化、场景化、不可识别、不在场等特点,传统上以具体的物理在场作为判定依据的原则失效了,个体行为变得难以预测和捕捉①。信息技术促使个体更多地直接从社会中获得资源,② 个体对单一社区和组织的依赖快速降低,其共同体意义不断消退,传统的属地管理结构面对复杂事务力有不逮③,需要找到与新变化相匹配的治理方式。

三 数字社会的新平台:治理过程中的价值、关系与结构更新

数字社会的治理价值变现需要在更高平台上进行聚合、联结与包容,其风险也需要平台进行调和与应对。这个平台应该提供超越局部的城市数据全景图,推动城市治理中的公共性生长。杭州"城市大脑"作为数字社会中的公共治理平台,为治理价值变现提供了新的技术整合方案,是对治理更新的一次探索性试验。

---

① 邱泽奇:《技术化社会治理的异步困境》,《社会发展研究》2018 年第 4 期。
② 阎云翔、陆洋等译:《中国社会的个体化》,上海译文出版社 2012 年版。
③ 蔡禾、张蕴洁:《城市社区异质性与社区整合——基于 2014 年中国劳动力动态调查的分析》,《社会科学战线》2017 年第 3 期。

（一）数字社会的治理价值变现

数字社会中的治理价值在坚持民主、透明等传统原则基础上，有了新的变化。它要求通过"对人力和社会资本、传统基层设施及现代信息交流技术的投资，通过参与式治理，有效管理自然资源，推动经济增长和高质量的生活"。[1] 数字社会带来的智慧化不仅是为了更好地满足个体需求，更是为了让我们真正拥有监测、理解、分析和规划城市的新方式，从而提高城市效率、公平和生活质量。[2] "城市大脑"的形成、应用与扩散，表面上看是对治理需求的技术回应，背后则是对治理价值进行变现的信心。

第一，数字社会助推了代表性治理转向参与式治理的价值变现[3]。这种基于治理过程的价值更新既是技术引发的社会现实要求，也是对科层官僚体系治理效率的再一次反思。传统科层制官僚体系可承载的治理规模和等级链条并非无限膨胀，超过一定规模和复杂性加大后，官僚体系就会产生容量不足的困境，形成组织负效率[4]。在这种组织形式下，普通个体与最终决策之间存在感知上的分离和断裂，这是当下公共政策制定与执行遭遇的最大困境。

信息技术的广泛覆盖与深度渗透降低了社会公众参与的难度和成本，"数字参与"和"数字协商"对传统的"精英政治"和

---

[1] Caragliu, A., Del Bo, C. and Nijkamp, P., "Smart Cities in Europe", *Journal of Urban Technology*, No. 2, 2011, pp. 65 – 82.

[2] Batty, M., Axhausen, K. W., Giannotti, F., Pozdnoukhov, A., Bazzani, A., Wachowicz, M., Ouzounis, G. and Portugali, Y., "Smart Cities of the Future", *European Physical Journal*, No. 1, 2012.

[3] Erik Johnson, "Governance Infrastructure in 2020", *Public Administration Review*, 2010, Special Issue.

[4] McAfee R. P., McMillan J., "Organizational Diseconomies of Scale", *Journal of Economics & Management Strategy*, No. 3, 1995, pp. 399 – 426.

"代议制民主"提出了近乎全民化的挑战,"精英共识"或"代议决策"遭到质疑。[①] 现在,新技术为公众意见的即时表达、信息转化及快速到达创造了条件,为社会生产出同步感知和参与能力,为精英决策和科层制的反思与改进提供了技术支持。参与式治理所蕴含的民主价值不再限于组织机制的讨论,科学意义上的技术为其开拓出另一种通道。"城市大脑"能够通过实时全量的城市数据资源收集和反馈,即时修正城市运行缺陷,全局优化城市公共资源。这意味着在一些公共议题上,公众的差异化意见表达和行为选择已经可以转化为即时信息,直接进入决策平台,融入到政策过程中,从而降低封闭式和层级制的决策惯性影响,实现更为直接的参与式治理。

第二,数字社会正在试验从单向问责转向相互问责的实现机制。理想状态下,问责是对治理内容与治理结果进行评价的重要手段,确保治理主体对其行为负责。[②] 政府一直以来是治理评价中的主要问责对象,但在政府规模与体量不断膨胀的情况下,对它的问责已成管理的经典难题。由于"很难简单明了地确定谁做了什么,责任就会在复杂交错的制度网络中凭空消失掉"[③]。在政府问责困境存在的同时,数字化带来的治理外延引发了社会问责的新议题。技术赋能的不同主体为了增强自己的影响力,会希冀进一步放松控制。但这种非正式权力可能导致滥用和失序,政府加大管制又会招致更大反弹。

因此,社会与政府都意识到,应该通过相互问责达成平衡,即从单向问责转向相互问责。它需要建立相应的机制,在增强社

[①] 戴长征、鲍静:《数字政府治理——基于社会形态演变进程的考察》,《中国行政管理》2017年第9期。

[②] Kjaer, Ann Mette, "Making Sense of Governance", *Politica*, No. 1, 2006.

[③] Rhodes, R. A. W., "Governance and Public Administration", In *Debating Governance*, ed. Jon Pierre, New York: Oxford University Press, 2006, pp. 54 – 90.

会对政府问责的同时，在社会内部生成彼此的相互责任，这样就能在政府放权的同时保持社会秩序，[1] 透明、责任、可控性及回应性仍然是问责指向的价值目标[2]。淘宝、滴滴等商业领域平台提供了相互问责的技术方案，"城市大脑"的设想与落地，可被视为这种平台在社会治理中的升级与改造。可以说，它是基于这些平台之上的总体性平台。政府、市场与社会都受到平台规则的约束，从而实现有效的相互问责。

（二）形成治理议题的数字包容和动态适应

"城市大脑"作为数字治理的平台，包容了不同治理议题的信息数据。这种包容和适应体现在两个方面，一是发现并形成一个议题内部的关联与兼容。"城市大脑"的落地始于杭州交通拥堵问题的治理，切入点是打通交通摄像头和红绿灯两种交通系统间的数据。它们同为交通道路服务，但采集的数据原本都在各自封闭的系统内，无法进行交互。"城市大脑"的技术总架构师王坚认为，"世界上最遥远的距离是红绿灯和监控摄像头之间的距离，它们都在一根杆子上，但从来没有通过数据被链接过"[3]。

因此，"城市大脑"借道技术，打破两个数据库的交互障碍，建立了两个子系统间的关联。信号灯由此能对视频采集的交通事故、堵车、违章停车等信息做出反应，红绿灯的配时也由系统自动调整。2016年9月，在杭州萧山区开始的试验显示，道路车辆

---

[1] Erik Johnson, "Governance Infrastructure in 2020", *Public Administration Review*, 2010, Special Issue.

[2] Koppell, Jonathan, G. S. *World Rule：Accountability, Legitimacy, and the Design of Global Governance*, Chicago: University of Chicago Press, 2010.

[3] 王坚：《世界上最远的距离是摄像头到信号灯》，人民网浙江频道，2016年10月13日，http://zj.people.com.cn/n2/2016/1013/c370990-29139149.html。

通行速度平均提升了15%。之后于2017年推行到主城区更大范围后，道路通行时间同样减少了15.3%。2017年，虽然有20%的道路因为亚运会而被施工占用，但并没有影响到城市交通的顺畅运行。发现警情的准确率超过95%，提高了出警效率。通过对一个议题内的数据系统进行兼容和相互调适，数字平台促使不同子议题间的信息价值相互增强，并形成有效判断进行输出。

二是不同议题间的数据联结与动态扩展。"城市大脑"1.0版于2017年颁布时，已经开始学习实时分析来自交通局、气象、公交、高德等13家机构的海量交通数据。这些数据不仅应用到拥堵问题的解决上，还拓展到医疗、急救等和交通密切相关的领域，"城市大脑"最初试验的萧山区就创新了120救护车等特种车辆的优先调度。[①] 一旦急救点接到电话，城市大脑就会开始实时计算，自动调配沿线信号灯，即时定制绿灯生命线。"城市大脑"逐渐勾连起与交通有交集的其他城市治理议题，从"治堵"扩散到"治城"。

从"城市大脑"的总体架构（见图1）可看出，在"城市大脑（综合版）（2.0版）"中，平台的数字包容性再度拓展，延伸至城管、安全、医疗、旅游、环保等领域。整个城市都浓缩成数据显示在"大脑"平台上，每个管理或服务主体都把自己的数据系统接入到中枢平台上，并在需要时调取其他领域的数据，数据开始在不同议题间流动起来并形成相互增强的价值。数据信息在平台不再是政府部门或企业的垄断性权力，部门和主体间的沟通成本也相应下降。进入的系统与城市治理领域越多，平台的延展度和包容性就越强。数据系统间的包容性越强，

---

① 沈积慧：《城市大脑1.0正式公布》，《都市快报》，2017年10月12日，http://hznews.hangzhou.com.cn/jingji/content/2017-10/12/content_6683076.htm。

对耦合性风险因素的预判、风险应对和事后恢复重建的反应速度与准备也就越充分。

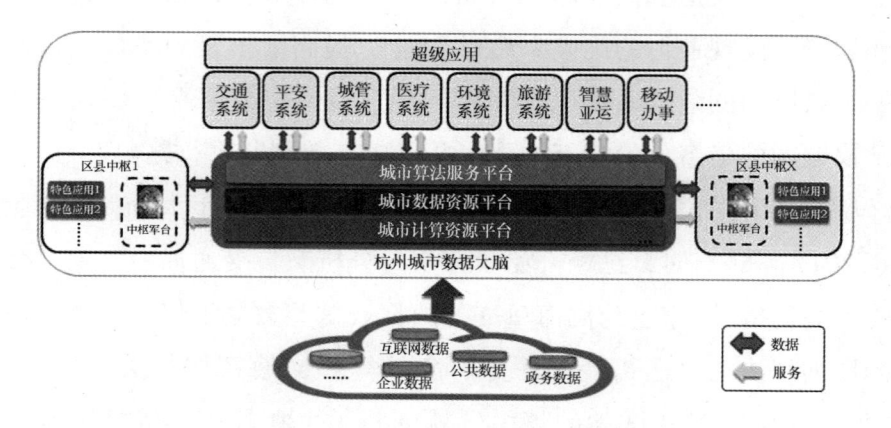

图1 城市大脑（综合版）的总体架构
资料来源：杭发规〔2018〕183号。

"城市大脑"的数据包容性和动态适应性说明，城市治理是由各个子议题和子系统组成的复杂综合体，议题间的关系需要从城市整体性的高度进行理解，才能应对城市规模变大、复杂性加剧的问题。一些商业、公益及政府部门的小平台为解决子系统内部的问题提供了新的技术方案与组织形式，但它们仍属治理中的小生态。"城市大脑"在汇聚这些小生态的基础上，构建超越小生态的全系统解决方案，保持更完整的公共性，从而有助于理解复杂丰富的治理生态。

（三）促进参与式治理格局的生成

治理理论和实践变迁均表明，国家与社会在治理过程中应该达成平衡。[①] 参与式治理强调治理主体的多样性和治理过程的充

---

① 田凯、黄金：《国外治理理论研究：进程与争鸣》，《政治学研究》2015年第6期。

分介入。数字时代的技术赋能为个体和各类组织提供了表达的便捷条件，并能迅速形成意见的聚焦和扩散，成为治理议程设置的重要来源。在传统治理容量不足、制度框架有待完善的情况下，"城市大脑"为多元主体的治理参与打造出新的基础设施，它将政府强力主导与多元主体的参与预期结合起来，因而既能与原来的治理框架兼容，又能满足社会参与的现实需求。

与国际上其他城市相比，杭州"城市大脑"建设中的政府介入比重更大，引导作用更强，企业在建设中的参与数量、形式与深度也远超以往。但受制于既有条件和前期基础等因素，社会参与程度较弱。从这一点上看，它既具有数字治理探索的普遍性特征，又根据中国国情做了相应调整，也更易在现有情境下进行推广和复制，因而具有较强的典型性。首先，"城市大脑"的基本架构设计与技术支持来自于多家科技型企业的持续合作。在"城市大脑"试验之初，即有13家企业加入，汇聚了互联网、大数据、云计算、人工智能等领域的顶尖企业。它们各自有序分工，负责超大规模计算平台、数据采集系统、数据交换中心、开放算法平台、数据应用平台的开发。企业之间没有合同和其他经济等约束条件，而是出于目标认同和未来展望进行的探索。

从全世界的发展现状看，一些互联网领域的领军企业早已在各自领域内承担起一部分公共责任，例如淘宝平台的打假和仲裁责任，Facebook、微博、微信等社交平台对有害信息的识别与禁止传播等。但因城市治理的公共目标联合起来并深度参与的案例还较为鲜见，说明在未来的发展过程中，公利与私利的组织边界可能会在平台作用下发生交叉和模糊，政府与市场的合作治理的规模和广度都将增加。这种协作不仅体现为服务、产品的发包—承包关系，还体现为对公共产品供给和改进方式的共同探讨。

>> 新浙江现象

"城市大脑"改变了政府在城市治理中的主导方式。根据杭州市的规划,"城市大脑"的发展愿景是成为城市新的基础设施。"城市大脑"既是公共性质的治理平台,又被赋予产业创新的经济功能。它与上述企业角色的变化一样,公共性与市场特性的结合再一次得到体现。从图2可见,"城市大脑"体系中的每个子平台都同时蕴含服务功能和经济价值,这既是数据社会产生的独有特点,又是政府有意引导的方向。这在政府文件的规划中进一步得到印证,将在"惠政惠民,需求为先"的基础上,"创新驱动,服务产业",政府在其中负责"整体规划,深度整合","政府引导,市场驱动"。[①]

参与式治理不仅是其他主体获得进入传统治理体系的新通道,更是指这些主体本身成为新的治理框架中的一部分,和政府一起形塑数字治理体系,从而更加靠近共治的内涵。它们和政府一起嵌入这个新体系当中,共同决定着今后的治理能力。与以往相比,政府在新的治理平台中的主导作用将是更为宏观和引导性的。在此过程中,政府对数字社会治理的认识也不断加深,从早期希望利用数据提高政府规划质量的认识,转变为数据即规划的认识。

与国际上其他城市相比,"城市大脑"中的社会直接参与程度仍然较低。例如,哥本哈根通过城市数据交换(City Data Exchange)和数据平台(Data Platform),希望通过开发一个全城范围的信息市场,鼓励大型企业,中小企业,初创企业,大学、市民和公共部门通过合并更为多样化的信息来源,以促进合作,应对复杂问题。相比较而言,由于缺乏具体机制支持,杭州"城市大脑"的多元信息共享与分析通道尚不完善。

---

① 《关于印发杭州城市数据大脑规划的通知》,杭发改规划〔2018〕183号。

中国城市对智慧治理的认识与目标往往更追求秩序，社会融入的比重还有待增强。在杭州"城市大脑"的设计中，也隐现这种痕迹。在现阶段的运行中，普通市民和各类社会力量在"城市大脑"平台中的参与程度不及企业。不过，政府在"城市大脑"平台上持续接收输入的数据，实际上就是社会公众实时参与的结构化信息，数字平台将社会信息传送中的损耗率降低了。从这个角度而言，公众的数字参与能力确实增强了。同时，政府也在规划中提出，今后要"构建政府、企业、市民等社会多方参与、政产学研用紧密结合的互动发展格局"。

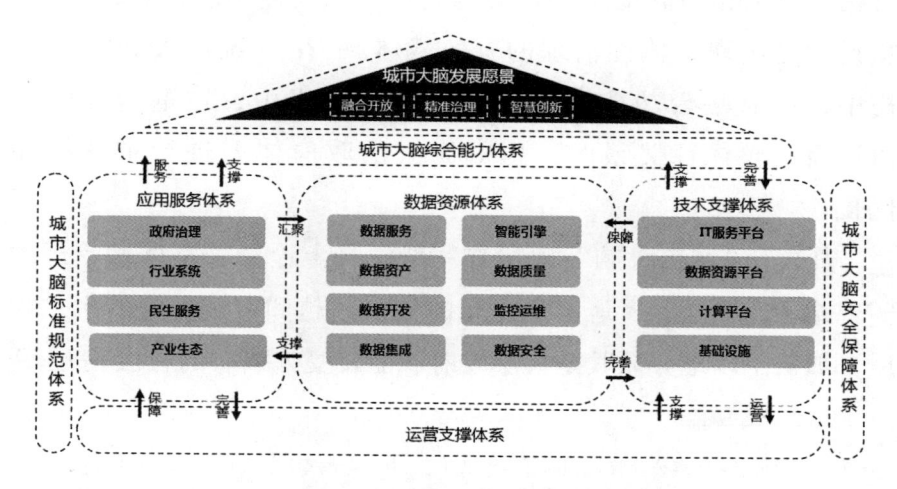

图 2　城市数据大脑体系构成

资料来源：杭发规〔2018〕183 号。

（四）建设整体性治理的基础设施

首先，"城市大脑"具有整体性治理的思维视角。它从整体性与系统性的角度深化对城市治理的理解，这与政府对整体性治理的目标具有内在的一致性追求，成为数字时代实现整体性治理目标的基础设施。如果说参与式治理强调的是政府与其他主体在治理过程中的关系,那么整体性治理则更侧重政府系统内的协同关系,旨在修正新公共管理运行中市场化、分权化造成的决策系统碎片化和复杂性问题。[1] 整体性治理不追求打破官僚制,而是以官僚制为基础进行革新。官僚制需要做出的改变是以"问题解决"为导向,而非以有效管理过程为导向,因此必然要求政府组织体系的某种整合。

换言之,在整体性治理的视角下,数字社会中的政府在国家治理体系中仍应具有特殊的"网络节点",是信息归集、交换、分析与输出的中枢。[2] 但在新的治理框架中,政府应从一种机构主体的概念转变为公民参与的平台概念。[3] 研究者发现,信息技术是实现整体性治理的有效载体。[4] 在"城市大脑"的架构中,政府平台功能嵌入到了数字平台当中,在重新理解城市运行的整体性关系时,也对庞大的政府体系进行了修补和优化。

其次,"城市大脑"除了在一般意义上诠释了整体性治理的实现路径,更是对属地治理逻辑的初步超越和突破。党的十八大后,加快了以地方尤其是基层政府职能转变为核心的社会治理转

---

[1] 竺乾威:《从新公共管理到整体性治理》,《中国行政管理》2008年第10期;胡象明、唐波勇:《整体性治理:公共管理的新范式》,《华中师范大学学报》(人文社会科学版)2010年第49卷第1期;翁士洪:《整体性治理模式的兴起——整体性治理在英国政府治理中的理论与实践》,《上海行政学院学报》2010年第11卷第2期;等等。

[2] 徐晓林、明承瀚、陈涛:《数字政府环境下政务服务数据共享研究》,《行政论坛》2018年第1期。

[3] O'Reilly, Tim, "Gov 2.0: The Promise of Innovation", *Forbes*, 2009-8-10; Kanter Rosabeth Moss & Stanley S. Litow, *Informed and Interconnected: A Manifesto for Smarter Cities*, Working Paper, 2009, Harvard Business School.

[4] Patrick D., "New Public Management is Dead—— Long Live the Digital Era Governance", *Journal of Public Administration Research and Theory*, No. 3, 2006; Pollitt C., "Joined-up Government: A Survey", *Political Studies Review*, Vol. 1, No. 1, 2003; Pierre J., ed., *Debating Governance: Authority, Steering, and Democracy*, OUP Oxford, 2000; Perri 6, *Holistic Government*, London: Demos, 1997.

型探索。[①] 加强基层治理是为了回应日益增长的社会需求，但在地域化的行政体系下，这意味着属地治理的加强和进一步细分。它暗含着通过行政边界应对社会流动与公共服务供给的逻辑，与区域化协作要求可能存在反向作用，还会增加治理成本。

如何协调这种矛盾？"城市大脑"通过将市域范围作为一个整体分析单位，缓解了微观属地面对宏观难题的困境。杭州在规划中提出，要以信息共享、互联互通为重点，做到统一顶层规划，统一架构，突破区划、部门、行业界限和体制性障碍。"城市大脑"是对城市复杂性的数字化认识与应对，它以可视化、数据化的结构再现城市系统的内在关系，这种系统性数据以问题为导向，难以按照政府功能界别进行归类分析。"城市大脑"包括数据资源体系、技术支撑体系、应用服务体系及运营支撑体系，它的系统是集成型的，每个体系之间相互配合，最后输出的方案很可能也是集成的。平台的数据资源范围广、时间长、动态信息捕捉能力强，能反映城市运行的动态全貌，因而能弥补部门因专业分工形成的局部性、静态化特质。与此同时，杭州市在基层治理的基础上，开始调研并形成市域社会治理的工作体系，从治理的组织体系上与"城市大脑"形成呼应。[②] 当然，在属地治理仍是基本框架的当下，"城市大脑"也为属地设计了端口，接入区县中枢平台，显示出平台良好的兼容弹性。

平台理解问题的跨领域和集成化处理方式正在影响政府的运行方式，政府对议题与政府运行体系间的关系的认识也不断深化（见表1）。例如，杭州的警务机制就依据"城市大脑"进行了深化改革，指挥依据由定性转向定量，由被动转为主动，公众服务

[①] 李友梅：《中国社会治理的新内涵和新作为》，《社会学研究》2017年第6期。
[②] 陈东升：《杭州建设市域社会治理"六和塔"工作体系》，《法制日报》2018年10月8日第8版。

由单向转向双向，并提高了交通风险预判能力。城市大脑（综合版）发布时，参与协同的有数十个市级部门、区县（市）/乡镇街道，以及提供公共服务的企业等，成立17个工作专班在办公地驻场，包括综合专班、交通专班、环保专班、警务专班、城管专班、旅游专班等。对综合版的强调即是强调问题的多类别和相互关系。政府改变以前将单一问题与单一部门联系起来的做法，开始在整个城市层面更好地厘清交通、发改、城管、卫健、旅游等各部门的关系，通过数据融通，产生协同效应。每个管理或服务主体把自己的数据接入到中枢系统，并产生交互和协同。[①] 它和浙江打造"政务云"和网上政务平台建设具有同样的逻辑，即"理念创新＋技术创新＋流程创新＋体制机制创新"[②]。

表1　城市大脑发展历程与政府主导深化（根据资料制作）

阶段	事件	政府行为
2016年9月	城市大脑交通模块在杭州萧山区市心路使用	1. 支持并开放路段试验空间 2. 交通单一部门责任
2016年10月	城市大脑1.0版发布，聚焦交通问题	着手打通交通领域的政务、社会数据资源
2018年9—10月	城市大脑2.0版发布，启动城市大脑"百日攻坚"行动	成立17个专班，厘清部门间的数据关系与数据融通
2018年12月	城市大脑（综合版）发布，平台结构扩展	1. 正式从单一交通领域延伸至其他领域 2. 计划将各部门数据接入中枢，可相互线上调取

---

　①　戴睿云、唐骏垚：《杭州发布城市大脑综合版　五大系统接入九项惠民举措上线》，浙江在线，http://zzhz.zjol.com.cn/xww/csghjtjs/201812/t20181230_9120606.shtml，2018年12月30日。

　②　刘淑春：《数字政府战略意蕴、技术架构与路径设计——基于浙江改革的实践与探索》，《中国行政管理》2018年第9期。

由此，"城市大脑"也将有助于建立有效的相互问责机制。"城市大脑"的分析功能能把一些原来只能模糊感知的相互关系以更为精确、科学的数据呈现出来，界定问题的责任也更为科学客观。教育、环境、卫生等公共服务往往属于"软公共产品"，受益者享受到的服务视觉识别程度低，依赖于消费者的主观体验和反馈，难以进行简单的指标化考核。[①] 即使设计了量化指标，也难以对接真实的公众感受。"城市大脑"作为平台，是市场、社会与政府在各种公共议题中进行互动和协商的新空间。在这个空间中，信息被误读和扭曲的概率降低，信息的客观表达能力提高，不同主体间的行为和反应链条留痕可辨。在信息技术的支撑下，信息交叉比对和问题发现的速度加快，提高了原因认定和责任界定的精准度，为相互问责提供了合理、可信的客观标准，提高了政府最终决策的合理性和社会的认可度。同时，它能使用海量数据动态追踪个体的信用程度，促进个体的公共责任感，形成有效的相互问责机制。

结　语

在以数字化、网络化、智能化等为特质的新一代信息通信技术环境中，国家、社会治理的理念和工具都在实践中发生巨大变化。数字中国、网络强国、智慧社会成为三大国家战略，对治理体系与治理理念产生重大影响。习近平总书记在中共中央政治局就实施国家大数据战略进行第二次集体学习时强调，要运用大数据提升国家治理现代化水平。要建立健全大数据辅助科学决策和

[①] 余成龙、冷向明：《"项目制"悖论抑或治理问题——农村公共服务项目制供给与可持续发展》，《公共管理学报》2019年第2期。

社会治理的机制，推进政府管理和社会治理模式创新，实现政府决策科学化、社会治理精准化、公共服务高效化。要以推行电子政务、建设智慧城市等为抓手，以数据集中和共享为途径，推动技术融合、业务融合、数据融合，打通信息壁垒，形成覆盖全国、统筹利用、统一接入的数据共享大平台，构建全国信息资源共享体系，实现跨层级、跨地域、跨系统、跨部门、跨业务的协同管理和服务。要充分利用大数据平台，综合分析风险因素，提高对风险因素的感知、预测、防范能力。要加强政企合作、多方参与，加快公共服务领域数据集中和共享，推进同企业积累的社会数据进行平台对接，形成社会治理强大合力。

在各个城市围绕总体战略展开的丰富实践中，杭州是"城市大脑"平台先发者，平台的建构与应用正在提升政府和社会对城市治理的认知，改变治理主体的行动惯性。它与"数字政府"相呼应，起到相互增强作用，使重塑与再造政府组织、政务流程成为可能，利益相关者个体与组织的治理参与也更为便捷。聚合城市的海量数据，倒逼政府解决"数据孤岛"问题。在维系数字资源的公共性的同时，整合带有公共性的商业和社会数据，提高了数据资源的生产力，成为促进治理体系和治理能力现代化转型的新动力。

"城市大脑"是一个不断演化的智慧平台。在治理理念上，"城市大脑"展现了善治所追求的价值变现可能；在治理结构上，它是对属地治理逻辑的技术突破；在治理过程上，它尝试形成治理内容与议题间的系统链接。国家在放松对社会微观管制的同时，能够借助数字平台掌握宏观治理的主动性，并形成有效的相互问责。当整个城市被浓缩到"城市大脑"中时，数字平台就是城市平台概念的折射。当我们把城市看作一个平台时，治理理念就会发生重大变化，意味着需要包括各种主体在内的人和组织参与治理，需要纵向和横向网络的协同治理。

　　从这个角度理解的话，"城市大脑"追求政府、市场与社会在治理中的平衡，从而在理论和实践上调和了国家主导与社会主导两种不同的治理取向。当然，数字时代机遇与挑战并存，"城市大脑"的有效运行需要不断提高数据颗粒度与获取质量，在数据共享和开放的同时，注重数据风险与隐私保护。在强调信息技术广泛应用的同时，不能忽略人的因素和作用。大量数据汇聚提供了更加优质的决策参考依据，但始终不能取代人做出决策，需要更加强调人的主观能动性，并在制度层面持续保持改革态势，优化制度安排。因为，"大脑"的思考能力与输出方案，最终需要强壮的制度"体魄"才能转化为有效的实践。

大交通：建设"一带一路"枢纽

吴翔阳　钟春洋　赵海平　宓　红

当今世界正发生复杂深刻的变化，国际投资贸易格局和多边投资贸易规则酝酿深刻调整，各国面临的发展问题依然严峻。共建"一带一路"，致力于亚欧非大陆及附近海洋的互联互通，实现沿线各国多元、自主、平衡、平等、可持续的发展。"一带一路"的大交通项目将推动沿线各国发展战略的对接与耦合，发掘区域内市场的潜力，促进投资和消费，创造需求和就业，增进沿线各国人民的人文交流与文明互鉴，让各国人民相逢相知、互信互敬，共享和谐、安宁、富裕的生活。2015年3月，国家发布《推动共建丝绸之路经济带和21世纪海上丝绸之路的愿景与行动》，长三角的上海、浙江都被列入了"一带一路"沿线省市，上海、宁波、舟山是21世纪海上丝绸之路的支点，加快支点之间基础设施互联互通是国家战略的客观要求。通过"一带一路"大交通项目的共建共享，推动经济要素的有序自由流动、资源的高效配置和市场的深度融合，达到增进共识，实现共同繁荣之目的。

一　综合运输通道的辐射能力不断提升

浙江省紧紧围绕习近平总书记提出的"逐步推进宁波、舟山港的一体化发展"战略，加速推动两港一体化。浙江省朝着建设海洋强省的目标，以全球视野、世界眼光、战略思维去统筹谋划，以大思路、大远见、大布局、大举措谋求大成效，准确把握历史方位，向体制机制创新要效率。根据中央精神和浙江实际，作出了整合优化全省港口、岸线资源，实行"一体化"运营等重大战略部署。在此背景下，浙江省海港投资运营集团有限公司正式成立，成为浙江参与实施国家战略、建设"海洋强省"的主抓手和全省港口投资、建设、运营的主平台和主力军。浙江省海港投资运营集团有限公司前身为浙江省海洋开发投资集团有限公司，成立于2014年7月30日。2015年8月7日，中共浙江省委根据中央精神和浙江实际，提出整合全省沿海港口及有关涉海涉港资源和平台，组建省海洋港口发展委员会和省海港投资运营集团有限公司。8月21日，浙江省海洋开发投资集团有限公司更名为浙江省海港投资运营集团有限公司。作为省级海洋资源开发建设融资平台，省海港集团以市场化运作方式，积极贯彻落实省委省政府战略部署，统筹管控和高效利用全省港口、岸线等海洋资源，加强国内外战略合作，积极打造全球流的港口投资运营集团，加快推进全省海洋和港口经济一体化、协同化发展。

（一）率先探索港口一体化，建成全球首个"10亿吨"大港

早在2002年12月，时任浙江省委书记习近平来宁波调研时强调，"港口是宁波最大的资源，要组织力量，深入研究宁波、舟山深水港的功能和布局，运用市场机制，加强与舟山的联合，逐步推进宁波、舟山港的一体化发展"。15年来，按照习近平总书记亲自设计的航道和擘画的蓝图，浙江省委省政府大力推进宁波、舟山港的一体化发展。2006年1月1日，"宁波—舟山港"名称正式启用，此举开国内港口整合先河。2015年9月，宁波舟

山港集团揭牌成立,两港实现了以资本为纽带的实质性一体化。300多公里深水岸线、19个港区、600多座生产性泊位,在同一个市场主体下重装上阵,形成互补。港口资产一体化、规模化、集约化运营,让宁波舟山港进入了飞速发展的崭新时代,货物吞吐量、集装箱吞吐量增幅均领先世界其他大港。

在2018年全球20大港口排名中,宁波舟山港货物吞吐量以绝对优势处于冠军地位,是世界上唯一的"10亿吨"大港,集装箱吞吐量增幅位居第一。2017年8月,交通运输部印发通知,要求全国各地学习借鉴宁波推进区域港口一体化改革经验,因地制宜有序推进区域港口一体化发展。2018年,宁波舟山港货物吞吐量达10.8亿吨,连续10年位居世界第一;集装箱吞吐量达到2635.1万TEU,跃居全球第三位。

表1　　　　2012年来宁波港(宁波舟山港)吞吐量情况一览

(单位:亿吨、万标箱)

项目		2012	2013	2014	2015	2016	2017	2018
货物吞吐量	数量	4.53	4.96	5.26	8.9	9.2	10	10.8
	世界排名	2	2	2	1	1	1	1
集装箱吞吐量	数量	1567.2	1677.4	1870	2063	2156	2460	2635.1
	世界排名	6	6	5	4	4	4	3
	中国排名	3	3	3	3	3	3	3

注:2012—2014年为宁波港数据,2015—2018年为宁波舟山港数据。

(二)对外陆域综合通道全面发展,交通运输服务水平稳步提升

2016年10月14日,浙江省政府发布《浙江开放型经济发展"十三五"规划》,其中明确指出要加快构建义甬舟和沿海两大开放通道,着力建设四大开放战略高地。把义甬舟开放大通道建成

国际商贸物流功能突出、国际高端要素资源集聚、城市和产业国际竞争优势明显、开放型经济体制健全的战略性开放大平台。2016年12月5日，浙江省政府第77次常务会议审议并通过了《义甬舟开放大通道建设规划》。2016年12月28日，浙江省发布《关于推进义甬舟开放大通道建设的若干意见》，就加快义甬舟开放大平台建设，打造产业创新平台，推进开放大通道建设，建立大开放体制机制等方面提出多项意见。以"义甬舟大通道"为核心的对外陆域综合通道正在加快构建，该通道以宁波舟山港、义乌陆港、甬金高速、金甬舟铁路为支撑，着力建成江、海、河、铁路、公路、航空六位一体的多式联运综合枢纽和以绿色、智能、安全为特征的集疏运体系，形成内畅外联、便捷高效的大交通体系，充分发挥大通道综合优势。

目前，甬金铁路、梅山航道等一批对外通道正在谋划和有序推进，三门湾大桥及接线已经通车；沪嘉甬铁路线位规划布局通道获铁总认可。"宁波舟山港—浙赣湘（渝川）"集装箱海铁公多式联运示范工程成功入选全国首批多式联运示范项目名单，"海甬欧"集装箱国际过境业务已开展试运行，内陆无水港达到13家，多式联运能力进一步提升。2018年，宁波市完成海铁联运60.2万标箱，增长50.2%，增速居全国六个示范通道首位。

表2　　　　　　　　　宁波市交通运输水平

年份	2016	2017	2018
海铁联运量（万标准箱）	25	40	60
机场吞吐量（万人次）	779.2	938.1	1171.9

资料来源：宁波交通运输局。

2018年，宁波市共完成水运工程建设投资28亿元，完成年度计划的104.2%，水路建设微幅增长。截至2018年底，宁波全市共拥有生产性泊位329个，其中万吨级以上的106个，集装箱专用泊位达28个，集装箱航线总数达246条。2018年，累计岸线使用项目12个，其中新增项目4个，新增岸线505.4米，含深水线345.4米。

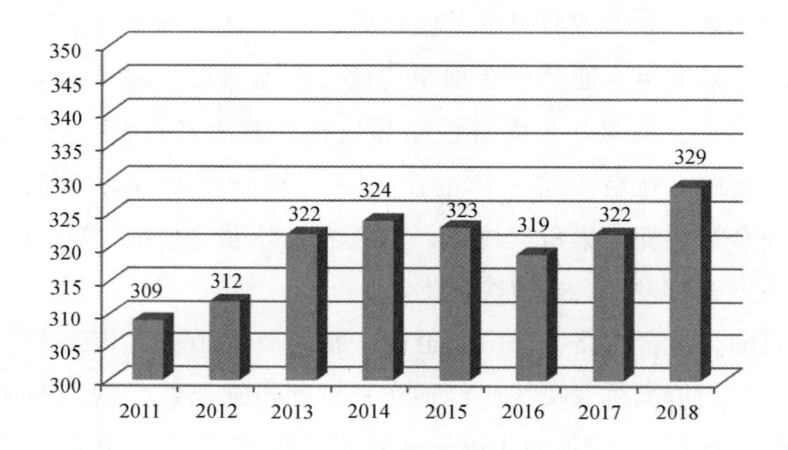

图1 宁波港口2011—2018年码头泊位数量变化情况（单位：个）

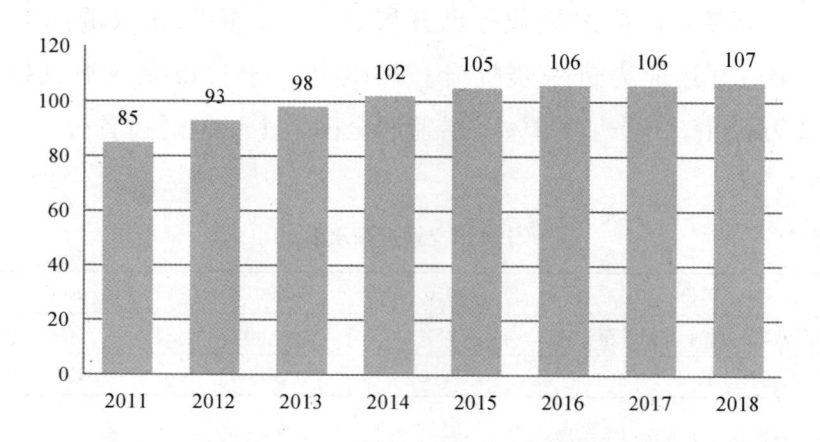

图2 宁波港口2011—2018年万吨级以上码头泊位数量变化情况（单位：个）

（三）加快建设港口经济圈，服务"一带一路"沿线国家

习近平总书记在浙江工作时指出，要围绕港口的发展，进一步加强交通、能源等基础设施建设，提高口岸服务水平，不断拓展港口腹地。要全力推动国际大港向国际强港转变，全面提升港口辐射带动能力和国际市场开发能力，打造辐射长三角、影响华东片的"港口经济圈"。

宁波东临全球最繁忙的太平洋主航道，西靠中国最具活力的长三角经济圈。2008年5月1日，连接浙江宁波与嘉兴、直达上海的世界最长跨海大桥——杭州湾跨海大桥正式通车，使宁波从长三角交通末梢一跃成为海陆交通枢纽和节点城市。宁波以大桥建成通车为契机，充分利用与上海地缘相近、人文相亲等优势，主动接轨上海，密切沪甬两地经济合作交往，参与上海国际航运中心建设，承接上海经济技术辐射，积极推进长三角一体化。探索港口联盟建设，与南京、太仓等长三角城市港口进行合资经营。

宁波开辟了国内南北沿海的港口内支线网络，积极发展"无水港"和海铁联运等多式联运，吸引内陆工厂、物流企业、船公司选择货走宁波舟山港。与"一带一路"沿线国家开展管理技术交流，深度参与沙特利雅得等无水港运营。2016年12月以来，"西藏号"集装箱班列、"驻马店—宁波舟山港号"海铁班列成功首发，宁波舟山港海铁联运版图拓展到了雪域高原西藏和人口超1亿的中部大省河南。2016年，宁波建设的"港口经济圈"首次被纳入《长江三角洲城市群发展规划》《长江经济带发展规划纲要》两大国家规划。

"一带一路"倡议自提出以来，宁波—舟山港加快走出去步伐，相继与罗马尼亚康斯坦察港、斯洛文尼亚科佩尔港等中东欧

国家港口签署友好港口协议，牵手迪拜环球港务集团建设具有贸易中转、物流中枢等功能的开放综合体，致力于打造全球"一带一路"最佳结合点。目前，宁波舟山港已与"一带一路"沿线18个港口缔结友好港，开辟航线82条，年集装箱运量突破900万标准箱；海铁联运业务覆盖全国14个省36个市，并延伸至中亚、北亚和东欧国家。

（四）开发海丝指数，为"一带一路"建设提供"中国方案"

港口，是海上丝绸之路的起点和支点。习近平总书记明确提出，港口要做好"四个一流"（一流的设施、一流的技术、一流的管理、一流的服务），为"一带一路"建设服务好。

近年来，宁波在建设国际强港的过程中，十分重视港口服务特别是高端航运服务，率先推出了衡量国际航运和贸易市场行情的综合指数——海上丝路指数。2015年10月，海上丝路宁波出口集装箱运价指数在波罗的海交易所官网发布。这是国家主席习近平访英期间中英双方达成的重要成果之一，也是中国航运指数首次走出国门。2017年5月，国家发改委和宁波市政府在京联合发布海上丝路贸易指数，该指数主要用于衡量中国与21世纪海上丝绸之路沿线重要国家间的经贸发展水平。2018年6月，宁波又首次发布"宁波港口指数"，该指数由港口景气指数和港口企业信心指数两大指数组成，并根据不同货种码头装卸工艺，发布集装箱、干散货、液散货、件杂货4个专业市场的分项指数。

宁波推出的系列海丝指数，为"一带一路"倡议的实施提供了"中国方案"，对于提升我国在国际航运和贸易领域的全球话语权具有重要意义。目前，已有来自西欧、东欧、中东和东南亚地区的数千家企业订阅宁波海丝指数,越来越多的航运物流企业视该指数为市场预测、价格谈判和协议结算的标准。目前,海上丝路指数已写入国家"十三五"规划纲要,明确提出"打造具有国际航运影响力的海上丝绸之路指数"。

二 大交通建设面临的主要问题

交通在支撑经济社会高质量发展上虽然具备一定的基础,但还存在许多不平衡不充分问题,主要表现在以下方面。

(一)综合运输结构不合理

1. 港口"大而不强"

宁波舟山港已经成为世界第一大港,宁波舟山港的吞吐规模虽然位居世界前列,但高附加值的港航物流服务业发展相对滞后,航运服务业发展水平不高成为港口综合竞争力的主要瓶颈。在波罗的海国际航运中心发展指数排名中,宁波舟山港一直未能进入前十。在港航服务、通关时间、港口金融、航班密度、运输价格等方面与上海港相比还有较大差距,很多企业宁愿舍近求远,把集装箱运到上海港出口。多式联运仅占比1.7%,集装箱、危化品运输以公路运输为主,航空货运量较低,货物附加值较低。

2. 港口集疏运体系不完善

港口货运以公路运输方式为主,占比超过70%。宁波—舟山港快速增长的吞吐量与航道、锚地等港航基础设施之间的需求矛盾越来越突出,港口集疏运体系、信息化共享平台、堆场、储罐等配套基础设施也有待进一步完善。海铁联运虽已取得一些成绩，但由于宁波铁路枢纽区域内线网衔接不畅、通达能力不足，对宁波海铁联运发展有明显的制约。尤其是穿山等港口铁路支线、甬金铁路等尚未建成，影响了港口对腹地空间的拓展。

3. 铁路建设滞后且运力不大

宁波铁路只有萧甬铁路、杭甬客专、甬台温等3条铁路，且由于没有动车所，动车始发班次少，这对拥有一个世界第一大港和近1000万人口的大城市来说，无论是客运还是货运都无法满足需求。集装箱海铁联运，2015年仅17万标箱。集装箱通过公路运输，不仅占用本就通行能力不足的道路，也造成了环境的严重污染。国家虽批准了包括宁波北仑、镇海、江东、江北在内的舟山江海联运服务中心，但是码头建设还没有开始，至今宁波港的海船还不能通向长江。开通杭甬运河已经持续进行了几年，但限于出海路线、船型选择没有确定，业务开展也处于起步阶段。

（二）海空发展、公铁联动发展不均衡

1. 宁波机场规模偏小

2018年，宁波栎社机场全年完成旅客吞吐量1171.8万人次，全国排名位居第33位，远低于经济水平15位排序，与城市发展能级（GDP排名第15位）不匹配，与济南、石家庄等城市机场吞吐量接近。宁波机场全球可达性较差，与杭州、深圳等城市差距明显。宁波栎社机场与杭州萧山机场、温州龙湾机场相比，国内外的航线都明显偏少，且同一航线价格比萧山贵许多；不要说吸引周边城市，就是余慈地区的人也大多到杭州、上海乘飞机出行。

表 3 　　　　　　　　2018 年机场吞吐量排名

位次	名称	吞吐量（万人次）	增长率（%）
25	济南/遥墙	1661.2	16.0
26	南宁/吴圩	1509.8	8.5
27	福州/长乐	1439.4	15.4
28	兰州/中川	1385.8	8.1
29	太原/武宿	1358.8	9.6
30	南昌/昌北	1352.4	23.7
31	长春/龙嘉	1297.0	11.2
32	呼和浩特/白塔	1215.9	17.5
33	宁波/栎社	1171.8	24.8

资料来源：宁波交通运输局。

2. 公铁联动不均衡

宁波高铁通达班次数较少，而长三角北翼区域高铁建设进度快、密度大，城镇间的串联程度高，实体空间连接比较紧密。宁波铁路枢纽能级不足，向上向下衔接能力较弱，面临被边缘化的风险。宁波高铁班次数量居全国第21位，高铁、动车和城际班次合计为201列/天，落后于深圳和厦门，不足杭州的一半。

表 4 　　　　　　　　长三角高铁通达班次数对比

上海	南京	杭州	苏州	无锡	常州	徐州	合肥	宁波
742	634	475	386	361	289	281	263	201

资料来源：宁波交通运输局。

表 5 　　　　　　长三角高铁平均发车时间对比（分钟）

上海—苏州	南京—苏州	苏州—无锡	上海—杭州	南京—杭州
5.9	6.2	6.8	7.2	9.2
杭州—宁波	杭州—义乌	南京—合肥	宁波—温州	上海—宁波
9.6	10.7	11.4	14	18

资料来源：宁波交通运输局。

（三）综合运输通道网络有待完善

1. 综合运输通道仍显得薄弱

主要表现在与国家综合运输大通道的衔接需进一步加强，与上海、杭州、台州、嘉兴、义乌等主要节点城市的综合交通运输供给能力有待继续提高，结构仍需进一步优化。轨道交通发展缓慢，致使都市圈内同城化效应形成缓慢，中心城市和县市节点之间、主城区与组团城市之间、综合交通枢纽与各节点之间的交通衔接程度有待提高，综合交通运输供给能力有待继续提高，结构仍需进一步优化，离交通引领社会经济发展的要求还有一定差距。长三角区域交通一体化尚未形成，以高铁、轨交为骨干的长三角快速通勤体系未建立，与核心城市间快速联系不够紧密。宁波都市圈交通辐射能力不足，与舟山、台州等宁波都市圈内部的交通联系有待加强，尚未形成"同城化"和以轨道交通为主导的"1小时交通圈"出行体系。宁波与周边城市舟山、台州、绍兴、嘉兴等之间都只有一条高速公路或再加一条铁路，高速公路大多处于饱和状态，最有效最快捷的城际铁路和轨道交通还没有列入"十三五"建设规划。宁波与舟山隔海相望，仅有的一条通道，小车来回收费要200元，严重遏制了两市人员的流动。

2. 不同交通方式之间衔接不畅

高速公路、空港、海港、铁路、轨道交通、地面公交、交通枢纽站等各类不同的交通设施之间相互衔接不畅，严重影响接驳时间。特别是空港与周边城市没有快捷交通方式，对周边城市的吸引力不足。

（四）交通产业层级不高

"一带一路"沿线涉及国家和地区60多个，总人口约44亿，经济总量约 21 万亿美元，分别约占全球的 63%、29%，且大多是新兴经济体和发展中国家，基础设施建设需求大。"一带一路"主要推进政策沟通、设施联通、贸易畅通、资金融通、民心相通，其中基础设施互联互通是优先领域和重要内容，包括交通设施、油气管道、输电网、跨境光缆建设等基础设施，而交通基础设施建设将是重点。这些交通工程重大项目建设，将会为交通建设工程企业提供巨大的市场空间。但宁波交通产业支柱地位不强，交通企业"小散弱"现象明显，产业融合度有待提升。

表6　　　　　　　　　交通产业经济状况

年份	GDP（亿元）	增速（%）	交通产业增加值（亿元）	增速（%）	占 GDP 比例（%）
2015	8011.5	8.0	405.7	5.3	5.1
2016	8686.5	7.1	431.9	6.4	5.1
2017	9846.9	7.8	539.7	25	5.5

资料来源：宁波交通运输局。

表7　　　　　　　　2017 年港口收入情况对比

公司	公司营业收入（亿元）	营业利润（亿元）	集装箱（万标箱）
宁波舟山港集团	181.83	26.77	2597
上海港集团	374.24	115.36	4023

资料来源：宁波交通运输局。

三　推进大交通建设，打造"一带一路"战略枢纽

（一）建设世界级枢纽港，提升港航服务能力

宁波—舟山国际枢纽港及其港域是浙江重要的战略资本。要

充分利用宁波—舟山港实质性一体化运作的契机,优化港口布局,增强宁波—舟山港集装箱主枢纽港和远洋干线港核心功能,集中布局若干多式联运泊位及分拨平台,使舟山江海联运服务中心具有的"水水中转"优势,与宁波港江海联运、海铁联运、海陆联动的优势实现叠加,构建综合立体交通网络,推进港航服务体系建设,增强港口经济圈辐射带动能力。

1. 加快推进国际航运中心建设

作为世界最大港口和"一带一路"支点城市,宁波舟山港要积极开拓国际远洋航线,加密"一带一路"沿线港口城市和主要贸易往来城市的航线。要充分利用宁波在航运咨询和信息平台建设、大宗商品交易、航运金融保险、海事服务等方面的优势,主动协助舟山建设江海联运服务中心,实现宁波舟山港与长江水道的有机连通,把长江经济带作为宁波舟山港广阔的腹地。打通杭甬运河宁波出海通道,实现宁波舟山港的货物源源不断地运往绍兴、杭州,甚至通过京杭大运河通向江苏等更远的城市。

2. 发展多式联运,推进货运服务一体化

加快北仑海铁联运枢纽站建设,争创国家海铁联运综合试验区,提升铁路中转能力,建设"义甬舟""甬新欧"开放大通道,共同打造"一路一带"海陆联运物流枢纽桥头堡。推进水水中转,利用舟山江海联运服务中心,探索建立"江海联运巴士""水水联运巴士"型物流运输通道,加密至嘉兴、绍兴、台州、温州及长江沿线城市港口的集装箱班轮密度,不断提升长江内支线和浙江沿海城市的箱运量。推动空陆、空海联运,推进空陆运输一体联程,提高货物中转效率。开通栎社机场至台州、舟山等市的航空公路货运专线,吸引航空货物回流。完善宁波空港与上海、杭州、温州空港间的"虚拟航班"通关监管模式,加强宁波空港物流园区与港口特殊监管区的衔接合作,开展海陆空多式联运。

3. 建设智慧信息港，打通对外双向合作"大动脉"

智慧港口，是指充分借助物联网、传感网、云计算、决策分析优化等智慧技术手段，进行透彻感知、广泛链接、深度计算港口供应链各核心的关键信息。目前，宁波—舟山港智能技术主要应用于集装箱智能闸口、物流运输实时监控及智能堆场通信及定位等方面。信息系统的五大体系即业务作业管理信息化体系、通信与监控信息化体系、经营管理信息化体系、综合管理信息化体系、信息服务体系基本搭建完成，与国内港口同行业相比，达到了总体先进水平。但是，要实现宁波—舟山港由大港向强港的历史性跨越，与国际强港联盟，还必须加大加快推进智慧港口建设。需提高港口基础设施智慧化水平，建成智慧港航综合数据平台。推进港航监控指挥中心建设，构建与公路、运管数据交换共享机制，加大港航可视化监管覆盖面；实现港口集疏运网络体系智慧化，推动电子口岸升级为"智慧口岸"，使其达到国际化水准。

4. 推进国际空港建设

建设临空经济示范区和全省1小时通航服务网。规划建设国家级空港新区，扩大航空口岸开放，积极拓展与南亚、东南亚、中东等"一带一路"沿线主要城市的客货运航线，建设国家临空经济示范区。协调省机场集团，加大对宁波民航业发展的倾斜与支持，研究新辟至"一带一路"沿线国家的国际航线，争取尽快开通宁波至布拉格、布达佩斯等中东欧国家主要城市客运航线。以对接国际枢纽机场、热点航线地区为重点，提出适度超前的国际货运航线开辟计划，与"一带一路"沿线重点国家机场共建货运枢纽。加快推进宁波栎社国际机场三期建设，筹建宁波货运航空公司、宁波航空公司，完善"辐射东南亚连通洲际"航空网络，构建内畅外联、快速高效的航空物流集疏运系统。

（二）完善陆路对外交通网络

铁路作为大运量、快捷的运输工具，是宁波交通建设最滞后的一环。应完善对外运输通道和综合交通网络，发挥交通"先行官"作用，谋划建设一批甬舟深度融合、全面接轨沪杭、辐射带动台州、绍兴、嘉兴的快速通道，进一步强化国家级综合交通枢纽地位。推进交通基础设施网络优化，提高交通辐射范围和能力，形成以港口、铁路、机场为中心，连接"一带一路"沿线国家和地区，通达全球的国际运输网络，全面融入国家"十纵十横"综合运输大通道。

1. 依托长三角沿海发展带和全省沿海开放大通道建设，加强与上海、台州的联系

宁波的纵向对外综合运输大通道是国家沿海通道的重要组成部分，也是宁波连接沿海、辐射全国、联系东南亚、面向亚太的主要通道。要重点建设和谋划南向的甬台温高速公路复线、北向的通苏嘉甬铁路、杭州湾跨海大桥扩容提能工程、象山湾疏港高速公路和甬台城际高铁等项目，着力推动象山从交通末端向交通节点转变。谋划推进跨杭州湾的沪甬城际铁路和国家沿海高铁建设，向北串联山东半岛、京津冀和东北，向南连接温州都市区、串联海峡西岸和珠三角，这是宁波都市区接轨大上海、连接沿海、联系东南亚、面向太平洋的主要通道。

2. 依托国家沪昆通道和义甬舟开放大通道建设，深度统筹海港、陆港资源，推动浙江双向融入"一带一路"和长江经济带

宁波是义甬舟开放大通道的核心城市，义甬舟开放大通道建设有利于宁波连接东中西部、向西联系南亚、欧洲。要全力推进甬金铁路建设，与沪昆铁路对接，打通宁波通向西南的大通道，从而使宁波连接金华—义乌都市区，串联长株潭、黔中和滇中，经缅甸联系南亚和孟加拉湾。这是宁波都市区连接中部内陆地区和西南沿边地区，联系南亚的主要通道。重点建设甬舟、甬金铁路穿山港区支线（含北仑支线电化改造）、宁波舟山港六横公路大桥，发展集装箱和散货海铁联运。开展舟山本岛—岱山—大洋山—上海的北上大通道的前期工作，先期启动建设舟山国际绿色石化园区疏港公路舟山本岛—岱山段。

3. 依托沪宁合杭甬发展带、国家沿江东西大通道建设，着力加强宁波与绍兴、杭州联系

国家沿长江运输通道以上海为龙头，宁波则位于国家沿长江运输通道的龙头龙眼，长三角沪宁合杭甬发展带将宁波与长江经济带串联在一起，是宁波衔接长江经济带立体交通走廊、连接浙江省两大核心城市的重要大通道。重点建设西向的杭甬高速公路复线、杭甬运河三期，杭甬城际铁路。

（三）推进陆海联动，拓展港口腹地

宁波最突出的优势是港口，以港口为节点，向内通过江海联运、海铁联运，覆盖经济发达的长江流域，辐射广袤的中西部地区；对外面向东亚及整个环太平洋地区，是联结东南亚和日韩黄金航道的交通枢纽。依托港口优势，打造海陆联运枢纽，促进"一带一路"融合对接。

1. 对接第二亚欧大陆桥，进军中亚延伸至欧洲

目前，世界上有起始于海参崴至鹿特丹的第一条亚欧大陆桥和起始于连云港至鹿特丹的第二条亚欧大陆桥也叫新亚欧大陆桥（见图3）。新亚欧大陆桥是横贯我国东西、沟通欧亚两洲的铁路干线，具有路径捷、时间省、运费低、手续简、安全系数高等许多优势，能够为世界贸易提供便捷通道。

>> 新浙江现象

图3 两条亚欧大陆桥示意图

我国北方已经建成以天津、大连、连云港为始点的亚欧大陆桥桥头堡，但南方还没有与之贯通。可以说，从郑州和西安两大节点对接新亚欧大陆桥，开拓集装箱海铁联运国际市场，是宁波港面临的历史性机遇（见图4）。

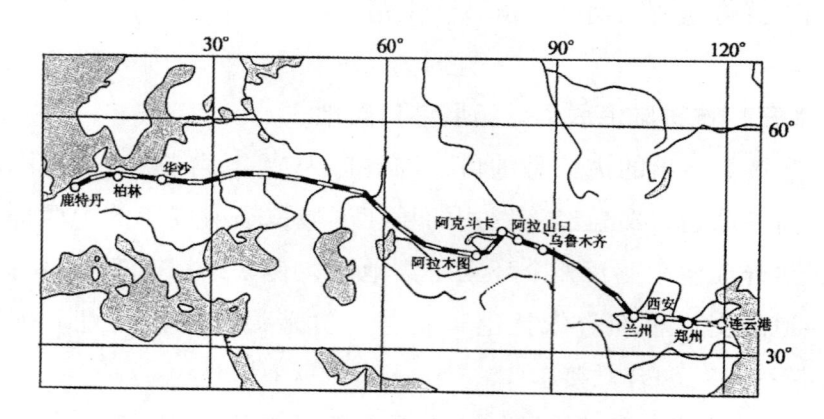

图4 对接欧亚第二大陆桥示意图

对接第二亚欧大陆桥，拓展我国中西部，进军中亚延伸欧洲，可以通过发展海铁联运和建立无水港两条路径来实现。进一步推进铁路无水港建设，扩大宁波港的揽货半径，确保南昌江铃汽车、成都戴尔等重点海铁项目货量，做好与俄铁物流等开展合作的前期准备工作，争取出台更大力度的海铁扶持政策，为企业开展海铁联运业务提供支持。与舟山共建江海联运服务中心，大力发展海铁联运，设立宁波铁路口岸和宁波多式联运海关监管中心，推动江海联运、海铁联运等信息平台与国家物流平台的数据互联互通，打造国家海铁联运示范通道。

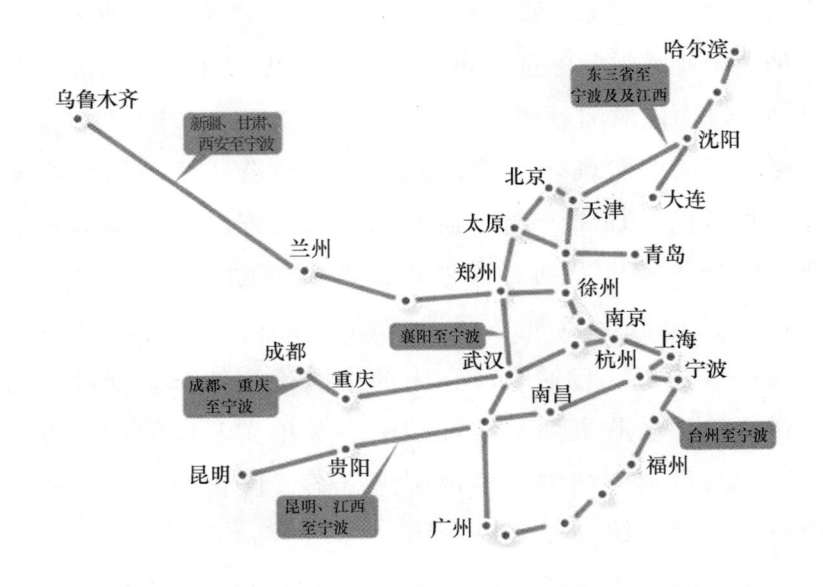

图 5　宁波港海铁联运业务网络

无水港是拓展陆向腹地的有效抓手。积极发展第二亚欧大陆桥沿线的无水港，通过集装箱海铁联运，把欧洲和亚太地区的经济紧密地联系起来，进一步扩大宁波港口西向的辐射面和影响力，拓展港口腹地。从目前国内各港口建设无水港的总体形势看，应抢抓处在新亚欧大陆桥沿线黄金节点城市郑州、南阳、西安、兰州、新疆的无水港建设。在第二亚欧大陆桥国外段，由于中国与中亚之间的互联互通已粗具规模，已经有铁路、公路和油气管道相连。宁波港应抓住机遇，主动投资，将与中亚国家合作共建无水港作为参与丝绸之路经济带建设的重要目标。早在2014年8月28日，宁波开通了直达中亚五国集装箱专列，9月2日首次成功全程代理中亚地区国际海铁联运业务，将港口腹地从浙东沿海延伸至中西部内陆和"丝绸之路经济带"。这是宁波参与丝绸之路建设，先从中亚着手，进而向欧洲延伸，迈出的实质性的一步。宁波要通过无水港+海铁联运模式，扩大与中亚的业务往来，坐稳中亚，加紧申批"甬新欧"货运线，开通"宁波号"国际班列，进而向欧洲延伸。

探索开通中欧班列。发展宁波至"一带一路"沿线国家的铁路货运线路，探索开通宁波经新疆、二连浩特或满洲里前往中亚和欧洲的货运专列。谋划建设"新亚欧大陆桥复线"，推进宁波、义乌进出口贸易运输联动发展，开拓完善以"义新欧"为品牌窗口、包括宁波在内的中欧班列体系。推进铁路集装箱中心站、中欧班列沿海集结中心等重大基础设施建设，研究制定中欧班列集结中心建设实施方案，优化中欧班列的运输组织及集疏运系统。

2. 加强与长江沿线省份合作，扩大中西部内陆腹地

长江是中国内河运输的大动脉，也是联络东、中、西部的经济纽带，素有"黄金水道"之称。长江经济带覆盖上海、江苏、浙江、安徽、江西、湖北、湖南、重庆、四川、云南、贵州等11省市，面积约205万平方公里，人口和生产总值均超过全国的40%，沿途29个中心城市，大多属于内地经济发达的城市和地区。

长江经济带是东中西互动合作的协调发展带、沿海沿江沿边全面推进的对内对外开放带和生态文明建设的先行示范带。这不仅成为中国经济"新支撑带"之首要，更是沿海开放有效衔接沿江内陆形成T形辐射联动的经济新棋局中的重中之重。宁波地处

大交通：建设"一带一路"枢纽

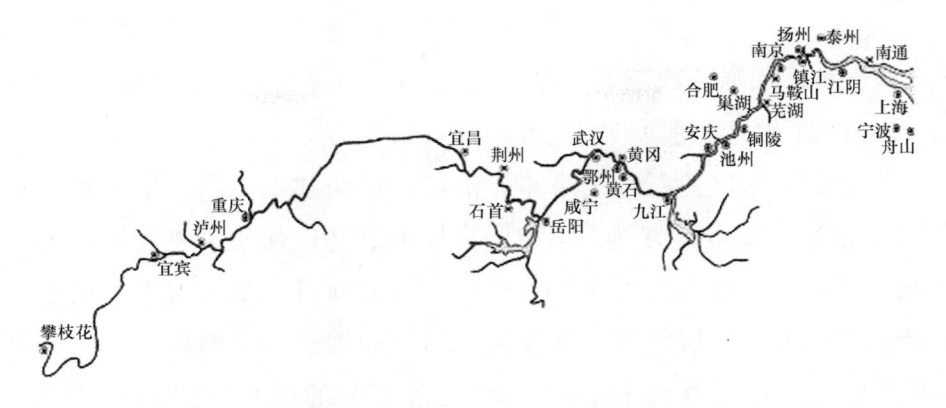

图6　长江沿岸中心城市及航运中心

"长江经济带"与大陆沿海东部海岸线的交汇处，可以通过"长江经济带"连接"丝绸之路经济带"，辐射中西部地区。应继续挖掘中上游广阔腹地蕴含的巨大的货源潜力和内需潜力，形成上中下游优势互补、协作互动格局。

3. 以东盟为战略支点，拓展海向腹地

宁波的海向腹地与传统的贸易地理方向一致，主要是欧美日韩加拿大、澳大利亚方向，而新丝路沿途却是弱势区。因此，宁波港应固东攻西，在巩固传统的海向腹地的同时，应努力拓展东南亚、西亚、非洲、西欧市场。以东盟为战略支点拓展海向腹地的原因有三：（1）东盟是海上丝绸之路的第一站，地理位置重要；（2）中国和东盟的合作正迈向"钻石十年"，6亿多人口的东盟隐藏着庞大的海上和陆地资源，经济相对落后，发展空间巨大，机会很多；（3）东盟历来是两广的桥头堡，宁波贸易的薄弱地方，近两年与东盟的贸易开始上升，早在2014年，东盟就成为宁波的第三大贸易伙伴[①]。

[①] 2014年宁波市十大贸易伙伴依次为欧盟、美国、东盟、中国台湾地区、日本、澳大利亚、韩国、中国香港地区、俄罗斯和巴西。来源：宁波日报网，2015年1月19日。

（四）加强互联互通合作

1. 加快沪甬跨海通道建设

要合力推进沪嘉甬铁路和沪甬城际铁路建设，共同研究沪甬跨海通道（廊道）方案，争取国家层面支持，加快推进沪甬一体化、同城化。以大投入换取大机遇，以大项目带动大发展。由于新通道建设项目层级高、难度大、程序烦琐、涉及面广、时间跨度长，是一项浩大工程，必须有迎难而上的魄力，努力开拓创新，为项目顺利上马提供资金保证。

2. 探索浙沪港口联盟建设，形成港口网络的分工体系

加强区域港口规划建设合作，重点在港口规划、岸线资源管理、港口建设管理等方面进行合作交流。在此基础上，由上海市牵头，与三省共同成立"长三角港口群一体化发展联合工作组"，优化整合沿海沿江港口，统筹协调，形成分工合理、协调发展的港口联盟建设，形成港口组合的优势。重点布局上海国际集装箱水水中转枢纽和海空联运枢纽，宁波—舟山大宗散货国际中转枢纽、江海联运和海铁联运枢纽。

3. 加强浙江机场与上海机场合作

世界级先进湾区通常都具有发达的国际空港枢纽。鼓励区域机场间加强合作交流，建立常态化多层次交流机制。以提升长三角航空枢纽功能和国际竞争力为目标，推动区域内各机场的合理分工定位与差异化经营，加快形成良性竞争、错位发展的格局。建立沪甬机场协同合作机制，在客源组织、市场营销、货运联运等领域开展一体化合作，实现浙江与上海机场合作共赢。

特色小镇：产城融合发展的浙江经验

王 健 杨美凤

特色小镇建设是浙江省委省政府在新常态下从推动经济转型升级和城乡统筹发展大局出发而作出的战略选择，更是贯彻落实习近平总书记在"适应和引领新常态下做出新作为"的创新举措。这一概念是2014年10月由时任浙江省省长的李强在参观云栖小镇时首次提出，之后2015年4月22日，浙江省政府公布《关于加快特色小镇规划建设的指导意见》，明确了特色小镇的定位和要求。特色小镇既不是传统的具有行政意义的建制镇，也不是所谓的产业园区。它是相对独立于市区，具有明确产业定位、文化内涵、旅游和一定社区功能的发展空间平台。规划面积一般控制在3平方公里左右，建设面积控制在1平方公里左右，聚焦信息经济、环保、健康、旅游、时尚、金融、高端装备制造等七大产业，兼顾茶叶、丝绸、黄酒、中药、青瓷、木雕、根雕、石雕、文房等历史经典产业。[①] 从特色小镇的历史渊源来看，它的提出源于浙江的"块状经济"。浙江的"块状经济"曾经创造过辉煌，但如今却陷入了层次低、结构散、创新不足的困境，需要一种突破性的力量出现，因此以产城融合为支撑的特色小镇应运而生。

[①] 浙江省人民政府：《关于加快特色小镇规划建设的指导意见》，浙政发〔2015〕8号。

一 特色小镇：产城融合的浙江实践

（一）浙江省特色小镇的基本情况

截至目前，全省已产生四批 115 个省级创建小镇、三批 64 个省级培育小镇和两批 7 个命名小镇名单。其中，第四批省级创建小镇 21 个、第三批省级培育小镇 10 个；同时，公布 2017 年度省级特色小镇考核结果，对前三批创建小镇降格 7 个，警告 14 个；对培育小镇淘汰 6 个，警告 6 个。具体如表 1 至表 3 所示：

表1　　　　2018 年全省省级特色小镇数量分布一览表

区域	杭州	宁波	温州	湖州	嘉兴	绍兴	金华	衢州	舟山	台州	丽水	合计
命名小镇	4				1	1	1					7
创建小镇	25	15	7	8	11	9	10	7	3	8	12	115
培育小镇	13	3	7	6	7	3	6	5	1	7	6	64
合计	42	18	14	15	19	13	16	12	4	15	18	186

表2　　　　全省特色小镇创建对象数量分批次一览表

年份	批次	杭州	宁波	温州	湖州	嘉兴	绍兴	金华	衢州	舟山	台州	丽水	合计
2015	第一批	9	3	2	3	5	2	3	3	0	3	4	37
2016	降格		-1										-1
	第二批	10	4	3	3	4	4	3	2	3	2	4	42
2017	命名	-2											-2
	降格		-2	-1		-1					-1		-5
	第三批	5	7	3	2	2	2	4	2	0	4	4	35
2018	命名	-2			-1	-1	-1						-5
	降格	-1		-1				-1	-1		-2		-7
	第四批	6	4	2	1	1	1	3	1		2		21
	合计	25	15	7	8	11	9	10	7	3	8	12	115

表3　　　　　　　2017年度省级特色小镇考核结果一览表

区域	省级特色小镇创建对象					省级特色小镇培育对象				
	优秀	良好	合格	警告	降格	优秀	良好	合格	警告	淘汰
杭州	7	6	5	3	1	2	6	5	1	3
宁波	3	6	2				4			1
温州		1	3	1	1		5			
湖州	3	1	2	2			3	3		
嘉兴	4	4	1	2		1	3	1	2	1
绍兴	4	2	3			2				
金华	1	3	2	1	1	1	2	3		
衢州	1	2	3	1			1		1	
舟山		2	1			1				
台州		3	1	1	2			4		1
丽水	1	2	6	3				2	2	
合计	24	32	29	14	7	7	25	20	6	6

（二）产城融合的浙江经验

1. 坚持理念创新，成功探索特色小镇新概念和建设路径

一是浙江特色小镇概念内涵被肯定推广。提出特色小镇具有产业"特而强"、功能"聚而合"、形态"小而美"、机制"新而活"的特点，是"产、城、人、文"四位一体的创新创业发展平台。国家发改委两次发文，肯定推广浙江特色小镇的内涵实质。二是创新浙江特色小镇创建路径。把好准入关，出台《浙江省特色小镇创建导则》，建立分工明确、统分结合的小镇遴选机制。把好建设关，建立统计监测制度，开展"比学赶超"，举办小镇"镇长"论坛，引导争先发展；开展年度考核，淘汰不达标小镇，做到优胜劣汰。把好命名关，出台《浙江省特色小镇验收命名办法（试行）》，委托第三方开展验收。

2. 坚持依托产业，培育以新动能为特征的小镇经济

一是搭建"双创"平台，集聚现代创业群体，培育新经济。注重孵化平台建设，为"双创"提供成长空间，正成为培育新产业催生新业态的孵化器。全省前两批省级创建小镇，共建有双创空间300多万平方米，形成了多个聚焦大数据、人工智能、工业设计、地理信息、手游等新经济的特色小镇。二是发挥浙江产业和资本优势，引入新技术新业态，促进传统产业升级。依托浙江块状经济基础，导入新技术、新业态，发挥浙商资本优势和创新精神，引入新资本、新资源，推动传统产业升级发展。有200多支私募基金入驻非金融类特色小镇，管理资金近百亿元，一大批省内外高校和科研院所与小镇开展技术合作。成功指导诸暨袜艺小镇、余杭艺尚小镇等以特色小镇理念实现传统产业优化升级。

3. 坚持产城融合，推动特色小镇成为重大改革试验田

一是成为供给侧结构性改革的新实践。推进产城融合，提升产业基因和城市基因，创新性供给与个性化需求有效对接，小镇业态加快创新，效益加速提高。2019年上半年，前两批省级创建小镇的税费收入已占上年的八成。二是成为政策制度改革的新实践。小镇采用宽进严定的"创建制"，不搞区域和产业平衡。用地和财政奖励采用期权制，兑现从事先直接给予变为次年考核合格后结算，对连续两年不完成的，加倍倒扣用地指标。对年度和动态落后的小镇实施约谈制度，车俊书记作出重要批示，要求全省学习借鉴。三是成为政府自身改革的新实践。按"你负责茁壮成长、我负责阳光雨露"的理念推进改革，提供"快而优"的政府服务。2016年，在小镇中率先推进区域环评和区域能评工作，2017年，在小镇中全面推进"最多跑一次"改革。

4. 坚持企业主体，形成特色小镇建设市场化运作机制

一是企业成为小镇建设的主力军。以全开放的理念，引入国企、民企、外企、高校以及行业领军人物等各类建设主体参与特色小镇建设。二是吸引了各类资金投资小镇。以平等开放的竞争机制，鼓励各类资金投资特色小镇。根据统计快报数，2017年1—12月，106个省级创建小镇非国有投资占总投资比重达86.4%，民间资本占比达74.8%。三是市场化服务落地小镇。采取竞争性方式引入孵化器，提升服务"双创"的质量。委托行业协会开展专业性招商引资，提升落地项目的专业性。采用服务外包方式，引入高品质服务商，提升小镇管理质量。

5. 坚持统筹发展，发挥特色小镇对区域的辐射带动能力

一是推动了区域经济的新增长。根据统计快报数，2017年1—12月，106个省级创建小镇完成投资1584.0亿元，镇均14.9亿元；新兴产业不断孵化，信息经济、高端装备制造类产业小镇比重不断加大，已占总投资的62.5%。二是带动了区域功能的新提升。小镇建设把一块块城乡接合部的"破补丁"，修复成一幅幅"美图"，城乡发展更为协调。三是促进了区域发展的新合作。特色小镇的理念，加快了实体经济、科技创新、现代金融和人力资源协同发展，小镇产业的孵化转移和服务带动能力不断增强，区域辐射力不断显现。

二 特色小镇的发展机理与发展逻辑

特色小镇作为产城融合的浙江经验，在建设过程中出现了一批成功的案例。下面通过对成功案例以及失败案例的对比，探索产城融合特色小镇的发展机理与发展逻辑。

(一) 案例描述

1. 杭州梦想小镇

梦想小镇位于浙江省杭州市余杭区未来科技城（海创园）腹地，是浙江省首批特色小镇，国家级互联网创新创业高地。已被住建部列入全国范围推介的10个特色小镇样板，被浙江省经信委列入全省13个省级行业标杆小镇。梦想小镇位于余杭区未来科技城（海创园）腹地，依托未来科技城良好的人才和产业优势，抓住"大众创业、万众创新"的发展机遇，采用"有核心、无边界"的空间布局，成为众创空间的新样板、信息经济的新增长点、特色小镇的新范式、田园城市的升级版，致力于打造世界级的互联网创业高地。自2015年3月28日开园以来，梦想小镇已累计引进北京36氪、深圳紫金港创客等知名孵化器以及500 Startups、Plug&Play等美国硅谷平台落户。集聚创业项目1581个、创业人才14400名，形成了一支以"阿里系、浙大系、海归系、浙商系"为代表的创业"新四军"队伍。166个项目获得百万元以上融资，融资总额达110.25亿元。同时，金融机构快速集聚。浙商成长基金、龙旗科技、物产基金、暾澜基金、海邦基金等一大批金融项目相继落户，集聚金融机构1384家，管理资本2939亿元，形成了比较完备的金融业态。同时，灵犀金融、遥望网络、仁润科技等3家企业挂牌新三板。

2. 大唐袜艺小镇

大唐袜艺小镇2015年列入省首批37个特色小镇创建名单。其规划面积2.96平方公里，着力打造全球唯一的以袜子为"图腾"的特色小镇，并力争成为全球最先进的袜业制造中心，全球最顶尖的袜业文化中心，全球唯一的袜业旅游目的地。为了加快袜业产业改造提升和产城融合步伐，彰显大唐袜业的地域、人文、集群特色，袜艺小镇重点规划建设"智造硅谷、时尚市集、众创空间"三大区域。截至2017年底，已累计完成各类投资53.08亿元，其中特色产业投资42.54亿元，占总投资的80.15%；现入驻各类企业和机构532家，累计实现规模以上工业总产值130亿元；接待考察调研团组1065批1.26万人次，接待游客128.9万人次，成功创建国家3A级景区。

3. 龙游红木小镇

龙游红木小镇位于浙江衢州龙游县，是由中国年年红家居集团有限公司投资建设的，融合二、三产业一体化发展的建设工程。小镇规划占地3600亩，龙游红木小镇按照"制造基地＋文化旅游"模式，全力打造以国学文化为基础，以紫檀文化为背景，集艺术观赏、文化研究、生态游憩、养生度假于一身的中国红木文化小镇。在产业方面，扣准了产业升级的主线。龙游是古城新县，拥有2230多年的建县历史，历史遗存和人文底蕴非常深厚。同时，龙游位于钱江源头，由于未被过度开发，保留了珍贵的生态资源。因此，文化旅游业是龙游的特色产业，也是建设特色小镇主抓的核心。家具制造业是龙游最传统的产业，在这方面一是从制造业跨越到服务业，通过"制造业＋文化＋旅游"，做到产业融合和新业态的融合；二是从普通家具到红木家具，用红木的表现手法去展示传统文化。而在经过多年的品牌培育和精品打造后，小镇红木制造基地现拥有国际一流的意大利烘干设备，原料全部采用东南亚、拉美、非洲等地进口优质红木、名贵木材。近两年，营业额分别达20.08亿元和21.19亿元，缴纳税费2.13亿元，提供直接就业岗位3100个，向社会捐资近400万元，公司产品出口东南亚及欧美等国家和地区。

（二）浙江省特色小镇的发展机理与发展逻辑

以上所选取的案例，均是在浙江省特色小镇中通过产城融合，形成了良好的发展局面。在产城融合较好的一批特色小镇涌现的同时，也存在一批被淘汰的特色小镇。通过分析特色小镇的产生、形成，逐步梳理出产城融合特色小镇的发展机理与发展逻辑，主要体现在以下几个方面：

1. 特色小镇的关键行动者是企业

特色小镇建设过程中要坚持政府引导、企业主体、市场运作原则，充分发挥企业在特色小镇创建中的主体作用，从而体现市场在资源配置中的决定性作用。调研发现，特色小镇的投资进程快慢，主要取决于特色小镇入驻企业的主体作用发挥。在特色小镇的多元主体参与过程中，企业作为关键行动者，嵌入到特色小镇的网络关系构建中来。也正是因为企业作为关键行动者的支撑，通过产业链招商进而形成了小镇的产业集聚。如梦想小镇就入镇项目建立竞争性选拔机制，通过定期举办"创业先锋营"入驻选拔赛筛选入镇创业项目，以优厚的入镇条件吸引镇民入驻。通过围绕产业链上下两端进行延伸，促进多个异质行动者加入，形成错综复杂的关系网络，使得特色小镇成为促进城镇化、工业化与信息化的有效载体，将产业、地域文化与旅游进行成功融合。

2. 特色小镇的基础是产业体系的特色与优势

特色小镇产业的选择根植于资源要素禀赋，产业体系的资源禀赋主要依托于资本、政府、市场要素、产业生态、土地和劳动力成本等。浙江特色小镇建设，要依靠适宜发展的条件展开创建。绝大部分是扎根本地特色经济，地方政府长期以来筑巢引凤、转型升级的结果。无论是诸暨袜艺、海宁皮革、濮院毛衫这类深耕块状经济的转型升级类小镇，还是龙泉青瓷、莲都古堰画乡等本身就依托传统特色的历史经典型小镇，每一个小镇的背后都有深厚的历史积淀和转型历程。西湖云栖小镇、玉皇山南基金小镇等新兴产业类小镇，也都是立足于原有工业园区或服务业集聚区，经过市场长期检验、实践探索得来。特色小镇的产业，即使不是成长性高涨、前景远大的新兴产业，也要求是高端化、精细化、时尚化的制造产业，或者是富有历史积淀，仍具生命力的传统产业。

3. 特色小镇的内生性动力在于产城融合

产城融合这一概念中"产"是指产业聚集，"城"是指城镇功能聚集。产城融合指城镇在发展中要以产业为支撑，产业发展也要以城镇为依托，两者之间相互融合。[①] 产业集聚是基础，没有特色产业，小镇的空间和景观的作用无法发挥。在特色产业精准定位后，特色小镇着眼于产业、旅游、社区、文化的功能定位，从供给侧发力，创新特色小镇体制机制、建设理念、产业形态，大力发展产业经济。同时，通过合理的空间布局，集约化的土地利用，良好的公共配套设施，促进产业和特色小镇协同发展、双向融合的产城融合模式。并在产城融合模式下，构建良好的产业生态系统。在提供基本资源和基础设施供给基础上，创新生产生态系统、自然生态系统、政务生态系统、社会文明生态系统，初级产业链上下游产业的植入，促进一个完整生态链的形成。

4. 特色小镇的外部驱动是政府政策的引导优势

政府作为"有力行动者"进入特色小镇建设关系网络，建构并不断增强特色小镇的网络关系。特色小镇建设初期，在政府主导和支配下，小城镇的空间格局和经济结构发生转变。在该行动

---

① 李希平、王玉磊：《山东武城：探索产城融合助推"新型城镇化"》，《中国经济信息》2017年第4期。

者网络中,政府作为"有力行动者",吸纳人类行动者与非人行动者不断加入网络。特色小镇的成功,除了建立在比较优势和市场化基础上,同时也需要顺应市场规律和动态变化并运用政策手段加以引导,确保特色小镇的可持续发展。对于转型升级或历史经典类特色小镇,在建设初期由于产能整治、环境优化任务较重,人力和资金投入成本较高,回报率低,市场主体无力负担。需按照"政府主导、倒逼整治,优化环境"模式,由属地政府或所属国有企业集团主导,着手制定产能倒逼政策、专项行业整治、小镇总体规划编制、公共服务平台搭建等工作,如诸暨袜艺小镇开展的"六大专项整治工作"。同时要积极创新投融资方式,探索采用PPP模式,推进特色小镇基础设施建设,由此实现结构调整和动力转换。在运营的后期,可充分吸引企业主体积极参与,通过产业创新联盟建设,有效提升品牌影响力和区域竞争力,如海宁皮革小镇、龙泉青瓷小镇等。

三 促进特色小镇高质量发展的对策建议

特色小镇建设形成良好局面的同时,我们看到仍存在一些小镇特色不明显,同质化现象严重,谋划和规划不足,产业项目推进进度缓慢,基础配套设施建设滞后,产城融合不足等问题。为进一步贯彻落实习近平总书记等中央领导同志对浙江省特色小镇建设的重要批示精神,高质量加快推进浙江省特色小镇规划建设,基于前文的分析,提出推动特色小镇高质量发展对策建议。

(一)加快培育特色产业

按照"一镇一产业"要求,细分产业定位,集聚优势资源;对于省级创建对象,尽快明确小镇所在区域的特色产业定位。对于省级培育对象和市级小镇，申报创建成省级创建小镇难度较大，但应以特色小镇理念，推进特色产业发展，积极明确和培育特色产业，构建特色小镇的产业生态。围绕核心产业形成的技术、研发、设计、制造、营销、服务的产业，加快推进传统产业与新技术、新业态深度融合。一是实施龙头企业培育和项目落地。解决龙头企业项目用地、人才引进等具体问题，增强龙头领军企业在协同制造、整合重组等方面的带动作用，促进企业持续健康发展。二是推进企业研发创新。加强企业研发机构建设，加快传统产业改造升级，围绕智能制造等新技术、新业态，全面改造提升传统产业，建立健全创新载体的梯度培育体系，围绕高端装备制造业、信息经济等重点领域，积极培育国家、省级制造业创新中心、企业技术中心和产业技术联盟，攻克一批具有全局影响的关键共性技术。也可借鉴大唐袜艺小镇，建立创新服务综合平台，将产业与文化、艺术、设计相结合，提升产品附加值。三是推进"产业+互联网"发展。发展基于互联网的智能制造、大规模个性化定制、协同制造等新业态新模式。可以利用移动大数据对旅游类小镇的旅游人群进行精准分析，真正实现智慧旅游。

（二）利用区域产业分工和城市功能网络聚合优势

要放在整个区域和产业集群的发展格局中来判断特色小镇的地位和作用。特色小镇的建设会对周边区域整体产业功能和空间结构带来影响。脱离区域联系建设特色小镇的做法，比如建设"微城市"、打造产业"闭环"等，都没有可持续性。一是依托中心城区高端生产性服务网络，通过产业关联实现高度集聚的专业分工。如玉皇山南基金小镇发展私募金融业，梦想小镇和云栖小镇发展创新孵化和信息经济，离不开杭州中心城市功能的协同推进。由于可共享中心城市功能服务圈，对于一般城市生活配套要求较低，重点在于围绕特色产业提供针对性、专业化的服务供给。二是城市功能网络聚合优势，按照"研发孵化在中心城市、制造转化在周边区域"的思路，在原有经济开发区、工业园区基础上，通过"镇中园""镇中区""镇中楼"等"强而聚"板块建设，通过集中补充团块状的创新研发、时尚人居、文化创意、体验应用等特色空间，加快制造业精深化、服务业高端化发展。而在生活服务方面，主要依托邻近县城，并根据距离灵活配置，重点在于提升生活服务品质，强化文化、娱乐、金融、信息等高端服务供给。

（三）立足产业资源禀赋探索不同的发展路径

一是"补链"型，锻造传统产业，延伸产业新环节。针对当前层次低、结构散、创新不足的困境，通过特色小镇建设，积极补充传统产业链中的欠缺部分，补齐产业链中的服务短板，加快纯生产环节向研发设计、营销服务、文化体验等微笑曲线两端延伸，形成投入少、产出多，提升产业附加值、提升价值链的积极效应。二是"强链"型，培植新兴制造，激发经济新动力。立足科技创新，根据产业发展的可能性进行大胆选择、探索培植，重点发展市场需要潜力比较大、增长比较快，辐射带动能力强的信息经济、节能环保、医疗健康、先进装备等新兴制造产业，如西湖云栖小镇、德清地理信息小镇、上虞e游小镇、建德航空小镇等。同时，进一步聚焦新兴产业某一细分领域或环节做强做深，积极发展总部制造业，将企业总部牢牢扎根于浙江，工厂则分布于全国甚至全球，大力优化要素配置和利用方式，由此实现新一轮的产业更新演替。三是"拓链"型，孕育新兴服务，打造产业新业态。积极发挥浙江企业家人脉优势、社会资本优势以及产业配套齐全的基础优势，紧密结合当下"互联网+""物联网+"

引导的各类生产服务模式创新，突出"专业化"和"融合化"导向，重点发展高端生产性服务业和消费体验性服务业。通过建设"特、精、强"专业型特色小镇，突出强化科技孵化、金融资本、贸易物流等环节对于产业培育的支撑性作用，发展一批高端型、特色化生产性服务基地小镇和创业创新平台。

（四）优化小镇配套条件，由"引凤筑巢"向"筑巢引凤"转变

从城镇化路径来看，优化小镇条件的"筑巢引凤"模式更能提升全社会福利水平。对于欠发达的城市来说，首先小镇空间设计需要因地制宜，尊重小镇独有的地理环境、山水风貌、文化脉络和文化遗产，合理推动历史文化资源的保护、修缮、展示、利用工作，将特色文化元素、符号与现代生产生活需求相结合，塑造小镇特质的建筑风貌。因而，地方政府应以更好的公共服务水平、便捷的交通基础设施以及人性化的政策审批程序，吸引资本入驻，鼓励企业在市场化条件中"用脚投票"，在新型城镇化过程中实现"蒂伯特选择"。其次完善基础配套设施建设，抓住"美丽乡村""大拆大整""大建大美""最多跑一次"的改革契机，补齐公共服务短板。一是加强医疗基础设施建设，打造区域医疗中心城市。二是推进教育优质均衡发展，打造家门口的好学校。全面建设智慧教育，以信息化引领教育综合改革，推动教育优质均衡发展，促进教育现代化建设。三是加快交通供给平台。加强道路综合整治，促进都市区一体化发展格局，提升小镇交通便利化程度。通过以"城"带"产"，主动在基础设施等硬件条件与制度、管理模式等软件条件方面，与发达城市进行对接，复制和推广发达城市"环境+服务+制度"的一揽子发展经验。

"五水共治"：山水林田湖成为浙江发展的新优势

胡继妹　刘正武　张璇孟　胡占光

浙江省"七山一水两分田"，自古以来，水运兴则浙江兴。历史地看，水是浙江的生命，亦是浙江辉煌的重要基础。2013年11月，浙江省委十三届四次全会作出了"五水共治"的决策部署，吹响了新时代科学治水、系统治水的号角。期待通过治水，既优环境惠民生，又能加速推动浙江省经济转型升级，为浙江高质量发展集聚新优势。

一　"五水共治"的缘由、内涵及意义

2014年初，浙江省委省政府正式成立由省委书记、省长任双组长的"五水共治"领导小组，6位副省级领导任副组长，全面统筹协调治水工作。宁可以每年牺牲1个百分点的经济增速为代价，也要以治水为突破口，倒逼产业转型升级，决不把污泥浊水带入全面小康。[①] 如此不获全胜誓不收兵的气魄，如此高规格的力量配备，足可见"五水共治"工作的极端重要性和紧迫性。

---

① 参见彭佳学《浙江"五水共治"的探索与实践》，《行政管理改革》2018年第10期。

浙江省委省政府推动"五水共治"的信心和决心亦可见一斑。

(一)"五水共治"的缘由

2013年,浙江省发生了几起与水相关的热点事件。从年初浙江多地环保局长"被邀下河游泳"事件,到3月上海黄浦江松江段水域大量漂浮来自嘉兴地区的死猪事件,再到2013年10月,"菲特"强台风正面袭击浙江,引发余姚等地严重洪涝灾害……这些危机事件警醒浙江,第一,经过连续三轮的"811环境整治行动"[①]工程,浙江大江大河的水质数据的确变得"好看"了,但老百姓身边的小微水体仍然存在太多问题,获得感、安全感明显不足。第二,在快速城市化过程中,浙江省防洪排涝等基础设施能力明显不足。第三,平原水乡超负荷的、粗放的农业养殖模式难以为继。然而,问题在水里,根子在岸上。无论是嘉兴等平原水网地带因污染造成水质性缺水,还是防洪排涝等基础设施薄弱、环境监管粗陋等,都是浙江发展中遇到的"成长的烦恼",其最根本的原因还是在于粗放的经济增长模式和传统的生产生活方式与人民日益增长的美好生活需要产生了激烈的冲突。只有把治污和防洪排涝、供水节水等工作统筹共抓,才能从根本上解决水以及水背后的问题。通过补短板、拉长板,从而进一步增强浙江的生态优势。在这种背景下,"五水共治"的战略部署应运而生。[②]

(二)"五水共治"的基本内涵

"五水共治"是"治污水、防洪水、排涝水、保供水、抓节

[①] "811"中的"8"指八大水系,"11"既指11个设区市,也指11个省级环境保护重点监管区。

[②] 参见彭佳学《浙江"五水共治"的探索与实践》,《行政管理改革》2018年第10期。

水"等系列工作的简称。其最直接的目的，就是按照"人民对美好生活的向往就是我们的奋斗目标"的指向，去解决群众最关心的饮水问题、群众最揪心的污水问题、群众最焦心的涝水问题。当时提出了"五水共治"实现"三步走"的步骤：2014年到2016年这三年解决突出问题，明显见效；2014年到2018年这五年基本解决问题，全面改观；到第七年的2020年，基本不出问题，实现质变。"五水共治"选择治污水打头炮。因为从社会反映来看，老百姓对污水感官最直接、最排斥；从治理效果来看，治污水见效最快，容易增强获得感，也最能带动全局。治污水，重点整治黑河、臭河、垃圾河，力争到2016年、最迟到2017年，实现城镇截污纳管和农村污水处理、生活垃圾集中处理基本覆盖，同时抓工业转型和农业转型，简称"清三河、两覆盖、两转型"。防洪水，重点推进强库、固堤、扩排等工程建设，强化流域统筹、疏堵并举，制服洪水之患。排涝水，重点是打通断头河，开辟新河道，着力消除易淹易涝片区。保供水，重点推进开源、引调、提升等工程，保障饮水之源，提升饮水质量。抓节水，主要是改装器具、减少漏损和收集再生利用，合理利用水资源，降低水耗。[①] 很显然，"五水共治"不仅是惠民工程，也是浙江省委省政府贯彻党的十八届三中全会精神，全面深化改革的突破口，更是浙江久久为功，坚持"八八战略"，推进转型升级的一个重要"组合拳"。

（三）"五水共治"的重大意义

2013年5月启动的"浦阳江治理"是浙江"五水共治"的

[①] 参见IUD中国政务舆情监测中心《浙江版"大禹治水"：五水共治倒逼转型升级》，《领导决策信息》2014年第13期。

序曲，为这个决策部署的全面推进"撕开了一个缺口、树立了一个样板"。浦阳江成功治理的实践启示我们，治水和传统产业的整治，就像一个硬币的正反面，密不可分。治水一方面是还老百姓蓝天白云、鱼翔浅底的美好景象，另一方面治水在做传统制造业减法的同时，也是为新兴产业做加法。"五水共治"，是一个具有重要政治、经济、文化、社会、生态意义的战略举措。

从政治上看，"五水共治"充分展现了共产党人为民治水的真挚情怀，凸显了"以人民为中心"的发展理念；从经济上看，为浙江在新常态背景下，继续干在实处、走在前列、勇立潮头奠定了坚实的、全面的基础；从文化上看，"五水共治"延续了千年中华的治水传统，极大地激发了浙江人民持续创新的动力；从社会上看，"五水共治"凝聚了全省上下社会各界群策群力，社会公众对治水的支持度连续多年达到96%以上，促进了浙江人民的无比团结；从生态上看，"五水共治"创造性地把"治污水、防洪水、排涝水、保供水、抓节水"系统推进，既与中华传统生态观高度契合，也为乡村旅游、生态旅游、文化创意等美丽经济的发展治出了绿水青山。

二 "五水共治"的主要做法

"五水共治"是一个综合系统工程，也是一项长期战略任务。既要在顶层设计和规划理念上一以贯之、久久为功，又要在治理机制、治理手段、监督考核等方面配套完善、步步为营、环环相扣。如此才能有效地以治水为突破口，推动生态建设与经济转型协同共进，为进一步打通"绿水青山就是金山银山"的转化通道提供坚实基础。

（一）注重系统规划

近年来，浙江始终坚持以"山水林田湖生命共同体"的理念为引领，以"系统治水、统筹治水"的思维，着重推进"五水共治"迈上新台阶。

1. 注重规划的统筹性

浙江把"五个水"的治理，比喻为五个手指，整体谋划了水生态建设规划、水环境治理规划、水资源配置规划、洪涝防治规划等，以及与此直接或间接相关的主体功能区规划、国土空间规划、环境保护规划、生态文明建设规划等。既重统筹又抓重点，"五个水"分则统筹推进，合则重点突破，打出了系统规划的组合拳。

2. 注重规划的具体性

为进一步量化"五水共治"工作任务，浙江推出"十百千万治水大行动"规划。具体来讲，"'十'就是'十枢'，建设十大蓄水调水排水等骨干型枢纽工程；'百'就是'百固'，每年除险加固一百座水库，加固五百公里海塘河堤；'千'就是'千治'，每年高质量高标准治理一千公里黑河、臭河、垃圾河，整治疏浚两千公里河道；'万'就是'万通'，每年清疏一万公里给排水管道，增加每小时一百万立方米入海强排（机排）能力，增加每小时十万立方米城市内涝应急强排（机排）能力，新增农村生活污水治理受益农户一百万户以上"[①]。

3. 注重规划的保障性

针对过去"九龙治水"以及部门和地方条块责任不清等现

---

① 参见浙江省实施的《"十百千万治水大行动"具体是指什么？》，http：//www.cuz.edu.cn/info/1285/8795.htm，2017-03-26。

象，浙江按照"山水林田湖生命共同体"的理念进行部门整合和统筹，以深化改革破解治水的体制、机制和制度障碍，由此推出了强有力的"八大保障"机制，做到规划能指导、项目能跟上、资金能配套、监理能到位、考核能引导、科技能支撑、规章能约束、指挥能统一。[①]

（二）引导多元参与

"五水共治"兼顾生态建设属性和社会治理属性，离不开浙江省各级党委政府的组织保障，也离不开社会和市场的参与。

1. 建立领导组织体系

浙江省各级党委和政府都建立了"五水共治"工作机构，党政负责人亲自担任领导小组组长，党委或政府分管领导担任治水办主任，抽调骨干力量，集中办公，实体化运行。各地纷纷建立"五水共治"作战指挥室，集中指挥、挂图作战，部分市县还建立"五水共治"信息平台，实时监控、实时指挥。并且依据河道分级情况，建立省级、市级、县级、乡（镇）级"河长"体系，实现了"河长制"全覆盖，推进了河长包干责任制的落实。

2. 发挥企业治水主体性

通过积极的政策引导，在治水中引入市场机制，让企业成为治水主力军。如嘉兴水污染权有偿使用制度、宁波用水定额制度等，激励企业减排，倒逼企业提高水资源利用率。浙江还积极鼓励省内外广大浙商参与治水，探索市场化、商业化运作治理模式和第三方运营管理模式，调动社会各界的治水积极性。

3. 提升公众参与积极性

通过舆论引导和道德教化，社会各界纷纷组建治水队、护水

[①] 参见张伟斌《"五水共治"的实践与启示》，《浙江日报》2016年7月12日第15版。

队、宣传队、市民监督团、义工服务队等，工青妇和民间社团组织积极发展志愿者队伍，不断参与到治水活动中来。同时，通过构建水资源信息披露机制、水环境信息披露机制、水价听证制度、水环境污染举报机制等，广泛发动群众监督治水、共同护水。总之，在政府引领、企业和公众参与下，浙江全省逐渐形成了多主体的治水格局。

（三）强化治水监督

为了确保各项工作的落实，浙江省配套了"五水共治"的监督考核机制。

1. 压实监督考核责任

缩减考核周期，提高监督效率，一月一提醒、一月一督查、一月一通报、一月一考评，使考核督查逐步从督点向督政转变。[①]根据考核结果，每年省委省政府对工作优秀的市、县（市、区）授予"五水共治"大禹鼎。省委省政府还设置了30个督查组，深入明察暗访，真正压实地方责任。

2. 鼓励各地创新监督体系

通过一级一级传递压力，一级一级落实责任，各地创新监督方式，形成了有效的监督体系。例如湖州构建了市对县区、县区对乡镇两级常态化的治水督查体系，常态化开展了市四套班子主要领导、所有常委每年带队开展治水集中督查活动，市政府督查室"大督查大走访"专项行动，市治水办"三级督查联动"专项行动等，并对县区实施"亮牌预警、亮灯提醒、亮剑约谈"措施，根据各县区每月工作排名，采用"红黄蓝"三色预警，对于治水不力的给予预警、约谈，甚至启动问责程序，杜绝出现治水

---

① 参见彭佳学《浙江"五水共治"的探索与实践》，《行政管理改革》2018年第10期。

慵政、懒政、怠政等情况。

3. 发挥人大、政协、公众等监督作用

在全省范围内，各市人大就水污染防治和有关环境保护法律法规的实施情况开展执法检查，对辖区内水域的治理开展专项审议或督查，在获得地方立法权后，又积极启动水资源保护条例的立法程序；各级政协每年围绕"五水共治"开展各类监督，助推工作落地；各级政府广泛设立举报热线、举报信箱、媒体曝光专栏等，发动新闻舆论监督和公众监督等，逐渐建立了人大法律监督、政协民主监督、公众监督和媒体监督结合的多元监督体系。

（四）坚持科学治水

在推进长效化治水过程中，浙江坚持问题和效果导向，抓住科学治水这个关键点，因地制宜，科学谋划各项工作。

1. 改革工程项目审批机制

依托"最多跑一次"改革，积极鼓励各地推行重点项目特别是事关"五水共治"工程项目，例如河道整治工程、污染减排工程、防洪大堤工程、城市排涝工程、饮用水引水工程、城乡节水工程等，推行"并联式"审批制度、"倒排式"前期工作制度、"蹲守式"审批制度等创新做法，使各项审批在最短时间内完成。

2. 建立生态化修复综合治理机制

浙江加大生态修复工程财政投入，以污水处理厂、湖泊、河流等为中心开展生态综合治理，打造人工生态湿地景观。通过大力推动河道清淤，岸堤修复，污水管网铺设，水源涵养林、生态公益林建设等，建立水系源头等重要生态功能保护区。

3. 推行市场化运作机制

鼓励各地建立水资源费差别价格和分类价格机制，并严格规范取水许可审批管理,对用水超标的、不符合国家产业政策或列入国家产业结构调整指导目录中淘汰类的,产品不符合行业用水定额标准的项目,审批机关不予批准。运用BOT方式鼓励私营企业参与,向社会提供公共服务。

4. 建立畜禽养殖场排泄物资源化利用长效机制

浙江通过制定《浙江省畜禽养殖废弃物高水平资源化利用工作方案》,启动畜禽排泄物资源化利用工程,推行网格化管理模式、养种对接,构建畜禽排泄物全面、有效、持久、综合利用的新机制。

(五) 构建制度体系

浙江十分重视"五水共治"的管制性制度、选择性制度和引导性制度等制度体系建设。

加强管制性制度建设,实施最严格的水资源、水环境、水安全管理制度。通过坚持以水定产原则、功能导向原则、安全第一原则,分别保障了生态用水、水体环境、涉水安全。例如,在全省范围推广的取水总量控制制度、污水排放总量控制制度、水文监测监管制度、水安全责任追究制度等管制性的制度,形成了"五水共治"的高压态势和倒逼机制。

加强选择性制度建设,让市场机制在水资源、水环境配置中发挥决定性作用。例如,通过水资源价格改革制度、水污染权有偿使用制度、水生态补偿制度、水权交易制度等经济性制度建设,激励水资源和水环境的优化配置,提高了水资源和水环境的配置效率。[①]

加强引导性制度建设,激发公众在水环境保护和监督中的积

---

① 参见沈满洪《"五水共治"的全国意义》,《浙江日报》2016年10月9日第15版。

极性作用。例如，通过治水舆论引导制度、治水信息披露制度、违法举报制度、水道德教化制度、水科学普及制度等引导性制度的建设，提高了群众对治水的认识和觉悟，促进了全民治水格局的形成。除了地方性法规、规章和文件等，浙江治水还积极发挥水风俗、水道德、水文化、民俗习惯等非正式制度作用。同时，浙江还重视差异化考核制度建设，例如对于承担千岛湖水生态保护任务的淳安县等生态功能区不考核GDP；实施奖惩结合的出入境水质考核制度，根据区域出入境水质好坏给予奖惩等，大大提升了治水制度的普通适用性。

三 "五水共治"的成效和经验

自党的十八大以来，浙江以铁的勇气、铁的决心、铁的手腕、铁的规制，连续开展多轮治水大行动，扎实推进水环境保护和水污染防治工作，治出了经济与环境共赢的发展新优势，治出了人民安居乐业的和谐新优势，治出了全省党员干部精神面貌的新优势，治出了基层治理法治化的新优势。浙江"五水共治"的创新实践，发挥了先行探索的重要作用，为全国水环境治理提供了宝贵经验。

（一）倒逼经济转型升级，治出经济与环境共赢的发展新优势

水的问题，看似在水中，实质在岸上，根子在产业。

1. 治水实现了水环境质量的明显好转

到2018年底，全省省控断面Ⅲ类水以上占84.6%，无劣Ⅴ类水质断面，省级河长水系的钱塘江、瓯江、曹娥江、苕溪、飞云江总体水质状况为优；公众满意度达到83.26分，比2017年提

高 4.84 分。2017—2018 年，国家"水十条"考核中，浙江省连续 2 年被评定为优秀。

2. 治水倒逼着传统落后产能淘汰重组

浙江在改革开放后所形成的"低小散乱"的产业形态，为浙江经济总量的扩张和老百姓收入水平的提升作出了重大贡献，但对生态环境也造成了严重的破坏。2006 年时任浙江省委书记习近平同志在全省环境保护大会上指出，浙江省工业化和城市化正处于快速发展阶段，环境污染的压力持续加大。水质性缺水相当严重，有的地方甚至到了江南水乡没水喝的地步。所以，治水表面上看，是改善水环境的感官直觉，但实质上是要倒逼传统产业转型升级。传统产业转型升级的任务一日不成，水污染之害就一日难除。浙江的实践表明，"五水共治"不仅有效治理了水害，更重要的是抓住了经济转型升级的"牛鼻子"，有力推动浙江走上"绿水青山就是金山银山"的绿色发展道路。

3. 治水吸引了高新技术企业落户

"腾笼"是"换鸟"的重要前提，通过持久的兼并重组淘汰落后，腾出了土地、资金、劳动力、资源能源等要素空间，为招引"吃得少、产蛋多、飞得高的俊鸟"创造了客观条件。目前，浙江以新产业、新业态、新模式为特征的"三新"经济已占全省 GDP 的 20% 以上，对经济增长的贡献率达 40% 以上。2018 年数字经济核心产业增加值增长 13.1%。浙江经济正朝着形态更高级、结构更合理、质量效益更好的方向转变。

（二）助推"平安浙江"建设，治出人民安居乐业的和谐新优势

治理污水、洪水，古往今来都是攸关江山社稷、国泰民安的大事要事。"五水共治"为探索社会治理形成系统性方案积累了丰富经验，也为"平安浙江"建设提供了弥足珍贵的基础性资源和实践经验。从社会的维度看，治水就是抓平安稳定促和谐。污水、洪水、涝水、供水和节水，都是直接关系人民生命财产安全、社会和谐稳定的重大课题。治水为"平安浙江"保驾护航，也为广大群众和谐生活奠定基础。

1. 治理污水让生活更加美丽

治理污水是最受群众欢迎的一项保平安、促和谐的措施。"从社会反映看，对污水老百姓感官直接、深恶痛绝。从实际操作看，治污水最能带动全局、最能见效。"[①] 全面剿灭劣Ⅴ类水行动，得到了全省各地积极响应。到2017年，全省江河湖泊坑塘所有断面的劣Ⅴ类水已得到全面清理，过去的黑河、臭河、垃圾河恢复清流涌动、碧波荡漾，因污水引发的安全生产生活事故频发的现象一去不返，群众对治水的满意度也不断攀升。2018年，浙江省提出更高目标即"污水零直排"，首先建成试点105个。预计到2022年底，全省要基本实现污水管网的全覆盖、雨污全分流、处理能力要相匹配。消灭劣Ⅴ类水，空气更加清新，人民生活环境得到了进一步改善。

2. 治理洪水、涝水为平安筑起牢固基础

浙江山脉纵横，雨季频发洪水，杭州、绍兴等城市经常逢雨就涝。2014年，杭州投入8000万元解决城市内涝问题；2015年，浙江投入900亿元治理太湖流域水环境，开工建设杭嘉湖南排工程、苕溪清水入湖河道整治工程、三堡排涝工程，治理洪水、涝水工程。绍兴也提出具体方案来解决城市内涝。通过治洪水、涝水、强库、固堤、扩排以及疏通道、攻强排，各个城市洪水、涝

---

① 参见夏宝龙《稳中求进　改中求活　转中求好　推动经济持续健康发展与社会和谐稳定》，《政策瞭望》2014年第1期。

水得到了有效治理。到2017年,浙江全省严重的城市内涝已基本消除,也经受住了几次较大洪水的考验。洪涝灾害减少,极大地保障了广大群众生产生活的安全。

3. 抓好供水、节水,提升人民生活品质

保障好供水尤其是饮用水,是人民群众日常生活安全的基本条件。"保供水,重点推进开源、引调、提升等三类工程建设";"抓节水,重点要改装器具、减少漏损、再生利用和雨水收集利用示范,合理利用水资源"。[①] 近年来,供水安全、节约用水工作取得显著成效。

(三)提升文化软实力,治出全省党员干部精神面貌的新优势

水不仅是人类赖以生存发展的基础资源,同时也是重要的文化元素。从"大禹治水"到历代的修筑海堤、河坝,浙江涌现出无数历史英雄。

1. 治水精神升华了文化软实力

浙江"五水共治"工作重启了除水害、兴水利的英雄史诗式的伟大工程。按照"控新治旧、水岸同步、标本兼治、监建并举"原则,在打好清三河"硬仗"的同时,各地农村文化礼堂纷纷编演"治水"主题文艺节目,群众自编、自导、自演,开展"五水共治"主题教育活动,以各种文艺形式演出反映治水精神的节目,寓教于乐。强烈的水文化主题意识、水文化元素和治水精神凸显其中,各种传统艺术、民俗、人文典故等非物质文化形式也被发掘出来,呼应了群众对美好生活的向往和期待。

---

① 夏宝龙:《稳中求进 改中求活 转中求好 推动经济持续健康发展与社会和谐稳定》,《政策瞭望》2014年第1期。

2. 治水精神治出了干部的担当意识

"河长制"让每一名干部担负起了治水的责任，群众在期盼，也在检验干部的责任心。"五水共治"启动以来，很多干部花心思动脑筋，因地制宜确定适合地方特色整治措施，走进基层，走进群众，走到火热的治水第一线。既以身作则冲锋在前，又做好宣传员、引导员，发动农村、基层干部，尤其是大学生村官、年轻干部，组成各种形式的治水、护水、监督志愿者队伍，敢于较真、敢于碰硬、敢啃硬骨头。随着臭水、污水变清水，干部队伍精神面貌也得到了极大的提升。

3. 治水精神增强了全社会的文化共识

水安全、水品质、水文化，是与每一个社会成员休戚相关的大事。"五水共治"弘扬和传承了历代浙江先贤的治水精神，又创造性地融汇了新时代文化新内涵。很多地方在治水过程中，全面推进"水岸同治"，优化了生活环境、旅游环境，建立起一批以生态山水观光、休闲度假养生和商务会议旅游等为主题的特色小镇，以水文化、水生态优势为主题建立起来的乡土文化、特色文化场馆、旅游设施等丰富了广大群众的日常生活。

（四）推动法治浙江建设，治出基层治理法治化的新优势

浙江"五水共治"能够取得明显成效，由多方面因素决定。其中最为重要的因素之一，就是坚持以法治建设为引领和保障，把"五水共治"作为法治浙江建设的有效抓手。

1. "五水共治"成为基层治理法治化的重要实践载体

（1）普法宣讲：各地组建普法巡回宣讲团，面向基层开展多种形式宣讲活动，如水环境整治相关案例宣传、向群众推送普法手机报等。（2）严格执法：坚持依法处理水环境污染问题，加大水环境犯罪打击力度。2013年，浦江县检察院以污染环境罪对犯

罪嫌疑人邓善飞批准逮捕,成为浙江首例环境污染追究刑责案件。(3)志愿服务:成立法律服务志愿团,提供免费的法律咨询、公证解答、法律援助等服务。这些贯穿在治水全过程,确保治水工作依法顺利开展。

2. 各级干部运用法治思维和法治方式的能力得到增强

水污染问题往往牵涉很多中小企业和从业人员的利益,其面广量大。浦江县在不到一年时间里,要关掉1.3万余家小企业。各级干部如果不能学会、掌握和运用法治思维、法治方式,必定处处碰壁,工作难以顺利开展。所以,浙江在治水过程中,一方面做到有法可依,适时出台水污染防治条例、河道管理条例等相关法律法规;另一方面做到严格执法,水利、城管、国土、规划、检察、法院等相关部门始终坚持以法治方式推进各项工作。在这个过程中,各级干部依法处理复杂问题的能力不断得到提升。

3. 全社会营造了学法、用法的良好法治氛围

依法治水的过程,就是全社会学法、用法的过程。党委政府的主导,确保了每项治水活动从一开始便纳入法治化轨道;企业的主动担责,大大减少了源头上涉水违法犯罪行为的发生;基层群众、群团组织、新闻媒体的积极参与,构建起了全民监督、舆论监督的强大力量。因此,治水过程既是一个增进全民环保社会共识的过程,也是一个增强公民依法办事法治意识的过程。既维护了法治威严,也推进了基层社会治理法治化的进程。

清廉浙江：风清气正的政治生态

徐 勇　徐连林　马燕军　彭世杰

我们党历来高度重视党风廉政建设，把建设廉洁政治作为奋斗目标。习近平总书记在十八届中央纪委二次全会上指出："党的十八大提出建设廉洁政治的重大任务，要求做到干部清正、政府清廉、政治清明。这'三清'对党风廉政建设和反腐败斗争提出了更高的要求。"之后，我们党明确提出反腐败目标是要完善不敢腐、不能腐、不想腐的机制，把权力关进制度的笼子。党的十八大以来，浙江省大力贯彻党的十八大、十九大精神，加快清廉浙江建设，坚定不移推动全面从严治党向纵深发展，努力构建山清水秀的政治环境，公平透明的经济环境，海晏河清的社会环境，风清气正的文化环境，昂扬向上的干事环境。建设清廉浙江的做法，对全国的党风廉政建设具有很好的示范和引领作用，必将为"清廉中国"建设贡献重要力量。

一　清廉浙江建设的背景

（一）建设清廉浙江，是贯彻落实习近平新时代中国特色社会主义思想和党的十九大精神的重要举措

党的十八大以来，以习近平同志为核心的党中央坚定不移推

进全面从严治党这场伟大的自我革命，对国家、民族产生了不可估量的深远影响。党的十九大对全面从严治党作出了新的部署，为新时代管党治党指明了前进方向，提供了根本遵循。坚持全面从严治党，也是习近平新时代中国特色社会主义思想的基本方略之一。建设清廉浙江，是深入贯彻落实习近平新时代中国特色社会主义思想，按照党的十九大部署，坚定不移推动党风廉政建设和反腐败斗争向纵深发展，打造全面从严治党浙江样本的实际行动。

（二）建设清廉浙江，是全面落实习近平总书记对浙江工作重要指示精神的内在要求

习近平总书记对浙江工作高度重视，多次作出重要指示。特别是党的十八大以来，又对浙江提出"干在实处永无止境，走在前列要谋新篇，勇立潮头方显担当"的新期望。这既是对经济社会发展的指示，也是对全面从严治党的要求。习近平同志在浙江工作期间，对管党治党、党风廉政建设和反腐败斗争提出一系列富有远见的重要思想，是引领浙江全面从严治党、党风廉政建设和反腐败斗争的制胜法宝。建设清廉浙江，就是贯彻落实习近平总书记对浙江工作重要指示精神，坚定不移按照习近平同志在浙江工作期间提出的管党治党重要思想抓下去的重要举措。

（三）建设清廉浙江，是"八八战略"再深化、改革开放再出发的重要保障

建设清廉浙江，在"六个浙江"建设中处于基础性地位、具有保障性作用，不仅有助于在政治领域建设良好政治生态，还有助于营造优良营商环境、市场环境、发展环境，有助于提升浙江的软实力和竞争力，有助于密切党群干群关系、促进社会和谐稳定，增强人民群众对党的信心、信任和信赖。浙江省委十四届三次全会作出"八八战略"再深化、改革开放再出发的重大决策，并同步通过建设清廉浙江的决定，就有这样的考虑。可以说，建设清廉浙江正当其时、势在必行。

二 清廉浙江建设的主要做法

（一）在强化政治清醒坚定上坚决有力，营造政治清明的生态

1. 严肃政治纪律

把严明政治纪律和政治规矩放在首位，在党的群众路线教育实践活动、"三严三实"专题教育、"两学一做"学习教育中，进一步把政治纪律严起来、把政治规矩立起来，教育引导广大党员干部牢固树立党的意识和组织观念，始终做到对党组织忠诚老实、言行一致、表里如一。以中国革命航船起航地、改革开放先行地、习近平新时代中国特色社会主义思想重要萌发地的高度政治自觉和使命担当，严格执行《加强和维护党中央集中统一领导的若干规定》，坚决同危害党中央权威和集中统一领导的言行做斗争，教育引导广大党员干部牢固树立"四个意识"，坚定"四个自信"，切实做到"两个维护"，始终在思想上政治上行动上与以习近平同志为核心的党中央保持高度一致。2018年，全省共立案审查违反政治纪律案件275件，党纪政务处分309人，同比分别增长73%、95.6%。

2. 落实主体责任

按照习近平总书记多次强调的抓住主体责任这个"牛鼻子"的明确要求，强调"各级党委要切实担当和落实好全面从严治党的主体责任""党委书记作为第一责任人，要担负起全面从严治党的政治责任"。2014年1月，浙江省委出台了《关于做好党委

（党组）履行党风廉政建设主体责任情况报告工作的通知》，要求党政领导班子成员主动担起"一岗双责"。每年初，由省委印发年度党风廉政建设责任制工作分工，把任务逐项分解细化，明确责任领导、牵头单位、参与单位和工作目标、完成时限。每年底，由省委省政府班子成员带队，对各市和部分省直单位进行重点检查，并通报检查情况。省纪委坚持每年召开履行主体责任汇报会，在汇报会上，省纪委带头毫不遮掩，指出各地各单位主要领导履行主体责任不到位的情况。截至目前，省、市、县、乡四级党委和所属部门党委（党组）"一把手"向上一级党委、纪委报告上一年度落实全面从严治党主体责任情况和履行"第一责任人"职责情况，面对面接受评议，已连续4年实现100%。为了真正起到实效，一些市县主体责任评议会还邀请党代表、人大代表、政协委员和特邀监察员等列席，"评议员们"会对每一位"一把手"的报告进行"热辣"点评。同时，省委省政府主要领导就巡视中发现的突出问题，严肃约谈被巡视单位党组织书记，提醒其认真履行好全面从严治党、党风廉政建设主体责任。

3. 培育党内文化

党内政治文化是涵养良好政治生态的基础，习近平总书记强调要注重加强党内政治文化建设，不断培厚良好政治生态的土壤。浙江作为中国革命航船的起航地，自觉肩负起传承红船精神的崇高使命，努力当好红船精神的坚实守护者、坚定传承者、自觉践行者。组织全省党员干部深入学习贯彻习近平总书记南湖讲话精神，组建浙江红船干部学院，建立红船精神研究中心，系统开发红船精神相关干部教材、文艺作品、网上展览等。开发提升"不忘初心·重走一大路"现场体验式党性教育项目，开展看一次展览、听一次党课、学一次党章、观一次专题片、瞻仰一次红船、重温一次入党誓词"六个一"活动，不断推动红船精神进党校课堂、进历史现场、进干部头脑，引导全省党员干部筑牢信仰之基、补足精神之钙，形成不忘初心、牢记使命、永远奋斗的浓厚氛围。

（二）在权力公开规范运行上有序推进，营造政府清廉的生态

1. 推进权力公开

2014年6月开通浙江政务服务网，在全国率先公布省级行政部门"权力清单"，涵盖42个省级部门的4236项具体行政权力。任何人只要登录浙江政务服务网，都可以查看包括权力实施主体、实施依据、行使层级等详细信息。政务服务网的核心功能就是记录权力运行轨迹，公开权力运行流程，确保权力正确行使。这样，浙江就构建了一个全省一体化的行政权力事项库，将每个事项的基本信息和详细流程录入数据库，还就权力名称、事项类型、法定依据、裁量权等进行规范比对，形成基本目录并逐项编号，实行动态管理。除了将权力放上网之外，浙江政务服务网还将省市县三级政府部门、几乎所有的行政审批事项上线。在通过互联网提供办理指南、表格下载、投诉评价等服务的同时，实现一站式办理。同时，省政府出台了《关于全面推进政务公开工作的实施意见》，提出对执行过程中出现的不作为、慢作为、乱作为进行问责，典型案例向社会通报，力争到2020年，浙江政务公开工作总体走在全国前列。

2. 持续重拳反腐

旗帜鲜明反腐败，坚持零容忍、全覆盖、无禁区。反腐的重点，是党的十八大后不收敛不收手的干部，问题线索反映集中、群众反映强烈的干部，现在重要岗位且将来可能还要提拔使用的领导干部，持续加大对极少数严重违纪涉嫌违法腐败问题的查处力度，形成高压态势。加强纪检监察、审判、检察、公安等机关在查办涉嫌违纪违法党员干部犯罪案件中的协作配合，强化对移交司法机关查处案件的跟踪督办，优势互补，形成反腐败合力。不断完善反腐败追逃追赃工作机制建设，通过"天网""猎狐"等行动追查在逃党员干部和国家工作人员。据统计，2018年，全省各级纪检监察机关共立案17544件，其中地厅级52人，县处级490人，比上年分别增长6.5%、126.1%和104.2%，推动反腐败斗争取得压倒性态势。截至2018年12月，全省成功追回"百名红通人员"4名，中央追逃办挂牌督办的浙江省35名外逃党员和国家工作人员，已减少到7名。

3. 坚持依法行政

2015年2月，省政府出台了《关于深入推进依法行政加快建设法治政府的实施意见》，从加强和改进规章制度建设、健全依法决策机制、深化行政执法体制机制建设、坚持严格规范公正文明执法等方面，明确了深入推进依法行政加快建设法治政府的总体要求和具体举措。2016年底，提出并在全省推行"最多跑一次"改革，瞄准群众和企业日常办事的痛点、烦点，采取"互联网+服务"等各种便利化措施，以"一窗受理、集成服务"为重要抓手，以"打破信息孤岛、实现数据共享"为重要支撑，极大地方便了群众办事，提升了政务效率。2018年1月，中央全面深化改革领导小组第二次会议审议了《浙江省"最多跑一次"改革调研报告》，建议向全国复制推广浙江经验，"最多跑一次"写入当年的政府工作报告。经过近两年探索实践，浙江已梳理公布省市县三级"最多跑一次"办事事项主项1411项、子项3443项，基本包括群众和企业到行政机关办理的所有权力事项和公共服务事项。除例外事项清单外，浙江省市县三级办事事项已实现"最多跑一次"事项全覆盖。

（三）在推动干部担当作为上精准施策，营造干部清正的生态

1. 严格选人用人

把政治标准放在选人用人的首位，在换届调整、年度考核、巡视整改、日常考核中树立"政治表现为先"的导向。省委突出强调领导干部要有担当精神，注重培养选拔大批政治上强、敢于担当、善谋全局、能力突出、作风民主、清正廉洁的狮子型干部，通过"五水共治""三改一拆""四换三名""浙商回归"等省委省政府重点工作平台，发掘提拔了一大批敢抓敢管、通过一线考验获得群众肯定的干部。加强干部日常管理监督，出台《综合分析研判意见》《提醒、函询和诫勉操作规程》等文件，认真执行个人有关事项报告、经济责任审计等制度，扎实推进"三超两乱""裸官"、干部违规兼职等六项专项整治，对发现存在严重违纪违规问题的坚决不予提拔使用。对干部存在"为官不为"的问题，及时进行提醒、函询和诫勉，公开通报"为官不为"典型案例，动真格予以组织调整和严格执纪问责。

2. 深化作风建设

贯彻落实中央关于改进工作作风、密切联系群众"八项规定"精神，省委颁布了"六项禁令""28条办法"（2017年12月修订扩增至"36条办法"），重点整肃"酒局"和"牌局"，促使党员领导干部真正转变作风，把时间和精力腾出来用在深入群众、帮助群众解决问题上去。在年节假期等"四风"问题易发多发期，全省各级纪检监察机关组织开展明察暗访，保持正风肃纪高压不减。2018年，全省共查处违反中央"八项规定"精神问题1781起，处理2962人，给予党纪政务处分1812人，占处理总人数的61.2%，其中包括6名厅级人员，81名县处级人员，1725

名乡科级及以下人员。主要问题集中在违规发放津补贴或福利、违规收送礼品礼金和违规公款吃喝等方面。从全年数据分析情况看，奢靡享乐歪风基本刹住，形式主义、官僚主义突出问题得到有效整治，党风政风持续向好向上。

3. 用好四种形态

2015年以来，全省各级纪检监察机关坚持把纪律挺在法律前面，坚持纪法分开、从严执纪，积极运用"四种形态"开展监督执纪工作。在中央修订颁布《中国共产党廉洁自律准则》《中国共产党纪律处分条例》后，通过巡回展览、方言广播、座谈研讨等方式，组织全省各级党组织、纪检组织和广大党员干部开展深入学习教育，唤醒广大党员干部的党章意识、纪律意识。注重抓早抓小，对有苗头性、倾向性问题反映的领导干部，由党委（党组）负责同志进行约谈提醒并签字背书，对反映一般性或笼统性问题的线索，早提醒、早纠正；对具有可查性的问题线索及时跟进，抓紧初核；对已查清的问题先行处理，避免拖延累积。2018年，浙江省运用监督执纪"四种形态"处理55138人次，同比增长25.9%。第一种至第四种形态分别占68.2%、21%、5.5%和5.3%，前两种形态的运用将近达到90%。与之前相比，运用第一种形态处置人数占比进一步提升，第二、三、四种形态占比均呈下降趋势，"倒金字塔"的分布结构越发明显，实现了惩处极少数、教育大多数的政治效果、纪法效果和社会效果相统一。

（四）在促进社会崇廉倡廉上全面发力，营造社会清朗的生态

1. 开展社会共建

浙江省委十四届三次全会明确提出，聚全省之力抓好清廉浙江建设，并审议通过了《中共浙江省委关于推进清廉浙江建设的决定》，提出到 2035 年，清廉浙江建设的各项制度机制成熟定型，权力运行规范有序，社风民风清朗，清廉文化深入人心，社会整体清廉程度显著提升，清廉成为浙江的风尚，清廉浙江全面建成。2018 年 9 月，省委召开强化基层公权力监督、社会共建清廉浙江大促进推进会，强调要健全多管齐下、多措并举的治理机制，更加系统地推进清廉浙江建设。省委宣传部、省直机关工委、省农办、省教育工委、省卫计委、省国资委、省工商联等单位，分别牵头起草了清廉文化、清廉机关、清廉村居、清廉学校、清廉医院、清廉国企、清廉民企建设的实施意见，大力加强基层党风廉政建设，强化基层公权力监督，为清廉浙江建设奠定了坚实的实践基础和制度基础。

2. 开展廉政文化教育

把宣传教育作为拒腐防变的基础工程，通过形式多样的廉政文化方式，教育引导党员干部珍惜权力、管好权力、慎用权力，形成一种崇尚清廉、抵制腐败的良好氛围。2012 年出台《关于加强廉政文化建设的意见》，对未来 5 至 10 年全省廉政文化建设作出整体规划。在 2017 年底出台的《大力推进文化强省建设的决定》中，明确要深化反腐倡廉教育，加强廉政文化建设，营造风清气正的社会环境。重点挖掘各类爱国主义教育基地、革命纪念馆、历史文化名胜等廉政资源，形成了依托红色革命圣地创建的富有当代廉政文化特色的嘉兴南湖革命纪念馆，依托慈城古县衙创建的廉政文化主题公园宁波慈城清风园全国廉政文化教育基地，依托历代名人纪念馆创建的具有悠远历史和厚重文化的杭州于谦、文成刘基文化等一批省级廉政文化教育基地。通过图片展览、电化教育、现身说法、视频实时观看、听取廉政党课报告等多种方式，有效整合了各方面的警示教育资源，引导广大党员干部筑牢拒腐防变思想防线，在全社会形成廉荣贪耻、崇德尚善的浓厚氛围。

3. 进行家庭家风教育

贯彻落实习近平总书记关于"家庭是人生的第一个课堂""家风是一个家庭的精神内核""家风是社会风气的重要组成部分"等重要论述精神，在全省范围内深入开展了"我们的家训——浙江百姓重家风"活动。组织全省主要媒体，利用微博、微信、手机报等新媒体，发动各地调查遗存，挖掘家训，让优秀家训从家谱中走出来，并加以整理。组织省级媒体寻访临安市钱镠"钱氏家训"、绍兴市教育家陶成章"陶氏家训"、浦江县郑义门《郑氏规范》、文成县刘基"刘氏家训"等一大批名人和普通人家训的传人，让他们讲述优秀家训、良好家风对自己和家庭成员成长的作用，以及对本地群众和社会风气的影响。各地媒体纷纷通过走访采风、跟踪报道、综合新闻评论等形式，深入企业、学校、社区、文化礼堂和百姓家庭进行采访，问卷调查，唤醒人们的家训情结。通过召开研讨会、座谈会，举办家训讲座、网络访谈、专题沙龙等形式，邀请省内外专家和优秀家训传人，对家训的历史地位和作用、家训传承的现状等问题进行深入解读、示范和探讨。通过寻找、征集、传播、传承"我们的家训"，激发人们心底的道德情感，形成修身律己、崇德向善、礼让宽容的道德风尚。

三　清廉浙江建设的现实启示

（一）聚焦党的政治建设，着力打造山清水秀的政治环境

党的政治建设是党的根本性建设。我们坚持以党的政治建设统揽清廉浙江建设，坚定不移将全面从严治党要求落实到各方

面、贯穿于各环节。一是在固本培元上下功夫。深入开展"大学习大调研大抓落实"活动，教育引导党员干部牢固树立"四个意识"，坚定"四个自信"，做到"两个坚决维护"，筑牢清廉浙江建设的思想政治基础。二是在立规明矩上下功夫。认真贯彻执行新修订的纪律处分条例，使铁的纪律真正转化为党员干部的日常习惯和自觉遵循。深入开展"铁腕纠四风、重拳治怠政"作风建设活动，推动中央八项规定精神成风化俗。深化纪检监察体制改革，推动形成纪律、监察、派驻、巡察"四个全覆盖"监督格局。三是在激浊扬清上下功夫。严肃党内政治生活，建立政治生态建设状况评估报告制度。毫不手软惩贪治腐，严肃查处以权谋私、利益输送等违纪违规问题。

（二）聚焦新型政商关系，着力打造公平透明的经济环境

把营商环境优化作为检验清廉浙江建设的重要标准，创新推出"两个健康"先行区80条新政，为民营经济高质量发展营造良好环境。一是紧紧抓住"最多跑一次"改革这个龙头。系统打造"最多跑一次"改革民生版、企业版、海外版，做到"企业投资项目审批开工前100天、竣工验收30天"，用好产业政策奖励兑现系统，努力把浙江打造成政务服务最优的省区之一。二是突出权力运行公开规范这个重点。紧盯重点领域和关键环节，加强政府购买中介服务监管，严厉整治涉企服务"庸懒散慢"、涉企优惠政策落地"中梗阻"、涉企执法检查不规范等问题。三是抓住完善政商良性互动机制这个关键。制定政商交往的正面清单和负面清单，深入开展以"两个健康"为主题的"万名干部进万企"活动，着力打造亲清新型政商关系，全面激发民营经济内生动力。

(三)聚焦正风肃纪反腐,着力打造海晏河清的社会环境

坚持以优良党风促政风带民风,引领全社会崇廉倡廉促廉。一是发挥领导干部的"头雁效应"。突出对"关键少数"特别是"一把手"的监督和管理,教育领导干部明大德、守公德、严私德,自觉净化社交圈、生活圈、朋友圈,重视家风建设,管好配偶、子女和身边工作人员,以清正党风带出淳厚民风。二是强化对微腐败的"震慑效应"。深入开展扶贫领域腐败和作风问题专项治理,重拳打击涉黑涉恶势力及其背后的"保护伞",切实管住"微权力"、防治"微腐败",让人民群众更多感受到反腐倡廉的徐徐清风。三是凸显清廉建设的"整体效应"。整体推进清廉机关、清廉村居、清廉学校、清廉医院、清廉企业"五位一体"建设,不断推动清廉浙江建设在各个层级、各个领域落地生根。

(四)聚焦清廉风尚引领,着力打造风清气正的文化环境

把清廉文化作为文化浙江建设的重要内容,倡导以清为美、以廉为荣的价值取向,使清廉成为一种自觉、一种风尚。一是做好传承弘扬文章。深挖传承浙江清廉文化"义利并举"的清廉元素,让廉洁文化外化于形、固化于制。二是做好清风厚德文章。把弘扬清廉文化纳入公民道德建设工程,强化契约精神和规则意识,重铸浙江人诚信品牌;深化移风易俗,清廉新风吹遍浙江大地;开展"立家规传家训"等活动,让清风正气充盈每一个乡村。三是做好氛围营造文章。建立清廉浙江建设新闻发布制度,用好"清廉浙江"网等全媒体平台,努力形成全社会共同参与、共享成果的良好格局。

（五）聚焦干部担当作为，着力打造昂扬向上的干事环境

建设清廉浙江，不仅要求干部"廉政无私"，更要激励干部"勤政有为"，形成崇尚实干、担当负责的好氛围。一是树好选人用人风向标。从严落实"凡提四必"要求，切实把政治强、理念新、重实干、敢担当、作风正的干部用起来，着力锻造一支本领高强、善作善成、勇立潮头的浙江铁军。二是展现担当作为新气象。实施激励干部新时代新担当新作为20条措施，构建教育培养、选拔任用、考核评价、容错纠错、关心关爱、组织保障"六大机制"，旗帜鲜明地保护改革者、鼓励探索者、宽容失误者、支持干事者，用干部的铁肩撑起浙江改革发展一片天。

"四换三名": 凤凰涅槃看浙江

杨宏翔　宋潞平　葛　斐　金　晶

一　背景

　　浙江省推出的"四换三名",是一系列关于转型升级的组合政策。四换三名分别代表了腾笼换鸟、机器换人、空间换地和电商换市,培育名企、名品和名家。可以说,"四换三名"政策包含了产业升级、集约发展、智能发展、管理创新和品牌建设等目标。同时,"四换三名"政策很好地契合了供给侧结构改革的目标。这几年来,浙江省以"四换三名"工程为支撑,在创新发展和经济高质量发展方面不断提升,全省产业结构不断优化,新兴产业发展一马当先,实现了绿水青山就是金山银山的愿景。

　　十多年前,浙江省的 GDP 总值已经超过 1 万亿元,作为一个资源并不丰富的省份,一举成为全国第四个过 1 万亿的省。不过那个时候,省委省政府已经体会到了浙江继续发展的瓶颈,就是中小型民营经济常年依靠劳动力优势和低价竞争策略逐年弱化。随着劳动力成本提升和土地成本提高,浙江省企业发展动力逐渐消退。况且浙江省的耕地面积只有全国的 1% 左右,能源供应也绝大部分依靠外省提供。更让人担心的是,浙江省在 10 多年前的经济发展中带来了不可忽视的环境污染。如 2003 年,浙江省每亿元 GDP 就需要产生将近 30 万吨的废水。随着时间的推移,这种粗放式的发展模式必定不可持续。所以在2004年底，当时的省委领导就提出浙江要实现可持续发展必须腾笼换鸟，才能凤凰涅槃。2013年，浙江省委省政府作出了实施"四换三名"工程的决策部署，全面推进腾笼换鸟、机器换人、空间换地、电商换市和培育名企名品名家。

二 "四换三名"工程的成效

从2013年浙江省委提出"四换三名"政策以来，成绩可以说非常显眼。"四换三名"实施的一年后，浙江省淘汰的落后产能数量达到3000多家企业，其中高污染高能耗高排放的企业达千余家。另外，浙江省在一年内关停高污染的小作坊近2万家，这为腾笼换鸟提供了优良的基础条件。同时，一年内全省工业机器人数量占到了全国数量的15%，这在全国各省市中排名第一，机器换人政策可以说在全国一马当先。此外，2014年浙江省盘活存量建设用地将近10万亩，实施城镇低效用地再开发近9万亩，空间换地政策马上显示出效果。电商换市方面也是成绩显著。浙江省2014年实现网络零售额达到6000亿元左右，同比增长幅度高达近50%。培育名企、名品和名家方面，全省2014年共有42家企业参与工业企业品牌培育国家试点，另外有近百家企业开展了浙江制造品牌认证项目。到了2018年，浙江省的"四换三名"工程成绩更上一层楼。全省淘汰2000余家落后产能企业，关停高污染小作坊近4万家，同时整治400余家僵尸企业。全省数字经济产业同比增长13%左右，同时进入五年倍增计划。同时，浙江省共完成66个无人车间建设，新增工业机器人将近2万台，另外将近12万家企业上云。人才方面，新增"国千"等人才300多人，同时新增了3000

余家高新技术企业和1万余家科技型小微企业。全省新增浙江制造标准559个，品字标企业442家。

三　举措与案例

（一）腾笼换鸟加快新旧动能转换

从当时的浙江实际来看，产值达到亿元以上的块状经济有500多个。虽然全省的经济活力较足，但是没有核心竞争力，"块头"又较小。提出腾笼换鸟战略后，有学者提出改变目前小企业居多的局面，构建大企业为主的模式。实际上，腾笼换鸟并不是要淘汰小企业，而是要改变粗放式发展模式，培育能耗低、污染低，但是产出高的企业。

根据腾笼换鸟的战略，浙江省出台了一系列的政策措施：

淘汰落后产能。出台相关政策文件，逐步淘汰落后生产工艺和产品，进一步提升工业用地效率和缓解资源约束。推动"僵尸企业"通过兼并、转型和停产等方式主动退出。

深化工业治水促转型。围绕少用新水、少产废水、达标排放的原则，重点做好工业水污染重点行业整治，推进重点区域、行业和企业的节水治水，降低耗水大、污染重、效益低的传统产业比重，培育发展治水关联产业。

构建产业发展平台。利用腾出空间，注重抓龙头企业、协同制造和公共服务，着力构筑一批区位优势明显和高端要素集聚的大平台，建成一批有较强竞争力的国家级和省级新型工业化产业示范基地。

案例： 腾笼换鸟战略可以说一张蓝图绘到底，直到浙江省委政府提出"四换三名"战略后，各地市都积累了成功经验和可借鉴的案例。浙江省工业转型升级领导小组每年会对省内城市进行腾笼换鸟的考核，其中嘉兴市多次连续获得考核优秀市。嘉兴的腾笼换鸟战略推动了当地的产业转型和升级，新闻媒体曾经报道嘉兴南湖区的电动机械产业园的故事：

南湖区余新镇的电动机械产业园占地40亩左右，这片土地上如今集聚着一批优质企业，已有部分企业上市或者正在上市的进程中。不过这片土地曾经也面临被荒废的境地。2011年，这片土地被宁波一家企业拍卖下来，不过因为公司种种原因，这块土地没有被合理开发使用。随着时间的推移，这家宁波企业和当地镇政府开始担忧起来。为了解决土地使用效率不高的问题，镇政府工作人员开始牵线搭桥。后来一家智能家居企业正需要工业土地进行增产，一拍即合，买下了一半的土地，同时还引来了海丰机械和康信电气两家公司。2014年，这家智能家居企业正式投产，并实现纳税600万元左右。2016年，此公司成功登陆新三板，进入了发展快车道，2017年纳税2000万元左右。目前，这家企业又拿地20亩左右，进行新产能扩张。这或许就是腾笼换鸟的魅力，从无产出的闲置土地走向高产出的产业集聚区。

（二）机器换人助力企业智能制造

正如腾笼换鸟的初衷一样，机器换人战略的出台也是为了解决浙江经济发展的瓶颈问题。正如前文所说，浙江制造业发展中原先的低成本优势已经逐渐消退，但是一下子产生技术优势的难度较大。在这样的背景下，机器换人的战略正是中小型企业转型见效迅速的途径。根据机器换人的战略，浙江省出台了一系列的政策措施：

大幅提升技术改造投资力度。发布《浙江省工业投资"十三五"规划》，修订《浙江省工业投资导向意见》，编印《2016年浙江省总投资5亿元以上重大制造业项目计划》，引导社会资本投向七大万亿产业及中国制造2025浙江行动纲要、"十三五"规划纲要确定的重点领域，进一步扩大工业有效投资。

加大智能制造研发和推广。加大信息化技术和装备的研发及推广力度，加强工业互联网基础设施规划布局和建设，提升企业信息化水平，促进两化深度融合。实施智能制造标准化建设三年行动计划，大力推进"五个一批"标准化建设重点任务。

推进机器换人试点示范。建立完善省市县三级机器换人试点示范工作机制，推进一批重点行业机器换人试点，创建一批机联网、厂联网等智能工厂示范企业，培育一批工程技术服务公司，推广一批机器换人先进适用装备和技术，举办一批机器换人现场交流会和技术对接会。

案例： 这几年浙江的机器换人战略也取得了不小的成绩，比如企业技术改造投入逐渐优化工业投资的结构，不像以往的工业投资那么粗糙。同时，提升了劳动生产率，企业生产成本大幅降低。另外，缓解了就业结构矛盾，改变了以往中小微企业用工层次低端化的局面。最后，机器换人战略也催生了新兴装备制造业的崛起，工业机器人存量在全国都处于领先地位。机器换人给企业带来红利的案例在浙江可以说比比皆是。

温州聚星电接触科技有限公司在六年前投资了将近1000万元，对整厂的设备进行了改造升级，实现了半自动化生产工艺。这种改造升级给企业带来了诱人的利润提升，其中原材料利用率大幅上升，几乎达到了100%，使其成本下降20%左右。这种机器换人战略同时提升了生产效率，减少了原先的操作工人将近30名。

另外一家浙江企业，万超电器有限公司也在机器换人战略中尝到了甜头。这家公司一直从事汽车锁具装备生产，最近几年大幅增加了技术改造投资。自采取了机器换人战略以后，原先需要

40人左右的生产线现在只需要不到10人就能完成。可以说，1台机器就能顶替5人左右的工作量。更加准确地来说，可以每年减少成本将近百万元。同时，机器换人也大幅增加了产品合格率，原先的人工装配合格率在90%左右，现在机器设备的装配合格率几乎达到100%。

浙东新昌的机器换人可以说走在全省前列，多家企业享受到了机器换人的红利。新昌五洲集团从5年前就开始进行机器换人战略，陆陆续续对公司的多条生产线进行智能化改造，实现了数字化和智能化生产。如今，五洲集团车间内通过一块大屏幕就可以显示整个生产车间的状况，比如机器的产能、工作人员的效率、生产能耗等指标。几年下来，机器换人战略实现了劳动力人数下降近40%，开机利用率提升20%左右，生产总值提升40%左右，人均生产总值提升50%，同时下降能耗10%左右。除了五洲集团以外，新昌的万丰也是浙江省智能制造的示范点。我们可以看见万丰的无人化车间内几乎看不见一个工人，取而代之的都是自动化的生产线。机器换人战略使其降低了70%左右的劳动力成本，生产效率也大幅提升。原先的产品生产周期需要50个小时左右，智能化生产后只需要10个小时。机器换人带来的不仅仅是企业效益的提升，也完全改变了以前工人恶劣的生产条件。比如以前车间内需要工人进行繁重的体力搬运，自智能化生产后，劳动强度大幅降低，生产环境可以说出现了质的改变。

（三）空间换地换出发展新空间

除了前文提到的劳动力成本上升以外，经济大省浙江也面临着土地资源短缺的困境。全省人口总量和土地资源明显不匹配，在经济高速发展的当下，产业发展用地可以说是捉襟见肘。从实际情况来看，浙江省有一大部分用地存在利用效率偏低的局面，很多产业项目科技含量低，同时占用了大量资源。在这样的背景下，2014年1月，浙江省提出了空间换地的战略目标，力争在5年内实现单位建设用地GDP提升38%，同时出台了一系列举措：

（1）完善城镇低效用地再开发激励机制，建立"以存量定增量"计划挂钩制度，大力推进城镇低效用地再开发。

（2）鼓励企业通过兼并重组盘活低效闲置土地。探索"先租后让、租让结合"等供地方式。

（3）开展企业闲置厂房排查，通过存量用地挖潜、空间综合开发等方式，不断提高土地集约利用水平。

（4）深入推进园区循环化改造，开展国家低碳工业园区试点，推行企业循环式生产。

空间换地政策实施这几年，浙江省新增工业用地容积率提高了将近10%，单位建设用地的产出提高将近40%。淘汰和整治低小散企业超5万家，同时大幅降低了污水、废气排放。

案例： 空间换地战略实施后的这几年，我们可以看到浙江不少企业发生了翻天覆地的变化。浙江嘉善以家具行业发展闻名，不过10年前的金融危机以后，嘉善的家具产业发展一直面临较大的困境。空间换地战略让这个地方脱胎换骨。TATA木门是著名的家具品牌，它原先在嘉善的厂房是单层的，即使面积再大，能放设备的空间也是有限的。自空间换地政策实施后，原先的单层厂房改造成了3层，产能一下子扩张了3倍以上。嘉善的其他企业也用足了空间换地政策，在空间换地政策实施一年内，就腾退低效用地项目将近50个，面积超1000亩。

空间换地政策可以说在全省全面开花，宁波在集约用地方面最近几年一直连续排名全省前列。宁波的土地面积不足全国的1‰，但是其GDP却占全国的1%以上，可以说用地效率极高。宁波首创提出了工业用地分阶段管理制度。翻开任意一本建设用地使用权证,我们都能发现上面备注了2年左右的项目开发建设期限,3到5年的投产初始运行期限。企业一旦未通过单位产出或者规定的约定,那就会限制转让房产;一旦发生严重不符合合同约定,可以终止合同。另外,宁波还提前提出城市向下发展的战略,突破地面发展的瓶颈。比如宁波东部的新城规划中,地下4平方公里的面积几乎是地上8.5平方公里的一半。在核心区块的广场项目中,外面看只是一个广场,但是实则是一个巨大的地下停车场和商业中心,而且直接连通周边楼宇的停车场。这种地下布局成片成网的特征在全国都处于领先地位。

宁波不仅仅在工业、商业用地上取得了经验,在住房用地上也大力改革。宁波实现了国有土地上的农民集中居住区用房可办理房产使用权证和建设用地使用权证,并且允许上市交易。这种做法大幅增加了农民的收入,同时也盘活了农民宅基地,可以说一举多效。

(四)电商换市迎来传统商贸破局

近几年来,随着互联网产业的发展,传统企业拥抱互联网的案例层出不穷。传统企业也从电子商务发展上尝到了不少甜头,特别是互联网销售提供了一个成本低廉的平台。自实施电商换市战略以来,浙江省出台了一系列举措:

(1)大力实施电商拓市场、电商进万村、跨境电商等工程,继续推动网上产业带建设。

(2)健全电商发展配套体系。加强市、县电子商务公共服务平台和社区电商服务网络建设,完善智能快递投递终端网络,促进电商创业创新。

(3)完善电商信息基础设施。制定出台《宽带浙江"十三五"发展规划》，继续协调推进全省无线局域网（Wi-Fi）建设。提升物流信息化水平，提高电商物流效率。

案例：浙江德清县的欧诗漫集团是电商换市的成功案例。欧诗漫是一家珍珠养殖和销售一体化的企业，是全球最大的珍珠深加工领头羊。电商换市战略对欧诗漫产生了极大的正面效益。2017年，欧诗漫旗下的一个化妆品公司实现了全员劳动生产力近百万元/人。同时，网络销售额每年都以将近50%的速度增加。网络销售具有网络覆盖面广、传播速度快的特征，对企业产品质量具有更高的要求。欧诗漫坚持"质量是生命，用户是上帝"的经营理念，通过强化产品品质管理与新产品开发，夯实电子商务的发展基础。率先在行业内将GMP标准（生产质量管理规范）引入化妆品生产，确保每一件成品合格率100%。依托新产品研发技术优势和品牌优势，整合线上线下资源；根据网络消费者特点，开发适合网络销售的专供产品，更加贴合线上需求。

（五）"三名"工程推进高质量发展

知名企业是浙江经济的骨干支撑，知名品牌是浙江产品和服务的品质标志，知名企业家是浙商群体的杰出代表。浙江的"三名"工程可以说是经济转型升级的重要抓手。作为中小微企业众多，块状经济特征明显的浙江，"三名"工程可以有效提升经济质量和解决当前短板问题。从"三名"工程实施以来，我们发现"三名"试点企业每年的发展增速都明显高于行业的平均水平。从发展趋势来看，这些试点企业都在行业中逐渐成为领军者。"三名"工程是体现浙江实力和地方特色的创建方案，比如金华实施的是五大千亿产业，龙头企业带动引领发展，培育发展新动力。湖州实施金象金牛大企业培育，打造特色"三名"企业。另外，浙江省还出台了一系列举措。

（1）大力发展一批创新能力强、品牌贡献大、经济效益好、有国际竞争力的行业龙头企业、企业集团，加快形成百家龙头企业、千家品牌企业、万家高新技术企业格局。

（2）联动实施标准强省、质量强省、品牌强省战略，推进"浙江制造"品牌培育工程，创建一批传统优势产业、新兴产业区域品牌，推动名特优产品出口，提高"浙江制造"品牌影响力和竞争力。

（3）加大企业家领衔的管理与技术团队培训力度，发挥浙江高校产学研联盟中心桥梁纽带作用，提升企业家素质和影响力，加强高层次创新人才的外引内育，拓宽企业人才引进渠道。

案例：杭州海康威视数字技术股份有限公司是省"三名"工程的重点培育对象。海康威视作为以视频为核心的物联网解决方案提供商，为全球提供安防、可视化管理和大数据服务。海康威视是全球视频监控数字化、网络化、高清智能化的见证者、践行者和重要推动者。连续6年（2011—2016）蝉联iHS全球视频监控市场占有率第一位，连年入选"国家重点软件企业"。我们从其财务报表也可以发现，海康威视在"三名"工程战略实施后进入了高速发展。财务报表显示，2013年，海康威视营业收入107亿元左右；到2018年，营业收入突破498亿元，几乎增加了5倍。最近几年的营业收入同比增速，都是两位数。另外，海康威视的净利润从2013年的30.7亿元左右，上涨到2018年的114亿元。从资产收益的指标来看，2013年以后，海康威视的加权净资产收益率几乎都高于30%，是非常高的。其产品的毛利率常年维持在40%以上，净利率维持在20%以上。从2013—2018年的财务指标来看，海康威视作为浙江省三名工程的重点培育对象是非常成功的，也具有典型的代表性，这样的浙江企业还有很多。

表1　　　　　　　　海康威视财务报表

每股指标	2018年	2017年	2016年	2015年	2014年	2013年
基本每股收益（元）	1.24	1.03	1.227	1.46	1.17	0.76
营业总收入（元）	498亿	419亿	319亿	253亿	172亿	107亿
毛利润（元）	219亿	181亿	130亿	99.4亿	75.0亿	50.0亿
归属净利润（元）	114亿	94.1亿	74.2亿	58.7亿	46.7亿	30.7亿
营业总收入同比增长（%）	18.93	31.22	26.32	46.64	60.37	48.96
归属净利润同比增长（%）	20.64	26.77	26.46	25.8	52.13	43.51
加权净资产收益率（%）	33.99	34.96	34.56	35.28	36.27	30.92
毛利率（%）	44.85	44	41.58	40.1	44.42	47.62
净利率（%）	22.84	22.38	23.24	23.28	27.16	28.63

杭州老板电器股份有限公司也是浙江省三名工程中的重点培育企业。老板电器创立于1979年，专业生产吸油烟机、家用灶具、消毒柜、电烤箱、蒸汽炉、微波炉、洗碗机、净水器等家用厨房电器产品，致力于为千万家庭创造更高品质的厨房新生活。经过39年的发展与壮大，老板电器现已成为中国厨房电器行业市场份额、生产规模、产品类别、销售区域都排在前列的品牌。自三名工程政策实施以后，老板电器2013—2018年的财务数据非常亮眼。老板电器2013年的营业收入为26.5亿元，2018年营业收入达到了74.2亿元，几乎增加了两倍。2013年，老板电器的净利润为3.86亿元，2018年的净利润达到了14.7亿元，实现了386%的增长。从资产收益的情况来看，老板电器的加权净资产收益率达到了每年20%以上的增长，毛利率也常年维持在40%以上。从这些指标来看，老板电器可以说是典型的三名工程案例，也是行业的领头羊企业。

表 2　　　　　　　　　老板电器财务报表

每股指标	2018 年	2017 年	2016 年	2015 年	2014 年	2013 年
营业总收入（元）	74.2 亿	70.2 亿	57.9 亿	45.4 亿	35.9 亿	26.5 亿
毛利润（元）	39.0 亿	37.0 亿	32.5 亿	26.0 亿	19.9 亿	14.2 亿
归属净利润（元）	14.7 亿	14.6 亿	12.1 亿	8.30 亿	5.74 亿	3.86 亿
营业总收入同比增长（%）	5.81	21.1	27.56	26.58	35.24	35.21
归属净利润同比增长（%）	0.85	21.08	45.32	44.58	48.95	43.87
加权净资产收益率（%）	26.4	31.66	33.38	29.1	25.55	20.57
毛利率（%）	53.52	53.68	57.31	58.17	56.55	54.44
净利率（%）	19.98	20.82	20.83	18.23	15.82	14.23
毛利率（%）	44.85	44	41.58	40.1	44.42	47.62
净利率（%）	22.84	22.38	23.24	23.28	27.16	28.63

四　对"四换三名"工程的思考

"四换三名"工程实施到今天，尚有可以继续提升的空间。首先，浙江"三名"工程离核心目标还有差距，还没有从根本上完成由小到大、由弱到强的转变。从大型企业数据来看，浙江能够站在国际产业链顶端、掌控全球产业资源和行业话语权的企业还不多。其次，核心产业中新兴产业比重和科技支撑力有待提升，需加快补上具有世界级创新企业的短板。从目前浙江省的产业结构看，十大产业依然以纺织、电气等传统优势产业为主，信息经济、大健康等新兴产业规模还不够大，传统产业新型化的步伐还不够快，纺织装备、石化新材料等产业的创新度还有待提升。浙江省缺乏像苹果、英特尔、华为等顺应科技革命、引领全球颠覆性创新的企业，与顶级创新型企业存在很大差距。核心政策的精准度有待增强，应加快补上重大制度

>> 新浙江现象

供给这一短板。"三名"培育要靠市场，也要靠政策。在实际的政策供给中，"三名"企业培育面临的是高端产业、高端创新方面的竞争，需要更有吸引力的人才政策、更优质的生活配套方面的措施，这方面的政策相对缺乏，落实也不够有力。

大都市圈：建设长三角金南翼的浙江实践

陈迎春　章胜峰　黄梓桢　张昂启

　　长江三角洲地处我国东部沿海和长江两大经济发展轴线的交汇处，集"黄金海岸"和"黄金水道"的区位优势于一身，是我国广大内陆地区与世界交往的重要节点。长三角城市群以上海为核心，以合肥、南京、苏锡常、杭州、宁波五个都市圈为主体，以沪宁合杭甬、沿海、沿江、沪杭金四条发展轴为纽带，由分布于国家"两横三纵"城市化格局的优化开发和重点开发区域的26个城市组成。它们有相同或相近的地域文化历史渊源，有长期形成的产业功能分工与合作，正以交通通信等物质性网络和市场要素流动等非物质性网络为纽带，构建"一核五圈四带"的空间格局。它是我国城镇化程度最高、城镇分布最密集、经济发展水平最高的地区，是亚太地区重要的国际门户，全球重要的现代服务业和先进制造业中心，是具有较强竞争力的世界六大城市群之一。浙江地处长三角南翼，1998年在全国率先实施城市化战略，2006年又在全国率先实施新型城市化战略，依托沪杭甬、甬台温、杭金衢、金丽温等交通廊道，逐渐形成环杭州湾、温台沿海、浙中三大地区级城市群，联动推进城市化和新农村建设，促进大中小城市和小城镇协调发展。

>> 新浙江现象

党的十八大以来，随着县域经济向城市经济、都市区经济的转型发展，浙江深入实施"八八战略"，深刻把握习近平总书记关于城市工作重要论述，积极融入长三角一体化发展，由三大地区级城市群向更注重一体化规划和建设的杭州、宁波、温州、金（华）义（乌）四大都市区迈进。同时，积极实施产业集聚区战略，以经济区划为牵引，行政区划为支撑，激发县域经济活力，将四大都市区培育成推进新型城市化的中心区域，让要素在更大范围内自由流动，构建长三角世界级城市群的金南翼。

一　四大协同，一体化发展

（一）空间协同：对接长三角城市群发展战略，开展四大都市区建设，优化一体化空间布局

长三角城市群的综合发展指数，居我国各大城市群之首。多年来，浙江把杭州湾经济区作为接轨上海，参与长三角城市群一体化发展的重要平台，主动承接上海的辐射和功能疏解，构建金南翼。环杭州湾的杭州与宁波都市区，定位为长三角南翼的两个中心区，一个全力打造全国领先的人才高地和科创中心，实施钱塘江金融湾计划，规划建设钱塘新区[①]；另一个增强与上海联动，强势扩容，做强港口生态链。位于长三角城市群边缘的金义都市区与尚未纳入城市群的温州都市区，也在聚力推进城市现代服务功能的完善、特色优势的升级，提高对城市群溢出效应的承接能力，与长三角城市群其他组团城市错位融合、有机互补。浙江通

---

① 2019年4月4日浙江省政府批复同意设立杭州钱塘新区。新区空间范围包括杭州大江东产业集聚区和杭州经济技术开发区，其定位为世界级智能制造产业集群、长三角地区产城融合发展示范区、全省标志性战略性改革开放大平台、杭州湾数字经济与高端制造融合创新发展引领区。

过与长三角城市群对接,实现空间协同增强竞争力,优化城市规模和城市群一体化空间布局。

(二)产业协同:发挥比较优势参与长三角分工,打造具有浙江特色的产业体系,优化一体化产业结构

在长三角产业框架中,上海以研发、金融、港口贸易和管理控制等总部功能见长,江苏的制造业有其比较优势,浙江则以商贸服务业见长,安徽的"芯屏器合"新兴产业有较大知名度。五个都市圈均根据自身资源禀赋,发挥比较优势发展特色产业,协同优化超大体量的产业规模和较高层次的产业结构,培育引领长江经济带乃至全国新一轮经济发展的增长极。浙江的四个都市区确立了产业协同总目标,在产业分工基础上,通过产业链的延伸和配套,增强产业互补性,全面优化提升价值链,在总量和结构两方面成长为世界级的产业发展高地。如杭州以数字经济为特色打造沿杭州湾的智造大走廊,宁波以开放创新为特色打造义甬舟开放大通道和北翼产业制造大走廊,温州以国际时尚智造为特色打造环大罗山科创走廊和沿海先进智造产业带,金义以丝路开放为特色打造金义科创廊道、义乌跨境电子商务平台、金义国际陆港新区和快递物流中心、金义综合保税区、横店影视产业集聚区。

(三)市场协同:推进长三角城市群要素市场协同发展,建设一体化市场体系

长三角各城市间要素流动规模的扩大,提高了城市群经济发展的一体化程度。随着市场一体化程度的加深,市场分割对区域发展的阻碍作用逐步下降,要素和产品在地区间实现了自由流动。长三角城市群区域面积35.9万平方公里,占全国的3.8%;

2017年，常住人口2.2亿人，占全国15.8%；国民生产总值19.5万亿元，占全国23%。在数字化、智能化、绿色化制造模式下正不断提高要素配置效率，建立大尺度统一的区域市场，降低交易成本，促进合作互惠。浙江在长三角协同发展过程中，已与兄弟省市进行交通、产业、科技、环保等12个方面的专题合作，运用市场力量共建开放性的合作平台，实行统一的市场监管标准，初步实现了基础设施互联互通和公共服务便利化，推进劳动力、土地、技术以及金融资源的市场协同，为空间协同和产业协同提供动力源泉。

（四）治理协同：探索政府、市场与社会多主体协同治理的体制机制，不断提升地方治理现代化水平

长三角城市群各级政府聚焦规划对接、战略协同、专题合作、市场统一、机制完善五个方面推进一体化建设，努力提高治理能力。浙江以建设长三角世界级城市群一体化发展的金南翼为目标，着力打造参与全球竞争主阵地、长三角高质量发展示范区和现代化发展引领极。聚焦理顺政府、市场与社会等多主体之间错综复杂的博弈关系，采用治理契约等政策工具，加强各城市政府间的行政联系，探明政府与市场各自发挥作用的边界，谋划政府利用社会公共资源提高公共福利的举措，建设跨区域、跨部门的信息共享平台。通过政务信息系统的共建共享来提升地方治理的现代化水平，开展交互式协同办公，有效整合组团城市政府的政务信息，共同采集、储备和使用有共享价值的信息资源，提高协同治理的水平和效益，着手在医疗、教育等方面建立低成本、均等化、广覆盖的公共服务机制，推进协同任务的落实。

二 融入长三角，打造都市区

自 1992 年上海、江苏、浙江 14 个城市的经济协作办（委）成立长江三角洲主任联席会以来，该区域就经济联合、协作和可持续发展进行了 27 年的探索，区域范围几经调整，扩大到目前的沪苏浙皖 4 省市 26 个城市。不过，长三角城市群与美国以纽约为核心的东海岸城市群、日本以东京为核心的城市群等发达的世界级城市群相比，其城际综合交通体系、要素市场互联互通、产业集群、生态环保、区域治理等方面存在较大差距。2010 年，东京城市群在仅占全日本 4% 的面积的空间里聚集了 25% 的人口，产出占全日本总产出的 40%，人均 GDP 达到 7.2 万美元。为此，需要深化协同发展，缩小与发达城市群的差距，此时浙江的使命是融入长三角，建设金南翼，推进区域一体化发展。

（一）通过长三角城市群协作，构建区域与城乡一体化发展的金南翼

1. 推进区域协作，构筑协同网络

长三角地区 1992 年成立协作办（委）主任联席会，1997 年成立城市经济协调会，2008 年实施国务院"进一步发展长三角的指导意见"，2016 年实施《长江三角洲城市群发展规划》。此间，浙江发挥自身的港口、开放和民营经济优势，主动承接上海的辐射与带动，积极参与长三角地区的合作与交流，着力构建开放型经济体系。尤其是 2002 年以来，浙江主动接轨上海，积极参与长三角合作与交流，与长三角各城市开展全方位、多层次、宽领域的合作。2008 年，参与建立长三角地区政府层面合作机制。2017 年，在嘉兴设立浙江全面接轨上海示范区。

2018年，签订了共建G60沪嘉杭科创大走廊的战略合作协议，加强协同创新推进。

2. 打造都市区，建设金南翼

2011年《浙江省城镇体系规划（2011—2020）》提出，到2020年，将以中心城市为主体，形成"三群四区七核五级网络化"全省城镇空间结构，并首次提出建设杭州、宁波、温州、金华—义乌四大都市区。2013年，《浙江省主体功能区规划》提出，统筹谋划全省人口分布、经济布局、国土利用和城市化布局，引导人口、经济向适宜开发的四大都市区集聚。2016年，《浙江省新型城市化发展"十三五"规划》进一步明确，构建以杭州、宁波、温州、金义四大都市区为"一体"，以海洋经济区、生态功能区为"两翼"的省域空间发展格局。明确四大都市区的中心城市集聚高端要素、发展高端产业：舟山聚焦国家海洋战略；衢州、丽水聚焦绿水青山；湖州、嘉兴、绍兴、台州作为区域中心城市，聚焦功能均衡，力求生产、生活、生态融合，做到宜居、宜业、宜游并重。2017年以来，着力推动"大湾区、大花园、大通道、大都市区"建设，把四大都市区建设成大湾区的主引擎、大花园的主支撑，大通道的主枢纽，使其成为浙江现代化发展的引领极，成为长三角城市群一体化发展的金南翼。

3. 统筹城乡发展，建设美丽乡村

浙江2003年开始实施"千村示范、万村整治"工程，2011年开始建设"科学规划布局美、村容整治环境美、创业增收生活美、乡风文明身心美"的美丽乡村，着力构建以工促农、以城带乡、工农互惠、城乡一体的新型工农城乡关系。改革开放以来，浙江城乡居民收入分别连续18年和34年位居全国各省区的首位，城乡收入比远低于全国平均水平，成为全国城乡均衡发展最好的省份之一。

（二）提升现代产业集群，构筑创新平台，推进产业协同发展

1. 建设产业集聚区，推进产业一体化发展

2008年，浙江作出加快"块状经济"向现代产业集群转型升级的战略决策，开展21个块状经济向现代产业集群提升试点。2011年，全面启动产业集聚区建设。到2017年，全省产业集聚区的智能制造装备产业等八大主导产业、战略性新兴产业和新一代信息技术产业主营业务收入，分别占区内规模以上工业总量的77.0%、48.8%和9.6%。块状经济作为专业化产业区，它的转型升级促使浙江经济由低小散转向高精尖，高增速转向高质量。多年来，浙江产业在政府引导的基础上充分依靠市场的力量，接轨融入长三角，加快产业集群，推进一体化发展。

2. 构筑竞争优势，促使"两化"深度融合

浙江于2014年出台全国第一个关于加快发展信息经济的指导意见；2015年发布全国第一个《信息经济发展规划（2014—2020年）》；2016年建设全国首个信息经济示范区。此间，出台《关于加快建设质量强省的若干意见》《关于加快建设标准强省的意见》和《关于打造"浙江制造"品牌的意见》，推进质量强省、标准强省、品牌强省建设和打造"浙江制造"品牌，凸显质量工作战略地位。"浙江制造"所覆盖的产品领域100%采用国际标准，认证企业在品牌价值、市场技术创新等各方面明显优于同类企业，一大批行业龙头、"隐形冠军"脱颖而出，企业质量和效益显著提升。随着数字技术与各产业的融合和创新，新兴产业蓬勃发展，新动能不断累积增强，到2018年，浙江数字经济规模已连续3年超万亿元，信息化与工业化深度融合构筑了浙江产业竞争的新优势。

3. 培育发展动能，加快构筑高端发展平台

浙江 2015 年开始，规划建设特色小镇，打造融合城乡产业发展、推进城乡一体化的新平台，形成了 7 个省级特色小镇、三批 115 个省级创建小镇、两批 64 个省级培育小镇。2017 年开始，部署"大湾区建设行动计划"，以环杭州湾经济区为重点，带动甬台温产业带发展和义甬舟开放大通道建设，启动建设智慧交通体系、重大科创平台等标志性工程，一批重大产业项目落户大湾区。近年来，浙江通过培育发展新动能，吸纳集聚优质生产要素，构筑高端发展平台，建设城市经济综合体，推进技术进步、产业融合和品牌建设，其产业走向高质量协同发展。2018 年，杭州经济总量达到 1.35 万亿元，宁波突破万亿大关。

（三）发挥市场作用，提高要素使用效率，推动经济高质量发展

1. 市场主导，优化资源配置

浙江作为自然资源丰裕度排名全国倒数第二的资源小省，注重发挥市场在资源配置中的作用，积极探索运用价格杠杆合理确定土地、能源、水资源等各类要素的比价关系，形成有利于集约使用资源要素的机制。近年来，浙江通过工业用地"招拍挂"改革、要素市场化配置改革、全国水权交易制度改革、差别电价改革和煤电价格联动改革、"亩均论英雄"改革等一系列举措，推动经济转型升级，规模以上工业企业亩均税收从 2013 年的 12.6 万元，增加到 2017 年的 21.6 万元，增长 71.4%，亩均增加值由 85.8 万元提高到 103.7 万元。

2. 打通壁垒，促进要素顺畅流动

在城镇化进程中，浙江深入推进城乡配套的体制改革和农村综合改革，消除城乡分割二元结构。如实施"三权到人（户）、

权跟人（户）走"改革，盘活农村资源和农民资产；成立省市县乡四级农民合作经济组织联合会，全面而深入开展农民合作；推进农业供给侧结构性改革，加快农业绿化、农村美化、农民转化的进程。截至2017年底，全省农村经济合作社股份合作制改革率99.5%；农村产权流转交易市场覆盖率96%，已有33个县开展农村土地经营权抵押贷款业务，51个县开展农房抵押贷款业务。随着城乡生产要素平等交换体制机制的构建，城乡之间劳动力、技术、资本、信息等要素流动日益顺畅。

3. 双向开放，实现外资有效集聚

浙江一方面出台财政、金融、研发创新、外国人才引进等支持政策，实行投资自由化和便利化，建设国际化、法治化、便利化的营商环境，降低企业制度性成本，打造高质量外资集聚地。到2017年，浙江新设外商投资企业3030家，实际利用外资1207.3亿元；世界500强企业已有179家在浙江落户，投资企业581个，投资总额达322.5亿美元。另一方面通过"以民引外"来引进外资，浙江民营企业引进赛诺菲医药、三菱重工等一批世界500强企业和跨国公司，共同向产业链上游攀升。目前，全省经审批核准或备案的境外企业和机构累计共9188家，直接境外投资96.4亿美元，覆盖145个国家和地区，实施对外投资的境内主体数量和境外企业数量均居全国前列。

（四）创新体制机制，建设智慧城市群，提升地方治理现代化水平

1. 建设特色小（城）镇，建立以城带乡体制

浙江2007年开始推进中心镇发展改革。2010年，在全国率先启动小城市培育工程，分三批赋予69个经济强镇以现代小

城市的管理权限。2015年开始,先后分三批确立135个特色小镇培育名单。2017年,开始谋划实施小城镇综合整治行动,加快建设各具特色的活力小镇、风情小镇。通过小城镇建设,持续不断地推进土地制度、投融资模式、公共服务体制的改革创新,为打破城乡分割二元体制、建设现代化城市群提供体制机制保障。

2. 贯彻"两山"理论,推进绿色低碳发展

2005年,时任省委书记习近平在安吉县天荒坪镇余村首次提出"绿水青山就是金山银山"的绿色发展理念。十多年来,浙江相继实施"811"环境污染整治、循环经济"911"等行动计划,大力发展生态经济、改善生态环境、培育生态文化,在实践中将生态文明理念融入新型城市化的全过程。打出"五水共治""三改一拆""四边三化""四换三名"等经济转型升级"组合拳",着力创造生产生活生态优美新环境,激发了经济社会发展的生机与活力。

3. 建设智慧城市,提升地方治理现代化水平

2011年,浙江在医疗健康、城市管理、交通出行、能源管理、环境保护民生领域分三批组织开展了20个智慧城市示范试点项目建设,由此发展信息经济、推进信息化和工业化深度融合。全省11个地市聚焦智慧城市建设,出台智慧城市相关的发展规划、政策文件。近年来,浙江实施政府数字化转型,政务服务网成为全国有影响力的公共数据平台,推广应用掌上办事"浙里办"、掌上办公"浙政钉"。依托浙江政务服务网,打破信息孤岛,"让数据多跑路,让群众少跑腿",实现数据共享,推进"最多跑一次"改革。调查显示,全省"最多跑一次"实现率达87.9%、满意率达94.7%。

三　致力一体化，开辟新天地

长三角世界级城市群走过了由城市间经济协作推动的"富起来"时代，进入了由区域一体化发展国家战略引领的"强起来"时代。浙江作为长三角的金南翼，梳理归纳和推广弘扬其在城市群建设中的理论创新和实践经验，对其他地区进入"强起来"时代开展高质量的城市群建设会有所助益。

（一）建设长三角金南翼的理论意义

城市群是伴随城市化和经济发展阶段的演变自然演进的。戈特曼把城市群的演化进程划分为城市孤立分散发展、城市弱联系、城市群雏形、城市群成熟四个阶段，成熟城市群的各城市间形成了良好协同关系，彼此有明确分工和紧密经济社会联系，共同构成有显著整体优势的有机体。长三角城市群的每个城市都是相对独立的子系统，但相互间建立了紧密的发展关联及交互影响，是世界经济格局中的重要功能区。建设长三角金南翼有重要的理论意义：

1. 在区域经济地理格局重塑中丰富协同发展理论

2009年，世界银行发布的《重塑世界经济地理》报告，用密度、距离和分割（即3D理论）重新构建了城市化、区域发展一体化的政策分析构架。在城市化进程中，长江三角洲地区26个不同等级规模、不同功能性质的城市有机共生，既保持单体城市的多样性与独立性，又构成竞合共存、互惠发展的有机整体，形成高密度、近距离、浅分割、深合作稳定有序的发展体系。浙江作为长三角金南翼，要实现区域一体化发展，应推进长三角五大都市圈和浙江四大都市区协同发展，发挥各个城市的特色和优势，通过功能的合理分工和合作共赢的协同机制，调动各个城市积极性，在多个增长极和创新源的带动下，在平等、合作、共享的基础上，求同存异，整体共赢。

2. 在城市间协同发展和高度融合中优化城市体系结构

20世纪90年代以来，中心地理论中"阶梯状的等级结构"被"城市网络结构"的观念所取代，城市被视为复杂网络系统的节点，不同节点间的相关性、流动性和密集性决定了城市地位的变化。长三角金南翼建设是区域更高质量的发展，其主题是一体化，一体化高于协同发展之处在于更强调制度创新和突破。长三角地区由于资源高度集中在上海等核心城市，为提升其他不发达城市和乡村的发展水平，需要构建以强带弱的一体化体制机制和相关政策，提高密度、缩短距离、减少分割，重塑长三角经济地理，逐步缩小区域和城乡差距，实现向核心城市趋同和融合的包容性可持续发展，达到网络状城市群共同繁荣。

3. 在产业空间整合过程中突破行政区经济的刚性约束

长期以来，我国区域经济发展表现为行政区划对区域经济的刚性约束。而城市群和都市区经济发展的内在动因在于市场主体对规模经济、外部经济和范围经济的不断追求。市场资源不断优化配置带来了垂直分工和专业化生产、生产要素自由流动和统一大市场、发展平台和基础设施一体化，能够实现对行政区经济刚性约束的突破。在这一过程中，浙江不断在体制机制上先行先试，一方面在做强县域经济的同时，推进县域经济向都市区经济转型，让生产要素在更大范围内流动。另一方面对标国外发达的世界级城市群，创新协调机制，消除行政壁垒，推动产业空间布局的帕累托改进。

(二) 建设长三角金南翼的实践意义

长三角城市群是代表国家参与新一轮全球合作与竞争的世界级城市群，浙江作为其金南翼开辟了经济社会发展的新天地，展示了区域一体化发展的新作为，提升了治理能力的现代化水平。

1. 在空间协同中构建长三角世界级城市群一体化发展的金南翼

在长三角"一核五圈四带"的空间格局中，浙江的四个都市区是一体化发展的金南翼，正在加强与上海核心城市及其他都市圈的接轨与融入，共同打造发展强劲活跃的增长极和科技创新的领头羊，以更好地引领长江经济带发展，服务国家发展大局。浙江把各项工作都自觉放到长三角一体化发展国家战略的框架下来谋划和推进，努力把各方面目标资源、力量聚焦到一体化发展上来，在规划管理、土地管理、投资管理、要素流动、财税分享、公共服务方面探索一体化体制机制，在嘉善、洋山港区、环太湖生态文化旅游圈等省际交界地区共建一体化发展的示范区，进而点线面结合全省域全方位推进一体化。

2. 在经济协同中建设创新驱动的引领区和国际化市场化改革新高地

创新驱动是建设长三角城市群金南翼的根本动力。浙江依托上海全球科创中心建设引进全球科技创新人才，高水平推进G60沪嘉杭科创大走廊建设，完善区域协同创新体系，协同解决关键核心技术"卡脖子"问题，打造全球数字经济创新高地。接轨上海推进国际化，复制上海自由贸易试验区、国际金融、国际航运等方面的先行先试做法，承接上海"进博会"的溢出效应，引进国际化企业，提升国际化水平。随着地方政府调整优化产业结构的区域产业政策密集出台，各都市圈内外的政策细节加强了衔接，既防止产业同构和低水平重复建设，又防止搞区域内的行业分工和同类归并。推动长三角城市群制定产业总体发展战略和产业指导目录，跨地区协调产业基地布局，协调产业政策，引导各组团城市同步开展有序的产业转移和承接。浙江借上海龙头之势，扬自己之所长，努力在数字经济、民营经济、美丽经济和海洋经济等领域塑造全球领先优势，强化多中心的长三角区域格局。

3. 在治理协同中探索建立现代化城市群的治理新体系

长三角地区逐步建立一整套成体系的制度系统，把上海的"一网通办"、江苏的"不见面审批"与浙江的"最多跑一次"改革集成推进，形成制度创新的叠加效应，以协同的方式进行城市群治理，避免不同地区在法律法规上出现矛盾和冲突。成立一体化发展办公室，根据政府间信息互补性要求建设信息共享平台，促进各城市政府部门间的会商与联动，进行制度相容、程序规范的依法治理。

文化礼堂：新时代农民的精神家园

周良生　姜裕富　杨川丹　钱勤英

浙江省自 2003 年开始实施"千村示范、万村整治"工程以来，通过文化惠民工程推进村级文化设施建设，极大地丰富了农民精神文化生活。与现代化浙江要求相比，农村的精神文化建设明显落后，农村公共文化服务不健全，基本文化场所严重欠缺，传承优秀文化、弘扬文明乡风、培育农民素养需要进一步加强。2013 年 5 月，浙江省开始推进农村文化礼堂建设工程，进一步完善了农村文化建设基础设施，提升农民综合素质，打造农民精神家园，推进了浙江特色的乡村振兴，保障浙江"两个高水平"建设顺利进行。

一　文化礼堂建设的实践意义

文化振兴是乡村振兴之魂。农村文化礼堂是农村居民开展公共文化活动的主要场所，是传统文化与现代文明传播的重要空间，是繁荣乡村文化、实现文化振兴的重要载体。浙江省文化礼堂建设实践证明，建设运用好农村文化礼堂，对于探索乡村振兴之路具有重要的理论价值与实践意义。

（一）坚持以人民为中心，打造农民群众精神家园的生动实践

进入新时代，我国社会主要矛盾已经转化为人民日益增长的美好生活需要和不平衡不充分的发展之间的矛盾，而这种发展不平衡不充分问题最集中体现在农村。广大农民对美好生活需要的内涵十分丰富。改革开放40余年以来，农民富起来之后，当务之急就是要切实补齐其他方面的短板。作为中国经济最活跃的省份之一，浙江曾经面临着"成长的烦恼"，经济的高速发展付出了巨大的代价：农村环境问题严峻，群众健康受到威胁，生活质量得不到保障。如何协调好经济发展和生态环境保护？浙江省于2003年启动实施"千村示范、万村整治"工程（以下简称"千万工程"），践行习近平总书记的"民本"思想、生态文明思想，多渠道探索农村人居环境整治新路子，多形式构建人与自然和谐共生的美丽乡村发展新格局，有力支撑了浙江乡村面貌、经济活力、农民生活水平走在全国前列。

"千万工程"不仅是环境"硬件革命"，还是一项精神文明"软件工程"。农村经济条件的巨变，使农民精神生活领域出现了一些令人担忧的问题。人们的伦理道德观念出现某种程度的下滑，各种信仰庞杂，旧风气抬头，农民群众思想精神上的空虚和迷茫在所难免。为顺应农民群众日益增长的精神文化需求和农村文化发展实际，浙江省结合临安的实践经验，于2013年开始将新型文化礼堂的建设和发展作为"千万工程"的一项重要举措。从丰富"新时期农民群众的精神家园"这一核心需求出发，以社会主义核心价值观为引领，宣讲理论政策，展示乡土文化，传播乡风文明，教化礼仪礼节，普及知识技能，开展文体活动等，从更高层面和更大范围让农民群众的精神世界丰富起来，实现了乡村

文化建设与环境整治互促互进，"让居民望得见山、看得见水、记得住乡愁"。

（二）助力乡村振兴战略，推进新时代乡风文明建设的有效举措

农业农村农民问题是关系国计民生的根本性问题。当前我国城乡之间发展不平衡，长期以来，土地、资本、人才等各种生产要素单向从农村流入城市，造成农村"失血""贫血"。相对于快速发展的工业化、信息化、城镇化，农业农村现代化是短板。进入21世纪以来，党中央就"三农"工作在不同的历史时期，分别做出了几次重大的战略部署和安排。如2005年，党的十六届五中全会提出要扎实稳步推进社会主义新农村建设，并提出"生产发展、生活宽裕、乡风文明、村容整洁、管理民主"的总要求。2017年，在党的十九大报告中，党中央首次提出实施乡村振兴战略，并确立"产业兴旺、生态宜居、乡风文明、治理有效、生活富裕"的总要求。可见，从社会主义新农村建设到实施乡村振兴战略，乡风文明是党和国家一以贯之的目标和要求，是关乎农业全面升级、农村全面进步、农民全面发展全局的重要组成部分。新时代的乡村文化建设该如何实现自身的发展和超越，重新激活乡村活力，推动社会主义乡村文化繁荣兴盛，顺利实现乡村振兴，成为党和政府高度重视的时代问题。浙江省文化礼堂建设作为我国乡村文化建设的成功模式，它整合乡村宣传文化设施，结合地域文化特色，不断创新农村文化礼堂的建设模式，充分挖掘地域资源，守护文化根脉，将许多存活于百姓记忆之中的文化元素，融入到礼堂建设当中，彰显文化礼堂的生活化、本土化。农村文化礼堂建设不仅传承了乡村文化的优秀元素，而且成为村庄新一轮发展的借力点，参与融合到农村休闲旅游、特色产业发展、生态文明建设等实践中,不断促进乡村社会全面振兴发展,展现出农村文化礼堂从地域"文化综合体"向"农村发展综合体"的功能升华。

(三)传承优秀德治传统,实践乡村社会治理创新的重要载体

党的十九大报告提出:"实施乡村振兴战略,加强农村基层基础工作,健全自治、法治、德治相结合的乡村治理体系。"为今后健全基层社会治理体系、完善基层社会治理格局提供了总揽性的思路。基层群众自治是中国特色社会主义的基本政治制度之一。自20世纪末全面推行村民自治以来,中国乡村格局发生了重大变化,有力推动了乡村社会的进步和发展。目前村民自治已经走上了法治化的轨道,实行依法自治,但发育仍然不太完善。而中华优秀传统文化的优势所在——德治作为适用范围最广泛的社会行为调节机制,作为更高尚的善的价值的追求,能够弥补因法治不足所造成的治理上的空缺,是自治和法治的有益补充。浙江省农村文化礼堂建设充分汲取了传统道德教化、宗族家族文化、村规民约、家风祖训、邻里信任等乡村优秀的"德治"元素,与现代文明相融合、相协调,探索实践具备基层社会治理功能的内涵要素和整体框架。通过重新构建乡村公共生活空间,为村民提供互助合作的平台,凝聚村民的集体归属感;通过传达党的声音、弘扬良风美德、传播先进文化,培育塑造主流价值观,巩固基层执政基础;通过充实丰富农民精神生活,重新找到彼此的信任关系,逐步构建起村庄生活共同体;通过设计、开展新型乡村公共礼仪活动,重构乡村社会生活的规则和秩序……为破解当前乡村社会治理体系和治理能力发展不充分问题,提供了生动的实践经验和分析基础。

二 农村文化礼堂建设的历程与主要成效

2013年5月，浙江省委办公厅、浙江省人民政府办公厅联合发布《关于推进农村文化礼堂建设的意见》，决定未来5年内，每年在全省行政村建成集教学型、礼仪型、娱乐型于一身的农村文化礼堂1000家。计划到2020年，全省建成农村文化礼堂10000个，覆盖80%的农村人口。连续几年的建设，文化礼堂在农村政治、经济、文化、社会和生态文明建设中发挥了积极作用。

（一）农村文化礼堂建设的发展历程

2013年启动农村文化礼堂建设工程，按照"两富浙江"建设的部署要求，在摸索中循序渐进、彰显特色，经历了从基础设施建设、完善管理制度到精神家园建设三个各有侧重的阶段。

第一阶段：从启动始到2015年初，侧重于建设农村文化礼堂的基础设施。

农村文化礼堂建设项目启动初期，主要是根据"有场所、有展示、有活动、有队伍、有机制"的标准，利用现有设施进行改建扩建或新建，把文化礼堂打造成为一个集礼堂、讲堂、文体活动场所于一身的村级文化阵地综合体。2014年，浙江省将农村文化礼堂建设列入"十件实事"，将整合农村文化、远程教育、科学普及、体育健身等设施，加快建设农村文化礼堂作为年度重点工作。据统计，2013年全省新建农村文化礼堂1705家，2014年新建1742个，极大改善了农村文化基础设施。

第二阶段：从2015年4月到2017年4月，侧重于完善文化礼堂的各项制度。

2015年4月，根据"建管用"一体化原则和"文化礼堂、精神家园"的目标定位，提出把文化礼堂建设成为农民精神家园载体，让农民"身有所栖"后"心有所寄"。在加大农村文化礼堂设施建设的基础上，重点开展礼堂文化的培育，鼓励各地农村成立文化队伍，培训文化人员，培养礼堂文化。2015年，省委组织部印制了《文化礼堂操作手册》，指导推广15项文化礼仪。2016年，全面转入建、用并举的工作思路，提出了打好"建管用育"组合拳，建立健全制度，各地农村文化礼堂管理工作日趋规范。2017年，出台《关于推进农村文化礼堂长效机制建设的意见》，明确提出围绕"提质扩面、常态长效"这个主题，健全完善长效工作机制。

第三阶段：2017年开始，侧重于提升文化礼堂的价值理念。

到2017年4月，全省已经建成农村文化礼堂6527个，形成一整套完善的文化礼堂管理运行机制，切实改变了农民传统的农耕生活。在此基础上，提出农村文化礼堂建设要在城乡文化服务均等化、乡村治理等方面发挥作用。2017年11月，颁布《浙江省农村文化礼堂星级管理办法》，把文化礼堂常态化运行作为评选的关键指标，凸显文化礼堂在惠民育人中的作用。2018年，开始全省"最美文化礼堂人"评选活动，开始实施"万家礼堂引领工程"等活动，农村文化礼堂建设已经超越了文化礼堂建设的本身，以文化人、文化治理等人文情怀渗透其中。

（二）推进农村文化礼堂建设工作主要措施

农村文化礼堂建设是一项系统工程，每一个文化礼堂都是特定历史情境、社会现实的产物。浙江农村文化礼堂建设取得的成就，得益于各级党委政府尽力而为、量力而行的姿态，采取因地制宜、分类推进的举措。

1. 多方筹集资金，加强农村文化基础设施建设

按照农村文化礼堂建设标准化要求，场馆和附属设施的投入是单一投资渠道无法解决的。宁波市制定了《农村文化礼堂专项资金使用管理办法》，采取市级补助、地方财政投入、乡镇（街道）配套、村级自筹以及引入社会资本参与等五个层面，筹集建设和运行经费。在路桥区，从2013年开始，财政每年安排1000万元专项资金，通过以奖代补的形式扶持，镇（街道）、村予以相应奖补配套。事实上，大多数的农村文化礼堂是利用已有的资源如旧祠堂、闲置校舍、老厂房等修缮、改扩建而成的。如温岭市大溪镇桥里村将弃用的村部重建成文化礼堂，改造传统民居院落布局，在礼堂内部设置小型文化广场和文化长廊，在楼上设置村落综合服务中心和农家书屋，建成富有乡土气息的公共文化活动场所。

2. 动员社会力量积极参与农村文化活动

由于城乡发展的不均衡，农村的可持续发展受到严重制约。各地采取有效措施动员社会力量参与，发挥乡贤的作用，引导他们积极反哺家乡，支持和参与农村文化礼堂建设。在衢州，涌现了一批"最美新乡贤"典型："温州铁嘴"李丁富，回乡立家训、修祠堂，建百姓书院，设立"衢州学者馆"，建设农耕文化馆；云溪乡蒋村"墙绘名人"胡正亮，回乡组建民间墙绘队伍为文化礼堂绘制墙画。衢州建成了一批有一定影响的乡贤文化，发挥了文化礼堂的教育教化功能。其次是建立国有融资平台，鼓励国有企业整合薄弱村老学校、老供销社、老卫生院等国有资源，用好"三改一拆"腾出的空间，建设文化礼堂。有的地方把文化礼堂建设融入村民情感深入的回忆，引起群众共鸣。如衢江开展"寻找记忆中的乡愁"活动，推动文化礼堂留住"记忆中的乡愁"，融入乡村文化旅游线，举办"百姓说乡愁""讲红色故事、扬

革命精神"比赛等系列活动,让群众时刻感受浓厚的乡土文化。

3. 不断完善农村文化礼堂建设机制

建设农村文化礼堂根本目标是建成农民精神家园,关键是要让文化融入农民的日常生活,完善文化礼堂的管理体制至关重要。浦江县建立文化礼堂星级管理制度、干事驻堂制度、文化使者结亲制度、宣讲骨干联系制度、志愿者协作制度、晚间亮灯制度等。配备素质强、会管理的干事负责文化礼堂日常运转,文化使者筹划指导文化礼堂各项文体活动,宣讲骨干定期送理论政策、送致富经验到礼堂,通过一系列"家规"确保文化礼堂有章可循、管理规范。临安区实行文化礼堂星级评定、文化礼堂理事会制度和管理人才培养选拔机制,加强文化礼堂动态管理、自主管理和规范管理。

4. 创新信息化时代文化传播形式

农村文化礼堂要有乡土气息,也需要用现代科技手段来传播乡土文化,扩大文化礼堂的社会影响。让更多的人了解乡土文化,把农村文化礼堂改造成"网络文化礼堂",是信息化时代的趋势。浙江省"礼堂家"APP集文化点单、礼堂展示、智慧服务等多元功能于一身,为农户提供全面的文化服务。许多地方在实际建设过程中,通过借助村务平台上的互联网信息资源、IP电视资源,将文化礼堂建设与现代科学技术有机结合在一起。衢江区在文化礼堂设置"乡村淘",为农民提供网络代购、农产品代售,将名特优新农产品推到线上。临安区白牛村在文化礼堂建设"电商学堂",举办电商培训,300余名村民2017年网销额达3.5亿元。通过"卖产品"和"卖文化",农民精神上富有的同时,也获得物质上的富有。

（三）农村文化礼堂建设工作取得的成效

通过农村文化礼堂建设，为村民文化娱乐活动提供场所，不断丰富群众精神家园，进而促进乡村振兴。遵循这个逻辑，农村文化礼堂建设全面实现了预期的目标。

1. 建成了一批标准化的农村文化礼堂

到2018年底，全省已经建成农村文化礼堂11059家，提前完成建成1万家、覆盖80%农村人口的预期目标。2019年，将继续新建3000家，全面满足农村群众的文化需求。在建成的农村文化中，都按照全省设计统一的标识，红底白字的"文化礼堂"招牌，富有传统文化特色，悬挂在礼堂的显著位置。建筑面积一般不少于200平方米，海岛、农村和偏远地区可小一些。要求"五有三型"，即有场所、有展示、有活动、有秩序、有机制，教学型、礼仪型、娱乐型。要求配备舞台灯光、音响设备，满足文艺表演、娱乐活动要求，满足举办村民大会、节庆典礼、文化集会等需要。

2. 丰富了乡村社区的精神文化生活

逐渐富裕起来的农民群众在精神文化生活、思想道德建设等层面需求日益增长，与落后的农村文化建设形成巨大反差，农村文化礼堂建设初心就是为农民塑造精神家园。在一个急剧变化的时代，更加需要重视核心价值观的支撑和引领作用，开展社会主义核心价值观教育，增强农民文化素质，提升精神文明水平。许多村民献出珍藏已久的族谱家谱、文物器物，通过各种形式展示"晒"家训家规。有些地方根据传说创造情景，把历史、神话与现实结合起来。在临安的农村文化礼堂建设中，把"礼堂"和"学堂"相结合，把文化活动场所与精神家园建设相结合，把宣讲形势政策、教化文明礼仪、传授文化知识、弘扬乡风文明结合起来，把文化礼堂建成村民精神文化生活不可或缺的一部分。

3. 完善了安定有序的乡村社会治理体系

通过农民文化礼堂建设，积极探索农村基层党建工作新模式，有助于推动党员干部激情干事创业，真情扎根基层，热情服务群众，增强执政能力，夯实了党的执政基础。农村文化礼堂是党员干部教育、提升村民素养的学校，红色文化、法治文化、礼仪文化、乡贤文化得到了弘扬。通过强化意识形态阵地建设，增强党员干部服务意识，提高化解农村社会矛盾的能力，形成了安定有序的社会秩序。农村文化礼堂成为村民集聚的场所，在相互交流中了解信息、获得情感支持，提高了沟通能力和政治参与能力，促进了乡村民主健康发展。

4. 培养了一支能力突出的农村文化工作队伍

农村文化礼堂建设需要一支由专（兼）职管理人员、形势政策和热点问题的宣讲员、各种形式的文化活动团队、文化志愿者等组成的队伍。在各级党委政府和村"两委"的组织领导下，吸引社会优秀人才进入管理员队伍，确保每个农村文化礼堂都有专门人员管理。培育农村文体团队、文化能人、文化带头人、文化志愿者，确保每个农村文化礼堂有5支以上经常性开展活动的文化团队。经常性地开展"最美文化礼堂人""最美文化礼堂社团"等评选活动，激发村民参与农村文化礼堂建设工作热情。在宁波，就有十佳农村文化礼堂、十佳农村文化礼堂文艺团队、十佳农村文化礼堂活动创新案例等评选活动，活跃着1638支登记在册的村级文艺团队，极大提升了农民的生活品质。

三　文化礼堂建设的经验与展望

自2013年农村文化礼堂建设项目启动以来，始终摆在重要位置，各级政府也聚焦目标，突出重点，持续用力。历经 6 年农村文化礼堂建设的实践，主要有以下七方面经验。

（一）始终坚持以人民为中心理念引领农村文化礼堂建设

满足人民群众精神文化生活的需要，把文化礼堂建成农民精神家园，这是引导浙江省持续推进农村文化礼堂建设的最大动力和自觉行动。把以人民为中心理念贯穿于改善农村人文环境的各阶段各环节全过程，扎实持续改善农民群众的生活状况，不断提升农民群众生活品质，针对群众需求在文化礼堂开设传统文化、名医名师、康养等知识讲座，推广学校与文化礼堂结对、"儿童之家"、"放学来吧"、"四点半学校"、"双堂双进"等做法，让文化礼堂真正成为村民的精神家园。

（二）始终坚持高位推动，党政"一把手"亲自抓

农村文化礼堂建设是习近平总书记在浙江工作期间亲自布局，浙江省始终把其作为基层文化工作的"一号工程"，全省上下形成了党政"一把手"亲自抓、分管领导直接抓、一级抓一级、层层抓落实的工作推进机制。2014 年，省委书记夏宝龙强调，要形成有利于培育和弘扬社会主义核心价值观的生活情景和社会氛围。现任省委书记车俊指出，乡村振兴要"富口袋""富脑袋"，要"塑形""铸魂"，就要充分发挥农村文化礼堂作用，吸引村民多走进文化礼堂。省级层面专门成立了以省委常委、宣传部长为组长，分管副省长为副组长的农村文化礼堂建设工作领导小组。全省各级都形成了由党委、政府统一领导，宣传部门牵头协调，文明办以及文化部门具体组织实施，农办、党史、民政、财政、建设、体育、科协、档案、文物、方志办、共青团、妇联等相关部门密切配合、共同推进的工作格局。把农村文化礼堂建设纳入文明县（市、区）、文明村镇、文化先进县（市、区）、文化发展指数、文化强镇、文化示范村创建等相关评价体系，纳入新农村建设和美丽乡村建设考核的重要内容。把农村文化礼堂建设纳入为群众办实事内容，纳入党政干部绩效考核制度，强化监督考核和奖惩激励。

（三）始终坚持因地制宜，分类指导

浙江省注重从实际出发，实用性与艺术性相统一，历史性与前瞻性相协调，充分利用农村自然资源禀赋，挖掘和传承农村优秀传统文化资源，注重传统民俗文化和现代文明的融合创新。整合农村现有各类文化设施，因村制宜编制规划，注意把握好推进速度与财力承受度的关系，实行分类推进。建设进程上，条件好的地方一步到位，条件尚不具备的分步实施；建设形式上，按各村实际情况，分别采取新建、改建、扩建等多种形式推进；建设标准上，统一验收，做到建一个，成一个。不搞千村一面，不吊高群众胃口，不提超越实际的目标，着力在文化礼堂建筑风格、展示内容、活动样式、模式机制等方面形成特色，形成品牌，做到"一村一色"，"一堂一品"。

（四）始终坚持有序改善民生福利，以文化人

浙江省坚持把农村文化礼堂打造成"文化地标，精神家园"，支持民间文化团体开展符合乡村特点的文化活动，让基层公共文化服务作为最公平的公共产品、最普惠的民生福利。在实际中，各地也充分发挥积极性、主动性、创造性，除硬件符合规定要求外，结合实际合理确定农村文化礼堂设施建设规模。农村文化礼堂全景式展示村情村史村貌，成为弘扬社会主义核心价值观，传承优秀传统文化的教育阵地，增强村民的归属感，实现以文化人的目的。

（五）始终坚持系统建设，久久为功

坚持一张蓝图绘到底，一任接着一任办，一年接着一年干，充分发挥规划在指导建设、配置资源等方面的基础作用，充分体现地方特点、文化特色，融乡风民俗、乡村风貌和村庄发展愿景为一体。省级财政每年落实1亿元扶持各地农村文化礼堂，市、县财政每年必须设立文化礼堂专项资金。重视发挥县和乡镇主导作用，突出各行政村的建设主体地位。坚决克服短期行为，防止"虎头蛇尾"现象，避免造成"前任政绩、后任包袱"。推进农村文化礼堂注重建管并重，将加强公共基础设施建设和建立长效管理机制同步抓实抓好。

（六）始终坚持真金白银投入，强化要素保障

浙江省建立政府投入引导、农村集体和农民投入相结合、社会力量积极支持的多元化投入机制，省级财政设立专项资金、市级财政配套补助、县级财政纳入年度预算，真金白银投入。鼓励文化资源向乡村倾斜，提高文化服务的覆盖性和适用性。全省各地高度重视资金的使用效率，对农村文化礼堂专项资金使用情况进行跟踪和问效，让财政资金发挥最大效益。

（七）始终坚持强化政府引导作用，调动农民主体和市场主体力量

浙江省坚持调动政府、农民和市场三方面积极性，建立"政府主导、农民主体、部门配合、企业参与、乡贤支持、市场运作"的建设机制。注重发动群众、依靠群众，积极鼓励社会力量参与农村文化礼堂建设与管理。坚持政府主导的前提下，调动企业反哺文化，乡贤支持文化建设，培育社会组织的"众筹"发展。实现投入主体多元化，动员社会力量参与农村文化礼堂的共建共享，助力提质扩面的进程。

实践证明，浙江农村文化礼堂建设在丰富农民精神文化生活、推动乡村文化兴盛、弘扬乡风文明、创新乡村善治等方面发挥了重要作用。努力把农村文化礼堂打造成为与"两个高水平"建设相适应的基层宣传文化阵地，必须努力实现三个方面的提升：一是农村文化礼堂建设和发展应坚持以人民为中心的思想，坚持文化惠民，以文化人和民为主体的原则，实现城乡文化均衡发展，持续不断提升文化礼堂效能。二是要把农村文化礼堂建设作为乡村振兴的重要载体。农村政治、经济、文化、社会和生态不同领域的深入发展都对文化提出了更高的要求，农村文化礼堂建设的本质在于注重乡风文明建设，农村产业、乡村治理都要融入文化因子，失去了文化支撑的乡村振兴就没有了灵魂。三是要推进文化治理的转型升级，实现从对文化的治理向通过文化的治理发展。把农村文化礼堂建成农民精神家园，只能是农村文化建设的阶段性目标。文化治理的终极目标是把文化素养的提升贯穿在国家治理的各个环节，达到以文化人的目标。

陆海统筹：以建成世界大港为目标

张伟存　顾自刚　胡　佳　陆瑜琦

我国是海洋大国，海洋在我国经济社会发展、对外开放和维护国家安全方面具有非常重要的战略价值。党的十八大报告明确提出实施"海洋强国"战略，以习近平同志为核心的党中央在经略海洋方面做出了一系列重大战略部署，海洋经济、海洋生态、海洋科技和海洋权益各领域取得重大进展。浙江是我国海洋资源极为丰富的省份，在建设海洋强国的过程中具有重要的战略地位。党的十八大以来，浙江省积极贯彻习近平同志陆海统筹发展方略，把港口作为发展海洋经济的突破口，着力优化国民经济生产力布局，不断拓展经济发展空间。以宁波舟山港为核心的沿海港口群迅速崛起，形成了港口设施完善、航运服务体系健全、航线辐射全球、货物吞吐规模巨大的世界大港，成为建设海洋强国的重要基石。

一　以"四个一流"为目标建设世界大港

港口是区域经济发展的重要战略资源。一方面，作为运输枢纽或外向型经济的窗口，港口在国际贸易中发挥着连接国际国内市场的物流运输功能；另一方面，作为沟通陆海的战略空间，港口在国家开发利用海洋资源、发展海洋经济的过程中发挥着基础性的支撑作用。

习近平同志担任浙江省委书记期间就高度重视海洋经济，从浙江经济结构战略性调整的角度出发提出了建设"海洋强省"的战略构想，并且要求浙江在建设"海洋强省"的过程中必须把港口建设放在突出位置。[①] 在习近平同志的亲自推动下，宁波—舟山港管委会于2005年12月20日挂牌，为港口一体化发展奠定了坚实的基础。党的十八大以来，浙江省坚决贯彻习近平同志新发展理念，坚持陆海统筹，积极探索海洋经济发展途径，大力培育沿海港口经济圈，宁波舟山港迅速崛起，成为全球货物吞吐量第一个超过10亿吨的世界大港。

（一）世界大港崛起的背景

浙江港航资源得天独厚，核心港区宁波舟山港位于长江经济带与我国沿海经济带的"T"形交会点，直接面向亚太经济区，区位优势极为优越。全省海岸线总长达6715公里，适合建港的深水岸线759公里，均居全国第一位。航道锚地资源非常丰富，可通航15万吨级以上船舶的高等级航道16条。优越的港航资源为浙江发展港口经济圈、建设世界级港口群奠定了坚实的基础。

改革开放以来，长三角地区经济快速发展，民营经济茁壮成长，工业化水平不断提高，形成了以机械设备、汽车、电子信息和纺织服装为主的庞大产业集群，成为带动我国经济发展的三大经济区之一。随着区域经济的发展，长三角与国际市场的联系日益紧密，国际贸易迅猛发展，货物进出口规模大幅增加。宁波舟

---

① 参见《浙办通报》（第93期），《发挥海洋资源优势建设海洋经济强省——习近平同志在全省海洋经济工作会议上的讲话（2003年8月18日）》。

山港是长三角地区重要的航运枢纽,发达的腹地经济为其向世界级大港迈进提供了巨大的空间。

2012年以来,我国相继实施"海洋强国""一带一路"和长江经济带战略,浙江作为海洋大省、经济大省和外贸大省,承担了建设浙江海洋经济发展示范区、浙江自由贸易试验区、浙江舟山群岛新区、舟山江海联运服务中心等国家战略,为浙江港口发展提供了有利的条件和良好的政策环境。浙江省抢抓战略机遇,大力整合港口资源,调整港口管理体制,系统规划港口功能与空间布局,港口基础设施和集疏运体系不断完善,现代物流和航运服务能力显著提升,以宁波舟山港为核心的港口群在推动陆海统筹、区域协同和开放发展方面发挥着越来越重要的作用。

(二) 世界大港的发展历程

宁波港、舟山港区位条件优越,自古以来就是我国开展海外贸易的重要节点,是古代海上丝绸之路的起始港之一。1987年,宁波港务局正式成立,开始施行新管理体制;2004年,宁波港集团正式成立,实现政企分开;2010年,宁波港正式在A股上市。港口货物吞吐量稳步增长,逐步成为具有国际影响力的国际性港口。2003年,宁波港口货物吞吐量突破2.2亿吨,居我国沿海港口第二位,并进入世界五大港口行列;2004年,集装箱吞吐量超过400万标准箱,跃居我国沿海港口第四位;2008年,港口货物吞吐量突破3.6亿吨,集装箱吞吐量突破1000万标箱,是我国第二大港口,居全球第四位。舟山港起步较晚,但发展势头迅猛。2002年,舟山港完成货物吞吐量4068万吨,成为我国第九大港口;2006年,港口货物吞吐量突破1.1亿吨,2010年,货物吞吐量突破2.2亿吨,2013年突破3.1亿吨。

宁波港与舟山港空间相近、腹地重叠,客观上存在一定的竞争关系，同时，由于最优质的深水岸线资源主要集中在舟山，浙江港口发展必须通过跨行政区资源整合才能发挥"1+1>2"的最大效应，才能为建设世界大港创造良好条件。因此，习近平同志高度重视宁波、舟山港一体化。在他的亲自推动下，宁波—舟山港管理委员会于2005年末成立，按照"统一规划、统一建设、统一管理、统一品牌"的原则初步实现了两港组合发展。2015年5月25日，习近平总书记视察舟山期间对宁波、舟山两港一体化作出重要指示。浙江省委省政府积极响应，于当年8月作出了"整合统一全省沿海港口及有关涉海涉港资源和平台"的决策部署，并成立浙江省海洋港口发展委员会，组建浙江省海港投资运营集团。随后，浙江省进一步破除港口属地化管理的体制机制障碍，组建宁波舟山港集团，并完成了对温州港、台州港等省内主要港口的整合，实现了以资产为纽带的实质性一体化。

港口一体化为建设世界大港注入了新的动力。宁波舟山港组建以来，整体实力大幅提升，万吨级以上泊位总计177个，集装箱航线达246条，其中远洋干线120条，辐射全球600多个港口。2018年，宁波舟山港完成货物吞吐量10.8亿吨，连续10年位居世界第一；完成集装箱吞吐量2635.1万标箱，跃居全球第三大集装箱港，世界大港地位进一步巩固。

（三）浙江海洋港口的发展目标

2012年以来，全球经济持续调整，新一轮产业革命蓄势待发，国际经贸格局深刻变化，大宗商品价格剧烈波动，国际航运市场受到巨大冲击。以习近平同志为核心的党中央审时度势，提出了创新、协调、绿色、开放、共享的发展理念，着力推动供给侧结构性改革，构建开放型经济新体制，我国经济高质量发展的基础进一步夯实。随着外部环境的变化以及"海洋强国"、长江经济带和长三角一体化等国家战略的实施,以及"一带一路"建设,浙江港口发展面临新的机遇与挑战。浙江省以习近平新时代中国特色社会主义思想为指导,从国际国内发展大局出发系统谋划港口发展方略,提出了"四个一流"发展目标,世界级港口群的发展思路更加清晰。

一是建设全球一流现代化枢纽港。统一全省港口规划、建设、管理,继续加大港口基础设施建设力度,形成以宁波舟山港为主体,以浙东南和环杭州湾港口为两翼的联动发展格局。进一步强化宁波舟山港的主体地位,对标国际一流港口提升管理水平,优化港区布局,完善港口集疏运体系,提高港口信息化水平。以服务"一带一路"及长江经济带等国家战略为落脚点,以大宗商品中转和集装箱运输为核心建设国家综合运输枢纽,成为全球主要的集装箱干线港,全球第一大港地位更加巩固。

二是建设全球一流航运服务基地。着力提升海运能力,发展壮大远洋船队和江海直达船队,力争到2020年远洋运输能力达250万载重吨。做大做强港口装卸、仓储、船代、货代等基础航运服务。进一步加大服务业开放的力度,大力发展中高端航运服务。依托浙江自由贸易试验区,建设东北亚保税燃料油加注中心;提升船舶修造与保税维修、国际船舶供应等外轮服务能力;引进国际金融和航运机构,大力发展航运金融、融资租赁、航运保险、航运交易、航运信息等高端航运服务业,建设国际海事服务中心。

三是建设全球一流大宗商品储运交易加工基地。依托舟山优越的区位条件和建港条件,布局建设石油化工品储备基地,形成国家战略储备、商业储备和企业储备相结合的能源储备体系;启动建设嵊泗马迹山三期、衢山鼠浪湖等一批大型铁矿砂储运项目,力争成为亚太铁矿石分销中心;进一步完善煤炭、粮油等大宗货物储运项目布局。依托大宗商品充分延伸产业链，发展石油化工业、矿石混配、火力发电和粮油深加工产业，探索大宗商品交易新模式，将舟山建成储运加工交易齐头并进、市场体系健全的全球资源配置中心。

四是建设全球一流港口运营集团。将浙江省海港集团打造为全省港口投资运营的主要平台，力争2020年总资产达2000亿元。进一步提高港口运营、开发建设、投融资、航运服务等主要业务板块的发展水平，积极参与长江经济带港口建设，加强与"一带一路"沿线国家主要港口的合作力度，形成跨国、跨地区港口布局，国际港口项目投资开发和管理输出取得重要突破，跻身全球一流港口运营集团。

二 以陆海统筹为战略引领提升港口发展水平

陆海统筹是习近平同志在党的十九大报告中提出的建设海洋强国的主要原则，发挥着战略引领的作用。坚持陆海统筹，首先要从战略层面改变重陆轻海的传统思维，把海洋纳入新时代中国特色社会主义事业发展全局。其次要在发展实践中处理好海洋开发与经济社会发展的关系，使陆域与海域形成资源优势互补、产业体系融合、基础设施联通、空间互动频繁的发展格局。

党的十八大以来，浙江省坚持陆海统筹，以海洋经济发展示范区为战略框架，以大通道、大湾区、大都市圈、大花园"四大建设"为抓手，依托宁波舟山港这一核心载体着力优化陆海发展格局，在陆海联动、港城融合等方面进行了卓有成效的探索，成为践行习近平新时代中国特色社会主义思想的排头兵。

（一）着力提升全球资源配置能力，明确港口发展方向

全球资源配置是在经济全球化背景下，通过辐射全球的港口航运体系、商贸网络和金融体系，引导资源能源、商品以及资本、技术、信息等要素在全球范围流动的过程。世界级大港往往是国际贸易的重要枢纽，同时也是资源流、商品流、信息流、资金流密集汇聚的空间节点，在全球产业分工和资源配置过程中发挥着重要作用。宁波舟山港作为新崛起的世界大港和国际航运中心，必然要把参与全球资源配置作为未来发展方向。

浙江省大力支持舟山、宁波两地依托港口提升大宗资源的集聚能力，全力建设全球资源配置中心。推动油气全产业链发展，建成镇海、岙山两大国家战略石油储备基地，册子岛、外钓岛等一批商业油品储运基地投入运营，黄泽山、双子山、小衢山等油品储运项目顺利推进。到 2020 年，舟山油品储备规模将达到 5000 万立方以上，在保障国家资源能源安全方面发挥突出作用。建设鱼山国际石化基地，推动上下游一体化发展，加快形成国际一流的石化产业集群。铁矿石、LNG、煤炭、粮食、集装箱运输系统进一步完善，对长江经济带的支撑作用更加明显。支持宁波大宗商品交易所、浙江石油化工品交易中心建设，创新交易模式，增强大宗商品计价、结算、交易话语权，打造具有国际影响力的交易平台。依托完善的资源能源储运体系、油气全产业链和商贸配套服务体系，宁波舟山港正在从传统的货物集散型港口向以"经济流"为核心的国际资源配置型港口转型。

（二）积极创新开放型经济新体制，推动港口开放发展

宁波舟山港是我国参与全球经济合作的门户和枢纽，同时也是浙江实现开放发展的大平台。党的十八大以来，浙江省积极贯

彻习近平总书记开放发展理念,加快创新开放型经济体制,大力改革口岸通关监管制度,全方位提升宁波舟山港开放水平,为建设世界大港创造了良好的制度条件。

以进出口贸易为龙头,以现代物流为支撑积极构建港口开放平台。宁波梅山保税港区和舟山港综合保税区先后获批,国际中转、采购、配送、保税加工和保税物流等业务迅速发展,在区域开发和港口发展过程中发挥了突出作用。打造宁波跨境电子商务综合试验区、舟山电子商务示范园等跨境电商交易平台,试点跨境电商出口政策。以国际贸易通行规则为参照,以贸易投资自由化便利化为基本要求,大胆改革创新口岸通关监管制度。在宁波舟山港一体化的基础上积极推动跨关区通关合作,减少申报程序,为探索"大通关"积累了丰富的经验。率先在舟山建成国际贸易"单一窗口",精简申报事项,施行船舶进出境申报"一单四报""无纸化通关",大大提高了国际船舶进出港口的效率。推动港航服务业开放,引进国际船级社、船舶代理、金融保险、法律咨询、融资租赁企业,打造航运服务集聚区。以实现陆海联动为目标构建义甬舟和沿海两大开放通道,充分发挥国际海港、陆港的门户作用,形成沿海和内陆开放、对外和对内开放统筹联动的新格局。实施更加积极主动的开放发展战略,支持宁波、舟山在浙江自由贸易试验区的基础上建设自由贸易港区,争取成为我国全面对外开放的前沿和龙头。

(三)建立完善的港口集疏运体系,夯实港口发展基础

港口集疏运体系是支撑港口发展的硬件设施,它决定了港口的主要功能和运输能力,影响着港口运营效率。国际航运枢纽一般需要通过铁路、公路、内河、航空和管道等多种运输方式与腹地连接,形成综合性的多式联运物流体系。

党的十八大以来，浙江省提出构建都市经济交通走廊、海洋经济交通走廊、开放经济交通走廊、美丽经济交通走廊等"四大走廊"，统筹推进大港口、大路网、大航空、大水运、大物流"五大建设"，对于充分发挥宁波舟山港的带动作用形成强大支撑。舟山大陆连岛工程建成，宁波舟山港主通道、梅山港区沈海高速公路连接线、象山湾高速公路等一批疏港公路加快建设，公海联运网络更加健全。浙江省积极打造浙江沿海港口铁路运输纵向通道，宁波穿山港等海铁联运项目开工，甬舟铁路项目顺利启动。推动跨地区海铁联运网络建设，开通宁波舟山港至洛阳、襄阳、阜阳等6条集装箱班列，对"一带一路"建设的支撑作用日益突出。推进沿海港口油气管线融入全省成品油管网和天然气管网，完善舟甬沪宁输油管道，建设舟甬台温成品油管道及天然气管道，提升舟山油品储运基地能源保障能力。

（四）建设舟山江海联运服务中心，扩大港口辐射范围

2014年，习近平总书记提出"长江经济带"战略，我国区域发展格局进一步完善。长江经济带发展的重点在于充分发挥长江黄金水道的功能，建设综合立体交通走廊，实现东中西部协同发展。宁波舟山港作为长江经济带江海联运的重要枢纽，发挥着重大的战略支撑作用。2016年，国务院批复设立舟山江海联运服务中心，旨在依托宁波舟山港建立海洋运输与长江航运体系的无缝对接，形成保障能力更强、运输效率更高、辐射范围更广的江海联运体系。

根据宁波舟山港的资源禀赋和发展基础，舟山江海联运服务中心合理规划港区布局，形成大宗散货联运片区、集装箱联运片区和现代港航服务集聚区三大功能片区。为了进一步增强铁矿石、油品、煤炭、集装箱接卸中转能力，在鼠浪湖、穿山、外

钓、大榭等港区规划建设一批大型泊位，形成了较为完备的铁矿石运输系统、石油及制品运输系统、煤炭运输系统、粮食运输系统和集装箱运输系统。服务国家经济安全战略需要，加快建设大宗商品储运加工基地；积极推动江海运输船舶的研发设计，建造完成首艘江海直达船舶并投入运营；完成舟山江海联运公共信息平台建设，实现与长江沿线港口的信息互通；创新港口合作机制，推进江海联运口岸服务一体化改革，与上海、南通、南京、武汉、重庆等长江沿线港口建立港航联盟，实现港口战略合作。

（五）着力打造国际海事服务基地，提升港口服务能力

宁波舟山港是我国大型和特大型深水泊位最多的港口，是大型船舶挂靠最多的港口，近250条航线通往全球600多个港口，平均每天进出港的万吨级以上船舶近百艘次，发展航运服务业的条件极为便利。舟山市借助宁波舟山港世界大港地位，充分把握群岛新区、江海联运服务中心和自由贸易试验区形成的战略机遇，着力打造国际海事服务基地，港口服务能力进一步增强，港城联动发展效果更加明显。

舟山市把保税燃料油加注作为建设国际海事服务基地的重点突破方向，先行先试，围绕国际船舶保税燃料油加注取得一系列重大制度创新。在中央支持下，国际航行船舶保税油经营许可权下放给舟山市政府，舟山市打破市场垄断经营格局，新增7家地方性船用保税燃料油加注企业，市场竞争更加充分。同时，大力创新通关监管制度，形成一船多供、外锚地供油、跨关区供油、不同税号混兑调和等多项制度创新成果。2018年，完成船用保税燃料油加注量360万吨，成为我国第一供油大港和世界第十供油港。同时，舟山积极发展外轮配套服务，外轮供应服务中心和外供货物配送基地加快建设，外轮修理服务能力显著提升。积极谋划发展特色航运服务，船配保税交易平台、海上保税仓库、大宗商品保税交易等航运服务载体初步形成。加快发展海事衍生服务，建设国际海员俱乐部，大力引进国际航运服务机构，培育海事仲裁、金融保险、船舶经纪等高端海事服务业，推动航运服务业升级。

三　浙江港口发展的战略意义

面对国际国内日益复杂的发展环境，浙江省按照习近平总书记"干在实处、走在前列、勇立潮头"的要求，坚持海陆联动、协调发展，统筹海洋强国、"一带一路"、区域一体化和自由贸易试验区等国家战略，牢牢把握"以开放促改革促发展"这一实践要求，围绕世界大港这一战略支点大力推进体制创新，优化空间布局，扩大对外开放，加强区域合作。宁波舟山港在新时代我国经济社会发展大局中的战略作用日益突出。

（一）对于建设"海洋强国"具有重要的促进作用

建设海洋强国必须把开发利用海洋资源、发展海洋经济放在突出位置。港口是联结陆海的枢纽，是沿海地区经济发展的重要依托。作为最古老的海洋经济活动，世界海洋大国在历史上都是通过港口和海洋运输促进海上贸易发展，进而为国内工商业提供了巨大的市场空间。因此，港口航运是发展海洋经济的先导。

宁波舟山港的发展壮大为浙江沿海城市的发展提供了重要支撑，使其在全球产业分工和国际贸易体系中获得了充分的发展机遇，培育出经济发展水平较高的城市群，促进了资本、人才、资源、技术、信息的集聚。依托要素比较优势、实力雄厚的产业集群和强大的资源集聚能力，宁波、舟山等港口城市逐渐形成了船舶修造、海洋工程装备制造、临港石化、海洋新能源、海洋生物医药等一大批临港产业，海洋资源开发利用的广度和深度不断拓展，海洋产业体系日益完善，为推动海洋经济向质量效益型转变、海洋开发方式向循环利用型转变、海洋科技向创新引领型转变创造了良好条件，对建设海洋强国发挥了重要的促进作用。

（二）对于保障国家能源安全具有重大的战略意义

宁波舟山港世界大港地位的形成与国家资源能源安全密切相关。随着我国工业化水平逐步提高，资源能源的消耗量大幅增加。2016年以来，铁矿石进口量连续三年超过10亿吨；2018年，原油进口量达到4.62亿吨，连续两年成为全球最大原油进口国，对外依存度升至72.3%。国际局势变动、大宗商品价格波动、资源储备能力和能源供应链等因素，都将对国家资源能源供应产生重大影响。

在此背景下，宁波舟山港积极利用区位优越和丰富的深水岸线资源，充分发挥世界大港"大进大出"的作用，在舟山建成亚洲最大的铁矿砂中转基地、全国最大的国家战略石油储备基地、全国最大的商用石油储运中转基地和重要的粮油中转基地。2018年，完成铁矿石吞吐量2.64亿吨，石油及天然气1.32亿吨，煤炭吞吐量8509万吨，在我国资源能源供应格局中发挥了巨大的保障作用。同时，舟山市全力推动油气全产业链发展，加快建设国际石化基地，产能4000万吨的炼化一体化项目顺利推进，极大缓解了我国乙烯、PX等重要工业原材料供应短缺的局面。随着港口储备、运输、加工、交易"四位一体"产业体系的日益完善，宁波舟山港在保障我国资源能源安全、参与全球资源配置方面的战略地位更加突出。

（三）对于形成全面开放新格局具有重要的支撑作用

为了应对日益复杂的国际环境，推动我国经济高质量发展，党的十九大提出"形成全面开放新格局"的开放发展战略。作为货物吞吐量居世界第一的超级大港，宁波舟山港具有强烈的外向性，与全球600多个港口有着密切联系，在我国新一轮高水平对外开放过程中发挥着重要的支撑作用。

全面开放新格局的重点是"一带一路"，而宁波舟山港是"一带一路"的最佳结合点。依托发达的经济腹地、优越的港口条件和完善的多式联运体系，宁波舟山港与"一带一路"沿线20多个港口建立友好合作关系，航线全部覆盖沿线国家港口，对于促进产品与要素的集聚扩散、优化资源配置、加强与沿线国家的经贸合作发挥了强大的支撑作用。为了进一步提升港口开放发展的水平，浙江自贸试验区加大航运服务、通关监管、服务业开放等方面制度创新力度，形成了国际航行船舶"一单四报"等多项具有全国推广价值的制度创新成果，对于探索贸易投资自由化便利化、建立开放型经济新体制做出了积极贡献，为建设自由贸易港区奠定了坚实的基础。

（四）对于促进区域协调发展具有重大的带动作用

区域协调发展是新时代我国重大的战略举措。港口具有实现跨地区资源配置的功能，对于促进要素自由流动、提高货物运输效率、优化产业空间布局发挥着基础性作用，是促进区域协调发展的重要纽带。

宁波舟山港区位条件优越，在推动"一带一路"、长江经济带、长三角一体化等国家重大区域战略融合发展方面发挥着画龙点睛的作用。依托内河、铁路、公路、管道等多式联运网络，宁

>> 新浙江现象

波舟山港可以为长江沿线省市实现工业化提供强大的资源能源保障，破解经济资源分布不平衡对区域经济的制约。尤其是舟山江海联运服务中心与长江黄金水道的衔接将大幅降低货物运输成本，为长江经济带中上游地区参与国际产业分工提供更加便捷的通道，在促进区域协调发展方面具有突出的战略意义。从陆海统筹发展方面来看，宁波舟山港与区域经济形成了密切的互动关系，带动了浙江沿海地区海洋经济的发展，推动了长三角地区经济转型升级的步伐，进而促进了东部地区向中西部地区产业转移的进程，对于实现陆海内外联动、东西双向互济发挥了重要的促进作用。

最佳营商环境：助力民营经济再创辉煌

章正杰　夏梁省　邢　震　金台临

2017年7月17日，习近平总书记主持召开中央财经领导小组第十六次会议，研究改善投资和市场环境、扩大对外开放问题。习近平总书记发表重要讲话强调，要改善投资和市场环境，加快对外开放步伐，降低市场运行成本，营造稳定公平透明、可预期的营商环境，加快建设开放型经济新体制，推动我国经济持续健康发展。因此，浙江地方政府不遗余力地优化投资营商环境，为民营经济发展提供适宜的成长与发展软硬环境，民营经济发展的成效显著。尤其进入新时代以来，浙江围绕"高质量发展"谋划实施大湾区、大花园、大通道、大都市区"四大建设"顶层设计，着力通过打造最佳投资营商环境，让浙江成为资金流、人才流、技术流等多股发展要素洪流集聚的投资营商高地，实现"政府搭台"与"多元主体共同唱戏"的经济发展良性格局。

一　浙江营商环境建设的现状与优势

为了更好贯彻落实习近平总书记关于营商环境建设的重要战略部署，浙江省政府2018年3月印发《浙江省贯彻"十三五"市场监管规划实施方案》，要求到 2020 年基本构建起以法治为基础、企业自律和社会共治为支撑的市场监管新格局，营造审批事项最少、办事效率最高、政务环境最优、群众和企业获得感最强的"四最营商环境"，着力形成宽松便捷的市场准入环境、公平有序的市场竞争环境、安全放心的市场消费环境、充满活力的市场发展环境。在这些重大战略举措的实施过程中，浙江的营商环境不断得到改善，目前已经形成特征鲜明的比较优势。

（一）浙江营商环境建设的现状

营商环境建设是一项系统工程，主要包括硬环境与软环境两个方面。由于浙江的资源禀赋优势不突出，制约了硬环境建设的成效。如图 1、图 2 所示，在全国经济总量前 100 城市当中，浙江没有城市入选前十序列。而在软环境建设方面，浙江杭州位居全国经济总量前 100 城市软环境指数排名的第五位，优于南京、武汉、天津等重要城市。

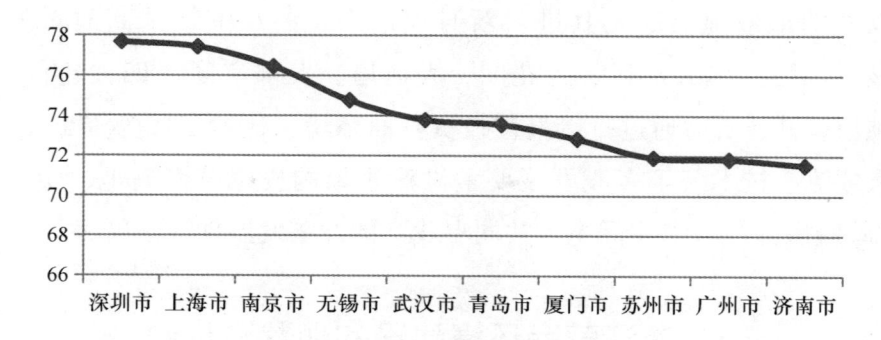

图 1　全国经济总量前 100 城市软环境指数 TOP10

资料来源：中国战略文化促进会、中国经济传媒协会、万博新经济研究院和第一财经研究院 2019 年 5 月发布的《2019 中国城市营商环境指数评价报告》。

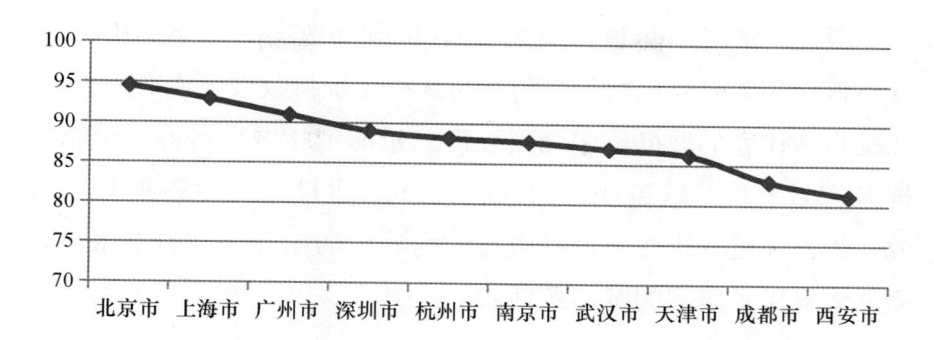

图2 全国经济总量前100城市硬环境指数TOP10

资料来源：中国战略文化促进会、中国经济传媒协会、万博新经济研究院和第一财经研究院2019年5月发布的《2019中国城市营商环境指数评价报告》。

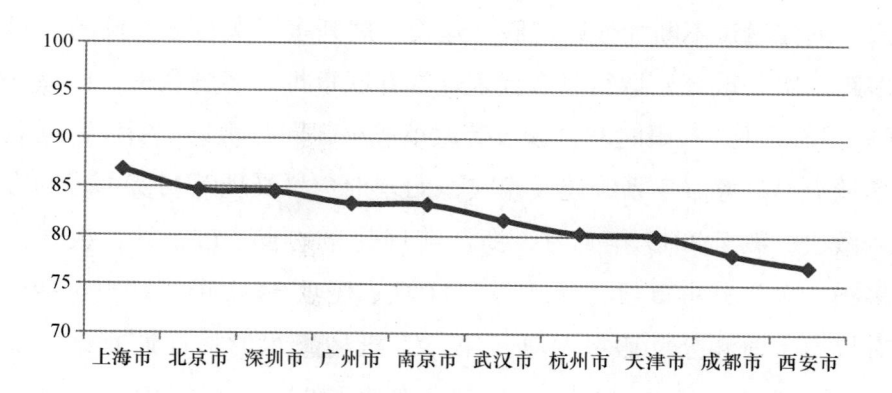

图3 全国经济总量前100城市营商环境指数TOP10

资料来源：中国战略文化促进会、中国经济传媒协会、万博新经济研究院和第一财经研究院2019年5月发布的《2019中国城市营商环境指数评价报告》。

自2010年以来，浙江推出一系列政策举措，着力打造法治化、国际化、便利化的营商环境，主要包括减轻企业负担的"新35条"、简化企业事项审批流程的"一窗受理、一证办理"的"最多跑一次"改革，以及推出各项金融创新改革举措更好地服务实体经济发展等。在这些改革创新举措的推动下，浙江的营商环境建设不断得到改善，为民营企业的健康发展提供了有力的保障。因此，浙江的总体营商环境不断得到改善。截至2019年5月，根据相关研究机构发布的营商环境评价指数（见图3），以浙江杭州为代表的城市位居全国经济总量前100城市营商环境指数排名的第七位。这说明，浙江营商环境建设已经取得明显的成效，为浙江进一步按照世界银行营商环境的国际标准打造最佳营商环境提供了坚实的基础条件。

（二）浙江目前营商环境建设的优势

1. 地方政务环境不断优化，"最多跑一次"改革领跑全国

自2016年浙江省委经济工作会议首次提出"最多跑一次"以来，浙江通过不断加强政府服务建设，展开多层次与多领域的"最多跑一次"改革，取得具有代表性的并联审批、多图联审、区域评估、"标准地"、限时联合验收等改革成果，同时积累了浙江数据共享举措、政务服务系统建设模式、无差别全科受理等切实可行的实践做法。截至2019年1月，浙江梳理公布的省、市、县三级"最多跑一次"办事事项主项已达1411项、子项3443项，基本包括所有权力事项和公共服务事项。第三方机构组织的抽样调查结果显示，浙江"最多跑一次"改革满意率达到94.7%。2019年，浙江力争实现一般企业投资项目从赋码备案到竣工验收审批时间"最多90天"，力争全年为企业减负1500亿元。抢抓新时代发展新机遇，浙江努力打造审批事项最少、办事效率最高、投资环境最优、企业获得感最强的最佳投资营商环境。

2. 企业生存环境不断改善，企业降成本政策持续推进

2018年10月29日，浙江省人民政府办公厅正式发布《关于进一步减轻企业负担增强企业竞争力的若干意见》（浙政办发〔2018〕99号），这是浙江省自2016年以来出台的第四批企业减

负降本政策。同时，2019年初，经浙江省政府批准，浙江省财政厅、省税务局联合发布《关于浙江省贯彻实施小微企业普惠性税收减免政策的通知》。浙江成为全国省级政府中最早确定地方税减征幅度并最早发布的省份，同时也是减税幅度最大的省份。预计2019年全省小微企业减征税费195亿元以上（其中地方税费111.9亿元以上）。

3. "人、财、物"要素环境初步盘活，各类资源结构性流入

浙江各大城市找准发展的着力点，先后通过出台各项政策举措，引进外部人才资源，以人才为第一要素资源盘活"人、财、物"整体资源，从而带动其他各类资源结构性流入。其中杭州市出台"521引才计划"，宁波市出台"3315计划"，温州市出台"580海外精英引进计划"，嘉兴市出台"创新嘉兴·精英引领计划"，湖州市出台"南太湖精英计划"，绍兴市出台"330海外英才计划"，台州市出台"500精英计划"等。通过这些政策举措的实施，2018年，浙江成为全国人口流入规模第二的省份。很明显，这些引入人才将推动浙江省在经济转型升级后崛起的高新技术产业、装备制造业、战略性新兴产业等领域的发展。

4. 市场主体创新环境逐步形成，创新驱动发展稳步推进

由于民营经济活跃，浙江自改革开放以来成为创业创新的热土，在推动经济高质量发展、效率变革、动力变革的进程中，创新是最原生的动力。而创新从来都不是自发的，既需要创新主体的积极参与，也需要良好的创新环境。为此，浙江以杭州城西科创大走廊为核心，全省范围内建设特色小镇等产业集聚平台，谋划了许多高质量的众创空间等孵化平台，全面建设科技创新大平台。同时，浙江紧密结合产业基础和创新资源分布，坚持既"高"又"新"的产城融合理念，在重点地区部署创新驱动的"前沿阵地""发展高地"和"战略要地"。这些力主打造良好创

新环境的重大战略举措，为浙江发展注入了更多创新活力，也是浙江进一步形成创新驱动发展的"肥沃土壤"，增强了浙江实体经济的吸引力和竞争力，成为浙江"干在实处、走在前列、勇立潮头"的不竭动力。

二 浙江打造最佳投资营商环境的探索与经验

浙江以习近平新时代中国特色社会主义思想为指导，全面深入贯彻党的十九大和十九届二中、三中全会精神，按照党中央、国务院决策部署，切实转变政府职能，持续深化"放管服"改革，加快推进"互联网+政务服务"，进一步优化营商环境，不断激发全社会创新创业活力。同时，按照习近平总书记提出的"深化金融供给侧结构性改革，增强金融服务实体经济能力"的指导思想，浙江积极推动金融创新改革实践，大力推进产融协同发展，为民营经济发展提供坚实的金融发展环境，打造"政务服务+金融服务"的立体式营商环境体系，充分满足民营经济发展的多方面营商需求。

（一）深化多层次、多领域的立体式"放管服"改革，浙江全面优化政务环境

1. 围堵"痛点"与"堵点"，打造最佳行政审批环境

浙江地方政府以企业需求为核心改善行政审批环境，为企业投资、经营提供便利服务，尽量让企业"零跑腿"或"数据交换代替跑腿"。针对各项企业服务事项，加大行政审批改革力度，精简优化办事流程，查找办事流程中存在的"痛点"和"堵点"；同时取缔没有法律依据的审批、审查、资格认证、中介服务和行

政收费；纵深推进商事制度改革，实行企业登记全程电子化，分领域分行业推进"多证合一、证照联办"改革；严禁将行政管理职能转化为有偿服务，从而进一步降低制度性交易成本，助力民营企业轻装减负拼市场。

2. "亲清"新型政商关系，助力打造最佳法律服务营商环境

浙江省司法系统以围绕中心、服务大局的工作理念，加快推进司法行政"最多跑一次"改革，通过开展"营商环境法治环境保障行动""知识产权保护行动""营商法律风险防范行动""法律服务模式创新行动""法律服务数字化转型行动""企业矛盾纠纷化解行动""法律服务能力提升行动"等构建和谐"亲清"新型政商关系。同时，积极建立市场协商性纠纷解决机制，在健全基层商会、金融领域调解组织基础上，在劳动、旅游、知识产权等15个营商领域建立行业性专业性人民调解组织。

3. "税收法规＋纳税服务"模式，打造最佳税收营商环境

按照党中央、国务院先后推出的3项增值税改革措施、7项减税措施等一系列新的减税降负措施，浙江严格落实减税减费新政，进一步减轻企业负担。同时，浙江积极打造以办税服务平台为核心、12366语音服务平台和征纳沟通平台为支撑、社会化协作平台为补充的"四位一体"现代纳税服务体系。通过不断创新纳税服务举措，比如深入实施智能化服务，拓展电子税务局功能，全面上线网上预约办税系统；大力推广CA认证，实施"无纸化"办税；推行新办纳税人"套餐式"服务，提升办税便利度；贯彻落实"全国通办"工作，逐步扩大"省内通办"业务范围；不断完善纳税信用管理，扩大评价范围，推进结果运用，积极创新分类管理和服务措施；优化"实名＋信用＋容缺"服务机制，深入推进"银税互动"等各项积极有效措施，助力民营企业创业创新。

4. 构建"开放平台+战略空间",打造最佳投资营商环境

浙江通过出台政策文件,为民营企业创业创新提供投资开放平台,向民间资本全面开放可以采用市场化运作的基础性公共项目;对允许外资进入的领域,鼓励民间投资优先进入。截至2018年,浙江发布近100个政府和社会资本合作示范项目,总投资达3000亿元左右,涉及重大市政工程、能源、水利、农业、交通运输等多领域。同时,基于国家发展战略与浙江地方发展战略,积极为民营企业发展开拓广阔的战略发展空间。比如国家"一带一路"枢纽行动,为企业参与国际竞争与合作开放了大通道;浙江大湾区大花园大通道建设,给企业投资提供了前所未有的机遇;杭州钱塘江金融港湾的建设,让企业在金融市场中历练成长;浙江遍布各地的个性鲜明的特色小镇,集聚人才、资本、技术等高端要素,为企业转型升级搭起了高起点的平台。

(二)金融服务实体经济,以金融改革创新服务浙江民营企业创业创新

浙江是全国金融改革创新的前沿阵地,在金融创新发展的过程中产业发展基金、保险资金、私募股权基金等多样化产业融资渠道不断形成,使得全省融资结构不断优化。其中直接融资占社会融资规模的比重,从2010年的12%左右快速提升到2017年末的34.3%,高于全国10.5个百分点。与此同时,浙江的许多金融机构也不断地加入到金融服务实体经济的大潮中来。2016年10月,浙江19家金融机构共同发起倡议"回归金融本质,服务实体经济"。这使得浙江涉农贷款和小微企业贷款余额连续多年保持全国第一位。这些都表明,浙江金融服务实体经济取得明显的成效,浙江在推进金融改革创新与产融协同发展的过程中也逐渐形成了自身独有的特色。

1. 全面推动区域性金融改革创新

浙江的区域金融改革工作在全国省区处于领先地位，初步探索形成了多层次、网格化、广覆盖的全面金融改革格局，为全国金融改革积累了"浙江经验"。截至2018年，浙江目前已获国务院和"一行三会"批准的金融改革试点项目，包括宁波保险综合创新试验区、温州金融综合改革试验区、丽水农村金融改革试点、台州国家小微企业金融服务改革创新示范区、义乌国际贸易金融改革试点等。同时，为了加快培育绿色金融产业，湖州、衢州的绿色金融改革也在稳步推进。浙江省各地区立足自身经济发展特征所推动的这些金融改革创新举措，在改革的层级、数量、广度和深度上都具有全国的典型性，积累了不少金融改革的"浙江经验"，为全国金融深化改革提供了参考性案例。比如宁波保险业在金融改革创新过程中，探索出了以小额贷款保证保险、险资直融产品为特征的风险减量管理模式；台州创设小微企业信用担保基金的金融服务模式；温州探索开展中小企业私募债转让试点以及支持民间资金参与地方金融机构改革；义乌启动"国际贸易综合改革+金融专项改革"；丽水开创"林权抵押贷款""农村信用体系建设""银行卡助农取款服务"三大农村金融样板；衢州积极破解金融机构发展绿色金融的难题，着力建设区域绿色金融中心，截至2017年末，衢州绿色信贷金额达到313亿元，同比去年增长多达39.2%，同时发行绿色金融债券43亿元，设立首期绿色产业引导基金10亿元，投入绿色PPP项目37亿元等。

2. 全面布局"三、四、五"金融产业创新发展

浙江省金融产业发展的基础较为完善，尤其在实施金融服务实体经济的过程中，金融产业规模也日趋扩大，"中小企业金融服务中心"与"民间财富管理中心"的金融主体作用不断得以凸显。为了围绕实施"八八战略"，建设"两美浙江"，力争把金融

产业建设成为战略性支柱产业与竞争力强的主导产业,浙江省推动实施金融产业创新发展布局,重点发展主力金融、浙商总部金融、私募金融、互联网金融与草根金融,着力打造金融改革示范省、金融创新集聚地与金融生态安全区,为建设"两富"现代化浙江提供有力的金融支持。

浙江围绕"三、四、五"金融产业发展布局(见表1),高起点建设三大区域金融布局、四大金融平台、五大金融产业的"大金融"产业格局基础上,发挥政府推动与引导作用,完善融资增信体系,鼓励金融机构与金融市场进行业务创新,以"金融服务实体经济"为契机加快推进金融产业实力强与金融服务实体经济能力强的"金融强省"建设。

表1　　浙江省"三、四、五"金融产业发展布局

战略规划	内容构成	具体实施
三大区域金融布局	①打造金融核心区域 ②打造区域金融特色城市 ③打造金融特色小镇	建设杭州、宁波金融核心区,推动温州、台州、丽水等金融特色改革,引导金融小镇建设
四大金融产业平台	①打造直接融资平台 ②打造产业基金平台 ③打造地方交易市场平台 ④打造金融控股平台	扶持企业上市,设立政府产业基金,统筹优化省内各类交易场所的区域与行业布局,做大做强省金融控股公司
五大金融产业	①强化主力金融 ②发展浙商总部金融 ③大力发展私募金融 ④创新互联网金融 ⑤规范发展草根金融	发挥大型金融机构的支撑作用,做大做强专注服务浙商经济的总部金融,引进培育私募金融机构,引导互联网金融企业集聚发展,规范草根金融

资料来源:浙江省人民政府文件整理。

3. 大力推动传统金融与新金融的交融发展

随着以互联网金融、科技金融、供应链金融等为代表的新金融不断崛起，传统金融体系受到巨大冲击。但是从总的金融发展趋势来看，传统金融与新金融走向融合发展是大势所趋。传统金融与新金融应该互相取长补短、共同发展。现代金融最大的风险是脱实向虚，而科技驱动的金融创新对服务于实体经济，实现普惠金融的目的具有积极作用。因此，浙江通过区域金融创新，强化传统金融与新金融的融合发展，发挥"金融双引擎"作用。浙江将金融与以互联网为代表的新科技融合，探索建立无现金城市、网络金融安全中心、网络金融产业中心、移动支付中心。例如钱塘江金融港湾就是浙江省重点打造的"金融双引擎"战略发展平台，此平台开发建设新金融、新经济与新科技，重点推动金融与实体产业的融合、金融与生态环境的融合、金融与创业创新的融合。在此基础上，钱塘江金融港湾计划通过5—10年的统筹规划建设，发展成为金融机构总部、金融要素市场、私募基金、互联网金融、金融大数据产业协同发展的财富管理产业链和新金融生态圈。如今以互联网技术为引擎推动经济发展，已经成为"浙江经验"与"浙江模式"的一块金字招牌，诸如云上银行、无人超市、移动支付、互联网法院、互联网医院等新模式在浙江不断涌现，新金融与传统金融融合共同服务于实体经济发展的态势良好。截至2017年，浙江新经济规模达到了1344亿美元，占GDP的比重为24%，对经济增长的整体贡献率达到31.9%。

（三）大力推进产融协同发展，为民营经济发展提供坚实的金融发展环境

产融不协同会导致金融发展与实体经济的"非意愿"式偏离。一方面，资金不断在金融系统体内循环会助推资产价格上升，导致资产泡沫，积累金融风险；另一方面，实体经济在经济环境恶化时需要大量低成本、廉价的资金支持来恢复生产发展，而资本的逐利性往往会产生相反的效果，即资金从投资回报低的实体经济领域流向投资回报高的金融领域，这样就完全偏离了产融协同发展的轨道。因此，浙江从促进实体经济发展的角度出发积极探索产融协同的发展模式。而发达国家成熟市场经济发展的实践也表明，产业资本和金融资本必然会有一个融合协同发展的过程，这是社会资源达到最有效配置的客观要求。这种协同融合，宏观上有利于优化国家金融政策的调控效果，微观层面有利于产业资本的快速流动，提高资本配置的效率。从国际国内经验看，只要风险控制得当，产融协同是产业企业实现跨越式发展、迅速做大做强的一个重要途径。浙江立足金融服务实体经济的效能提升，在不同领域与产业层面都在进行产融协同发展的实践探索，逐步形成独有的特色路径。

1. 制定针对性、专业化金融服务方案，全力服务"中国制造2025"

在金融服务实体经济的思路指引下，浙江全面推动银行业的业务调整，针对"中国制造2025"战略，在高端装备制造、清洁能源、大数据、云计算等战略新兴产业持续加大信贷投放力度。截至2018年3月，实现贷款余额2894.51亿元，较年初大幅增加377.68亿元，增长15%。同时，浙江温州、绍兴、台州等多地银行机构出台专项信贷支持方案，建立专营机构、培育专业团队，创新金融产品和金融服务方式，助力战略性新兴产业培育和传统制造业改造升级，推动资金流向重点支持的产业领域。例如农业银行嘉兴分行通过建立科技贷款直营部门，特别发行"嘉科通"产品支持科技型小微企业，截至2018年3月共发放贷款6.02亿元。

2. 转变金融服务模式，助力"大众创业、万众创新"

自2014年李克强总理在夏季达沃斯论坛发出"大众创业、万众创新"的号召以来，浙江省大力加快"双创"的推进，各类特色创业园区、创业集聚地逐渐增多，初步形成抱团式、集聚式的创业发展模式。为了进一步提升"双创"成效，浙江各地借助园区合作、政银合作，通过双向互联、互推互荐的集约式金融服务，提高金融对"双创"基地的综合服务能力。例如嘉兴银行与当地科技城管委会合作，帮助科技城内32家企业融资2.43亿元；温州银行与瓯海区政府达成合作协议，独家入驻温州市大学科技园孵化器，一揽子为首批33家初创型科技企业提供金融服务。

3. 建立文创产业金融服务架构，推动文化创意产业发展

文化创意产业是以创造力为核心的新兴产业，包括广播影视、动漫、音像、传媒、视觉艺术等内容。文创产业发展对提升城市的文化辨识度，满足人民日益增长的文化需求以及促进全社会创业创新氛围的形成，都有积极作用。浙江为推动文创产业发展，持续完善文创金融服务机制，提高服务效率，激发内生动力，具体采用了以下做法：一是培育专业化的文创金融服务力量，例如杭州银行在专营支行分别组建影视金融、游戏金融、互联网金融、艺术品金融等专业性的服务团队。二是建立灵活性的客户准入标准，在抵押物不足与不符合传统授信的情况下，依据企业的人才、品牌、创意专利等要素特征来为企业提供针对性授信贷款，例如杭州银行以1000万元纯信用贷款支持电视剧《人民的名义》拍摄。三是不断丰富文创金融产品种类，针对细分行业开发特色产品，例如南京银行杭州分行根据文创产业的各个细分领域，分门别类地推出演艺贷、出版贷、影视贷、专利贷、广告贷、品牌贷、文教贷、旅游贷等八大系列产品，以满足不同类型的融资需求。

4. 完善农村基础金融服务，实施乡村振兴战略

浙江省为了增加金融服务的普惠力度，创造性推出"两跑三降"业务举措，引导金融机构按照"产业兴旺、生态宜居"的乡村振兴战略具体要求，通过"跑街（跑村）、跑数"业务举措，实现普惠金融"降门槛，降成本，降风险"。在农村建设发展最需要的领域内，提供"三农"金融服务、小微金融服务与扶贫金融服务。为扶持"三农"产业发展，浙江省制定了"综合金融不出乡，基础金融不出村"的金融服务目标，在全省范围内推动实施行政村基础金融服务"村村通"工程。具体措施体现为以下几个方面：一是合理调整金融体系的服务结构。主要由农业银行、农发行、邮储银行等政策性金融机构发挥主导作用，而由村镇银行与农信系统来弥补政策性金融服务的不足。二是不断提升乡村金融服务的覆盖水平。根据浙江省银监局的最新数据统计，截至2017年末，浙江行政村基础金融服务覆盖率已经达到99.75%，基本上实现了乡村金融服务的全面覆盖。三是充分发挥科技金融优势，助力乡村金融服务水平提升。在越来越多的村、镇区域内，发展网络银行、手机银行APP、微信银行、花呗信用、银联云闪付等新型电子支付渠道，实现科技金融的扶贫下乡，丰富乡村金融服务手段。四是推动实施手机智能支付、PAD等移动终端可视化信贷，并提供线下上门开卡、办理贷款等服务，力争将金融服务的"最多跑一次"提升为"一次都不跑"。截至2018年3月，浙江省域范围内已经有超过70家银行提供此类业务。

三 进一步推进营商环境建设的问题与政策建议

习近平总书记对浙江工作作出重要指示："干在实处永无止

境，走在前列要谋新篇，勇立潮头方显担当。"浙江狠抓落实"八八战略"，引领浙江高质量发展，尤其是浙江历届省委省政府高度重视民营经济发展，深入推进各项改革举措，努力打造最佳营商环境，创造充满活力的体制机制，为企业发展创造了前所未有的良好政策环境和社会氛围。因此，浙在打造最佳投资营商环境过程中，努力破除营商环境建设过程中存在的困难和问题，并明确下一步最佳营商环境建设的政策走向。

（一）浙江继续推进营商环境建设过程中存在的问题

1. 投资营商环境"点、线、面"的建设格局，尚未形成目标统筹与量化考评

浙江全省倾力打造最佳投资营商环境，全省范围内以"最多跑一次"改革为抓手，全面优化政务服务，同时各地区因地制宜制定具体的改革举措，虽然都取得了明显的成效，但是能否形成持续性的政策效果，还需要明确的目标统筹机制来保障。要防止出现"一阵风""一刀切""上有政策，下有对策"等改革不彻底、不持续的现象。同时，为了保证投资营商环境建设各项举措的科学性、规范性与系统性，还需要建立与设计具体的量化考评体系。

2. 投资营商环境的区域竞争优势尚未完全凸显

浙江地处长江经济带重要区域，毗邻上海、江苏等经济强省，长江经济带沿线地区发展经济既合作又竞争，投资营商环境的好坏直接决定经济竞争优势的发挥。根据区域经济竞争理论，越具有竞争优势的地区其经济体对优势资源的集聚力就越强，经济发展也就更快。因此，从短期看浙江虽然在通过优化政务环境方面"先人一步"，但是从经济发展效果上来看相较于上海与江苏，其投资营商环境的区域竞争优势还尚未完全

凸显。

3. 投资营商环境的碎片化局部改革仍不能覆盖企业生命周期发展的全过程

从经济构成上来看，浙江具有数量可观的中小微企业主体，这些企业生存发展状况的好坏直接关系着浙江整体经济发展的好坏。相较于大型企业集团，浙江的民营企业对外部经济发展环境的敏感性更强。在经济环境形势不好的情况下，民营企业经营状况更容易出现恶化。因此，浙江省应该重视培育覆盖中小企业全生命周期的投资营商环境，比如为初创企业开设审批、信贷等"绿色通道"；为处于成长期的企业提供融资与上市辅导等；为上规模企业提供高端人才引入通道与产学研服务等。但是，从目前来看，浙江很多地区的投资营商环境建设还存在碎片化局部改革等问题，尚未结合企业的生命周期发展过程实现全覆盖。

4. 投资营商环境的建设主线不明显，不能充分发挥各项改革举措的效果

投资营商环境的建设涉及政府、企业、市场环境等多方面因素，同时还涉及资金、人才、技术、创新等多元要素，是一项综合程度非常高的系统性工程。浙江以"最多跑一次"改革为契机启动全省范围内的投资营商环境建设，但是随着改革进入深水区，各项政策措施如果没有清晰的主线思路，很容易出现停滞不前与政策效果难以继续发挥作用的窘境。从目前浙江投资营商环境建设的阶段特征来看，浙江还应该进一步在现有改革成效基础上理出投资营商环境建设的主线脉络，比如以人才战略引领浙江成为人才汇集、创新活跃、技术集成的经济高地。

（二）加快推进营商环境建设的政策建议

1. 对标最佳投资营商环境建设细分指标，落实主体责任与强化量化考评

浙江投资营商环境优化升级，已进入分类施策与各个击破的攻坚阶段，要通过细化分工与狠抓落实的工作方法，切实打造稳定、可预期、法治化的最佳营商环境，已成为浙江接下来的重要目标。这就需要浙江对照世界范围内投资营商环境建设的先进地区，制定具体的投资营商环境建设细分指标，并且要分门别类地落实主体责任与强化量化考评。根据建设现实情况，需要从政府机构中分立或者重新设立具有统筹投资营商环境建设的部门，承担全省投资营商环境建设的主体责任，防止出现"盲人摸象"似的管理现象。

2. 深化国内国外开放，形成局域内投资营商环境的比较优势

浙江在投资营商环境的建设中，应该以改革强基础，以开放促发展，在国际化城市建设、人才引进、行业管理、企业减负、节能降耗、食品安全、知识产权保护等方面，以开放的心态加强内联外拓的合作交流。同时，借鉴上海建设"一网通办"平台，江苏推进"不见面审批（服务）"的经验举措，推动浙江更多政务服务事项实现"掌上办""指尖办""远程办"，加强政务服务的信息化水平，并提高标准化服务水平，对接国内引入企业与国外投资企业的服务规范，方便更多企业落户浙江。

3. 围绕企业生命周期的闭合链，建立全域化政府服务无缝对接

根据世界银行的投资营商环境报告，投资营商环境涉及企业生命周期的开办企业、办理施工许可、获得电力、登记财产、获得信贷、保护少数投资者、纳税、跨境贸易、执行合同与办理破

产等全流程，是一个从企业新设到破产清算的生命周期闭合链。浙江应该围绕企业生命周期的闭合链，建立全域化政府服务无缝对接，全面系统地提升投资营商环境的服务水平。完成这一工作，因为涉及的服务具有面宽、多、杂的特征，需要借助智能化信息系统，提升服务的专业化、科学化与智能化水平。

4. 建设"人才高地"，引领多元要素资源回流

人才是第一资源已成为社会共识。自2015年以来，全国各省市相继出台人才政策，加入全国范围内的人才争夺大战。浙江实现快速发展的各项要素资源、改革举措与战略部署已基本成型，而继续盘活经济活力的关键在于人才，需要大量的外部人力资源来充实到经济发展的洪流当中去。浙江当前的投资营商环境的建设，应该重视建设"人才高地"，主打感情牵引、政策牵引、经济牵引等举措，形成人才高地的虹吸效应。其中，实现感情牵引最重要的就是户籍政策放宽，要做到精准施策尽其才。尤其对于浙江而言，放宽落户政策，必将在资源配置优化、大湾区和城市建设、人才流入等方面起到非常好的推动作用。

5. 以民营企业为主体，多元联动推动营商环境改善

对于浙江的经济发展而言，民营企业的作用举足轻重，应该继续在国内经济环境低迷与外部经济环境出现颓势的局面下，营造省内积极向上、创新活跃的经济环境"小气候"，对冲民营企业对外部环境的敏感性与外部环境的不良影响。这就需要政府引导政务服务改善，城市发展提供市场空间与要素供给，园区建设强化企业规模效应，民营企业积极有为参与实体经济发展，从而实现以政府、城市、园区、企业为主体多元联动推动浙江营商环境改善。

"最美"现象:闪耀浙江的文明之光

柳一珍　杨　琳

党的十八大以来,"最美"现象如春笋般在浙江大地上不断涌现。从"最美司机"吴斌的忍痛一刹,到"最美妈妈"吴菊萍的惊世一举、"最美交警"吴连表的舍身一推,再到"最美爸爸"黄小荣的勇敢一跃、"最美姑娘"叶霄雯的双臂一抬……最美现象成为浙江大地上一道道亮丽的风景线。"最美"现象的产生绝非偶然,这与浙江群众性精神文明创建活动持之以恒的开展息息相关。它既是浙江公民道德实践的产物,也是社会主义核心价值观在浙江的生动诠释。长期以来,浙江一直把加强精神文明建设作为事关全局的战略任务来抓,以"最美"现象创建为载体,通过品牌化的方式、制度化的手段和常态化的途径全面推动公民道德建设,不仅重新唤醒公民道德的自觉践行,而且带来公民素养和社会文明程度的提升,为浙江经济社会发展提供了有利的道德资源保障,也为全国提升公民道德建设水平提供了示范效应和地方经验。

一　历史与现实交汇融合:"最美"现象生成的背景

任何社会现象的产生都有其深刻的社会、历史和文化原因。

>> 新浙江现象

"最美"现象的萌发根植于浙江深厚的历史，体现浙江人的道德现状，引领着浙江道德建设的价值取向。最美现象是浙江传统文化精髓在当代的全面激活，浙学务实信德、贵柔的传统，浙商乐善好施、达济天下的思想，为"最美"现象的萌生提供文化基因；浙江经济社会高度的发展，为最美现象的萌生提供了深厚的实践基础。"最美"现象的生成是历史与现实交汇融合的必然结果。

（一）深厚人文底蕴和文化基因

"最美"现象集中体现了浙江深厚历史文化中德行基因的勃发。在历史上，坐拥河姆渡、良渚遗址等华夏文明滥觞的浙江文化，源远流长，被誉为"文化之邦"。深厚的文化底蕴滋养了浙江人贵柔尚和的气质，造就了浙江人乐善好施的事功。《宋史·地理志》载，"浙江人性柔惠……"。纵观历史就可以发现，由于崇尚"柔惠"的精神气质，浙江人在日常生活中总是显得委婉含蓄、不失分寸；在社会活动中，也敬贤尊士、扶危济困、施善行义、睦邻交友。如古时在浙江的宁波，就有专设救生船以拯溺者的"同善会"，有义务报警救火的"水龙会"，在绍兴有专收殓遗尸的"舍材会"等。同时，在历史上浙江人重商创富，乐善好施，在兴利富民的实践中始终坚持着报本反始、以利养义、博施于民的品行与操守。从中国有史料记载的第一位商业巨富、中华商祖"陶朱公"，到声名远扬的浙西商帮、宁波帮，再到集徽商、浙商之大成的胡雪岩，以及今天浙商华侨的回流投资，他们赈灾救难，扶贫济困，热心公益，亦商亦儒、义利并举的德行风骨泽被后世。这些流淌在地域历史中的文脉是浙江大地上诞生"最美"现象的原初基因。

(二) 经济高速发展的道德诉求

道德现象的产生从来不是无源之水、无本之木。物质生活条件的相对富足，是社会道德建设以及良好社会道德风尚形成的必要条件。"最美"现象首先肇始于浙江，继而迅速在全国形成如火如荼之势。这与浙江乃至全国几十年经济发展为广大民众提供富足的物质生活基础密切相关。"最美"现象产生与全面建成全省乃至全国小康社会的进程相伴绝非偶然，这说明人们在实现物质生活富裕的基础上，对美德的迫切需求以及对美好生活的深切期盼。其一，"最美"现象所展现的是在极端危机情况下主体作出的利他性的道德选择，体现了民众对当前道德伦理层面失范主动矫正的自觉，重塑了人与人间和睦相处、互敬互爱的和谐关系，彰显了善行的美感，贯通了他者的心灵和情感，成为道德审美的对象，满足底层民众对真善美的迫切需求。其二，"最美"现象是对美好生活未来图景的形象诠释，高扬人的能动性和合目的性存在。马克思主义认为，人是具有思想意识和能动创造的存在，社会性作为人的本质规定，人应当"全面占有自己的本质"。"最美"现象以尽己之力贡献社会，生动诠释人对自己的"本质"的"全面占有"过程，标识了人的道德行为由"自然"向"自由"的转变，彰显了人性的尊严，是人对自身合目的性存在的确证和对美好生活的映射。

二 持之以恒的坚守：创建"最美"的系统实践

党的十八大以来，浙江对群众性精神文明建设进行了系列探索和创新，为全国提供了丰富的经验启迪和实践样本，"最美"现象的孵化即是典型。在历史上，浙江崇德向善、邻里和睦、扶贫帮困等风气代代相传。但伴随着经济社会的加速转型和利益格局的深刻调整、思想观念的深刻变化，道德失范迷茫等问题在浙江也不同程度地存在。在伦理道德生存面临前所未有的艰难境遇下，浙江涌现了一批在极端危急关头彰显德行的"最美"现象，而成为万众瞩目的焦点。这与浙江各级党委政府持之以恒地推进公民道德建设，以社会主义核心价值观引领社会道德风尚的高度自觉不无关系。浙江通过氛围营造、品牌培育、制度推进和常态建设，将最美现象从"盆景"到风景再到风尚，探索出了一条以最美创建引领公民道德建设，提升精神文明建设水平的新路径。

（一）以核心价值观为引领，营造学习践行"最美"人物的氛围

浙江党委政府立足地域文化和经济社会发展现状，在公民道德建设领域的不懈努力，为"最美"现象的萌生奠定现实基础、鲜活经验和主导力量。在最美现象的孵化中，无论是"最美浙江人"的选树宣传、"身边好人""道德模范""时代楷模""青春领袖"的评议，还是文明创建、文明结对、志愿服务等，浙江党委政府始终以高度的文化自觉，将社会主义核心价值观的培育与践行、当代浙江人共同价值观的弘扬与思想道德建设紧密结合起来，不断推进良好道德价值观的培育。各地依托当地实际开展丰富多彩的"最美"创建活动，持续推进道德模范宣传活动和公民道德实践活动，将社会主义核心价值观蕴含的理论精髓、价值理念及道德观念深植于社会生活沃土，潜移默化地播撒在普通百姓心中。通过道德讲堂、最美人物评选、最美现象研讨会举办、最美展示馆设立，最美课堂开办，最美家庭评选以及巡回宣讲，激发民众的内在道德和良知。运用全媒体的优势广泛宣传、倡导和

弘扬最美人物的先进事迹并对先进个人表彰，产生正向激励，凝聚道德正能量，营造全民学习践行最美人物的氛围。注重将最美创建与传统节日文化主题活动融合推进，不断培育勤劳节俭、遵德守礼、孝老爱亲的最美社会风尚，发挥传统文化涵养心灵、陶冶情操作用，推动形成向上向善的力量。此外，还充分发挥领导干部在"最美创建"中的示范作用。将道德修养纳入领导干部的考核任用，坚持"德才兼备，以德为先"的原则选任干部。对领导干部的道德不端进行严肃批评教育，对作风不正、贪污腐化的予以从严处理，营造向善、乐善、行善的道德氛围。

（二）多层次宽领域的创新，为"最美"风尚持续推进注入活力

1. 最美创建活动既有积极的实践部署，也注重理论层面的研究

一方面，通过开设各层面的专题教育培训、宣传推广等对"最美创建"进行部署外，还持续扩散"最美"效应。通过开展"发现最美浙江人，争做最美浙江人"等活动，大力发掘和宣传隐藏在民间底层的道德典型。有机整合"时代楷模""道德模范""浙江骄傲""风云浙商""金牛奖""浙江好人"等各类先进典型的评选资源，不断拓宽最美人物的领域和发展态势。全省各地借助媒体与行业、区域的互动，开展道德模范和先进典型评选活动，实现最美现象在基层和行业的示范效应，进一步带动各行业和区域对基层道德资源的挖掘和宣传力度。另一方面，加强最美现象的理论阐释研究，凝练最美现象的精神，进一步提升和扩展最美现象的理论意蕴和伦理价值。

2. 最美创建活动既有宏观的整体指导，也有微观的循序推进

浙江以社会主义核心价值观和公民道德建设为统领，宏观

层面以最美道德品牌培育为抓手,通过树立典型,培育道德品牌来引导社会价值取向。全省联合多部门和多单位参与,精心培育出"最美教师""最美医生""最美消防员""最美国税人""美德少年"等多类道德品牌,建立"最美人物"资源库,共吸纳2000多例最美事迹,使"最美创建"成为常态化、品牌化,让"最美人物"深入社区街道、走进工厂单位,走进军营学校、走进千家万户,不断发挥人民群众发现美、宣传美、创造美的积极能动性,使全社会成为美的行动者和诠释者。微观领域,以文化人、升华最美,将最美现象作为社会主义核心价值观的阐释和宣传载体,一批反映浙江最美精神题材的影视剧、歌曲、诗歌、美术等作品不断涌现,不断彰显最美精神的生命力和持久力。

3. 最美创建活动既有正面典型激励,也运用反面曝光警示

在最美创建活动中,积极对道德事件开展必要的道德监督和干预。运用正向干预,对好人好事进行褒扬和奖励;采取负向干预,对违反或践踏道德的事件进行阻止和鞭挞。例如,针对每年创建活动中涌现的"最美人物",省市领导亲自带队对他们进行重点走访,全省各地各级相关部门先后走访慰问身边好人3000余人次;各地的主要节庆活动中,主办方都邀请道德模范、时代新人代表出席;设立道德模范专项基金会和民间道德基金会,推出"道德信贷"工程;文明单位还为好人发放免费公交卡和人生意外伤害保单等,营造全社会关心最美人物,争当最美人物的社会氛围。在做好"最美"创建的正面舆论宣传的同时,省市各地主流媒体利用公信力,充分发挥舆论监督的作用,对社会上的不良陈规陋习进行曝光监督,巩固和倡导主流价值导向,弘扬积极健康的道德风尚。

（三）注重政策制度的协同，推进常态长效机制的建立健全

浙江以机制创新为突破口，注重政策制度的协同，推进"最美"创建的常态和长效。一是建立健全"最美浙江人"的发现机制。"最美"的生命力在于依靠无数普通人的道德故事得以传播和延续。浙江各地探索建立横向到边、纵向到底的四级发现、推选机制，从村、镇乡（街道）、县（市、区）、市四级层层推选，发动机关、企业、学校、社区等各系统各单位积极举荐，挖掘不同领域、类型的"最美"现象。每月收集各类推荐线索300多条，充分发挥人民群众的主体作用，不断拓展"最美"现象的时代内涵。二是建立健全"最美浙江人"的传播机制。积极的舆论环境是"最美浙江人"品牌建设必不可少的发展条件之一。建立浙江好人榜定期公布制度，每月评选一期浙江好人榜，在省级主要媒体张榜公布。通过网站、微信、客户端专题专版长期追踪，运用公益广告等载体做好"最美浙江人"的常规化宣传，不断扩大最美现象的影响力。三是建立健全"最美浙江人"的践行机制。广泛动员民众积极参与是践行"最美浙江人"的坚实力量。通过开展争做"最美干部""最美党员"活动，树立党员干部的新形象。在青少年群体中广泛开展"美德少年"评比活动，在各行各业开展争做"好人"，在农村开展"最美家庭"评选，不断增强最美的扩散度和持久性。四是建立健全"最美浙江人"的关爱机制。政策法规是"最美"发展的重要保障，为保障"最美"现象主客体生活和政策运转的需求，给予他们在政治、经济、文化、社会等方面的权益。浙江建立见义勇为表彰、救治绿色通道、经济困难帮扶等一系列机制。出台《浙江省见义勇为人员奖励和保障条例》《浙江省道德模范待遇保障若干规定（暂行）》，浙江11个地市，48个县（市、区）也均出台相应办法和关爱基金，对见义勇为和道德模范在医疗、养老、住房、就业、法律援助等方面的权益都作了系统而详尽的规定，以政策和制度协同推进"最美"现象常态长效机制的建立健全。

三 文明之光闪耀浙江：创建"最美"的显著成效

浙江紧扣"最美"现象的精神实质，把社会风气树立、社会道德宣扬和城乡文明建设与"最美"创建巧妙相融，打造了符合本地特色的"最美"实践。不仅缓解了民众的道德焦虑，提升了公民道德水准，而且重塑了崇德向善、人际和谐的良好社会氛围，提高了社会的文明程度。

（一）培育良好社会风尚

社会风尚的培育和重塑，是指一定社会成员在经济、政治、文化传承和道德思维上的价值熔铸的过程。总体来说，随着改革开放的深入和浙江精神文明建设的发展，浙江省思想道德建设取得了重大成就，但道德阵痛和失范问题仍时有发生。"最美"的持续创建，传递和凝聚了"向善"的道德正能量和道德共识，对良善社会风尚的形成具有积极的推动力。首先，强化向善的道德意识。"最美"现象的萌生和持续创建，缓解了公民道德焦虑，激活公众道德认知里存留的"善"和"向善"基因，拯救和弥补"不善""不良"，凝聚民众向善的道德意识。其次，强化向善的道德行为。"最美"现象的萌生和创建激发民众道德情感，引发了民众情感共鸣，在道德情感的助推下强化了民众向善的道德行为。可以说"最美"的持续创建为民间道德力量的释放提供了"知行场域"。最后，强化向善的道德心理。"最美"的创建，重塑社会成员的价值判断和行为向度，增强道德建设的信心和活力，历练德行品质，锻造行为方式，形成相对稳定的"向善"社会心理，进而演化为社会风尚。这些"最美人物"用自己的行动汇聚了浙江大地上向善的力量，有效淳化了风俗。截至目前，浙江省涌现各级各类典型2万余人，其中全国道德模范9人，全国道德模范提名奖40人，省道德模范132例，参与推荐和评选的群众累计达1000余万人次。

（二）提升公民的道德水准

良好公民道德水准既是现代社会良性运转的基础，也是现代公民的基本要求。"最美"创建作为浙江公民道德建设实践中探索的行之有效的工作方法，在提升全省公民道德水平、全面推进公民道德建设方面发挥了重要作用。一方面，树立正确的道德价值观。"最美人物"作为社会道德规范的忠实捍卫者和鲜活践行者，既是社会最先进道德价值目标的集中体现，也是社会最主流道德价值取向和最高尚道德的承载者，他们在社会公德、职业道德、家庭美德和个人品德方面所起的引导和示范效应，可以激发人心向善的本性；看得见摸得到的鲜活事迹可以带动民众效仿，进而重塑民众的道德价值观。另一方面，提升公民道德自律。道德修养是个体自觉改造主观世界的活动，彰显了道德认知与行为的统一。"最美"创建以来，浙江各地以"最美人物"为标杆，将"最美"创建与文明出行、文明礼让活动有机结合，通过将学习与模仿相结合、认识与行动相统一、自律与他律相促进，发挥其对民众行为的引领和导向作用，提高公民的道德修养，取得了良好的社会效益。全省各地越来越多的出行陋习被文明出行、文明礼让所取代，文明交通成为公民自觉。"文明出行""文明礼让"，已然成为真切反映浙江公民道德水准的一张金名片。

(三) 提高社会文明程度

"最美"现象的感召力和持久性源于其内蕴真、善、美,是真善美的有机统一和感性呈现。浙江充分利用"最美"现象,持之以恒地开展最美创建活动,不断延续和升华"最美"现象,提高社会文明程度。首先,增强民众的道德感,促进健全人格的养成。浙江各地通过"最美"现象所传达的"真善美",影响和改造社会公众的主观世界,引导公民在日常生活、学习、工作中坚守真善美、抵制假恶丑,维护人格尊严,提高人生的境界和意义,不断塑造公民道德人格。其次,增强民众的责任感,促进社会良好公共秩序的建构。"最美"现象深刻阐发了个人价值与社会责任的统一,是社会主义共同理想与个人职业理想高度结合的产物。"最美人物"用自己的实际行动向世人展示了他们对他人、社会、国家的责任感,鲜明体现了作为公民应当具备的奉献意识、参与意识、责任意识,用自身的美德和行为维护了公共秩序和公共利益,增进了社会和谐。最后,增强民众的和谐感,促进社会文明程度的提高。和谐、文明、积极向上的人际关系是社会文明发展不可或缺的因素。"最美"现象扶正祛邪,传递人与人之间友善、信任的正能量,黏合心理裂痕,增进公民之间的信任、和谐,对人与人、自然、社会以及自身的和谐关系培育发挥积极的作用,为社会的文明进步奠定了基础。浙江各地通过对最美内涵与形式的拓展,不断增强"最美人物"辐射面,有效提高社会文明程度。截至当前,浙江成为全国入选"全国文明城市"最多的省,有207家单位被评为全国文明单位,17家学校入选全国文明学校,2819家单位被评为省级文明单位。

四 道德力量汇聚：创建"最美"的经验与启示

浙江的"最美"创建经历从单项推进到品牌建构再到融合发展的历程，"最美浙江人"的内涵不断丰富，辐射效应日益拓展，构建了德法并举的公民道德建设体系，实现了"最美"创建从特殊性、特定性到一般性、常规化的转变。可以说，"最美"已成为浙江省公民道德建设的响亮品牌。通过梳理与总结浙江在公民道德建设道路上的探索，主要有四方面的经验。

（一）促进区域道德文化传承与现代文明的深度融合

"最美"现象根植于中华民族深厚的道德积淀，孕育于浙江丰润的文化沃土，萌发于浙江经济高速发展的当代社会，是传统美德与时代风尚的有机统一。其从个别、偶然事件演化为群众性、经常性的社会风尚，与浙江公民道德建设始终坚持区域道德文化传承与现代文明的深度融合紧密相关。一方面，通过弘扬传统美德滋养民众的道德情感。各地通过大力挖掘区域传统道德文化资源，汲取区域传统文化中的道德因子，充分发挥区域传统文化的价值导向和道德教化功能，激励民众不断追求崇高的价值和意义。以形式多样的宣传载体，倡导区域道德文化中内蕴的"仁者爱人""仁民爱物"的人文精神，弘扬浙江古代尤其是近代"以利合义""义利并立"的道德思想和浙商"乐善好施""达济天下"的传统。以培育家风家训活动为契机，开展优秀家风和"最美家庭"评选活动，倡导"知恩图报""孝悌为本""谨身节用"的传统美德。如丽水等地开展最美家风"六星文明户"评选活动，涉及 17 个乡镇（街道），1269 个村，31.33 万户农户，推动了"最美"在农村的落地生根。利用春节、元宵、清明、端午、七夕、中秋、重阳等传统节日，经常性组织开展各类群众性优秀民俗活动、中华经典诵读活动、专家普及解读活动，强化传统美德在民众心中的影响力，发挥传统美德对民众教化功能。另一方面，以核心价值观引领民众的道德品行。通过"最美"创建为纽带，突出现实性原则，不断推进社会主义核心价值观的落细、落小、落实。民众被"最美人物"所感动，进而推崇、赞扬，是因为他们展现的是平凡人对自己工作岗位职业操守的恪守和现实生活中焕发的崇高人格品行，唤醒人民精神深处的道德"共通感"，"最美人物"使榜样形象从"宏大叙事"的方式走向民众现实生活，更具亲切和可学性。传统文化与现代文明的深度碰撞与融合，使学习"最美"人物、弘扬"最美"精神转化为民众的自觉。

（二）实现党委政府倡导与人民大众认同的有机循环

"最美"现象焕发的道德效应是党委政府、底层民众对道德失范的及时干预和主动矫正，也是对良好道德环境的自觉建构。"最美"现象的萌生，是民众以亲眼所见发现美，通过网络平台传播美，进而媒体助推扩散美，到政府回应褒奖美的过程。它充分尊重人民群众是历史创造者的主体地位，生动地体现了从群众中来到群众中去的思想和工作路线的基本要求，体现浙江党委政府敏锐觉察民众道德情绪，及时回应民众美德需求，有效善用美德释放效应的高度自觉。在最美现象的萌生和创建活动中，浙江探索了基层民众"自下而上"的认同与高层"自上而下"的倡导的良性循环机制，构筑了道德楷模培育和学习的新模式。一是民间自下而上的认同"最美"，反映了民众自觉成为道德主体，而不是被动等待观望，体现了公民道德建设回归现实生活的转向。政府通过组织群众广泛开展从身边寻找最美人物和发现最美人物的活动，及时回应民众对美好道德的期盼，激发民众参与道德建设的自觉。二是党委政府自上而下对"最美人物"的倡导，发挥对社会价值取向的引领作用。浙江各级政府、媒体对最美人物及时宣传、报道，并给予物质和精神奖励，形成了良好的舆论导向和社会氛围，引导人们的行为沿着符合践行最美精神的方向转变；同时"最美"的持续创建，促使社会成员真善美行为的不断养成，最终达到重塑行为习惯、移风易俗的效果。三是政府自上而下倡导与民间自下而上认同的良性互动，形成全社会积极参与的联动机制，使社会认可与权威认可遥相呼应，为催生更多"最美人物"提供坚实基础。在这个持续运转良性循环的道德建设系统中，最美精神得以生根发芽，民间道德正能量被激发与汇聚，社会主义核心价值观得到不断丰富与发展，进而涌现更多"最美人物"，带动公民整体道德水平在实际践行中升华。

（三）实行传统媒体与新型媒体线上线下的联合互动

全媒体的强力跟进促使"最美"现象常态和扩散。浙江各地在遵循宣传规律和新闻规律相统一的前提下，完成了最美从个体到集体的蜕变，现象到精神的升华，民意支持与意识形态高度契合，实现了新型媒体与传统媒体联合互动的完美融合。一是传统媒体与新型媒体合力宣传，推动"最美"现象的可持续发展。通过激活新型媒体，以专题网站、网络论坛、微博、微信、拍客、手机报等载体长期、经常宣传"最美"现象，报纸、电视等传统媒体及时跟进，以消息、评论、视频新闻等形式对"最美人物"评选活动进行多角度、全方位报道，形成"最美"创建报道全年贯彻始终，并与日常常规性、阶段性和重点活动紧密结合的宣传体系。创新报道形式，注重求新求精、求实求是的立体式报道，在提升"最美人物"新闻宣传的科学性、艺术性、规律性和实效性上下功夫，不断提高报道"最美"质量。二是线上与线下的联合互动，拓展"最美"现象的覆盖面和影响力。在主流媒体宣传造势的前提下，把"最美"评选深入基层、街道、社区；坚持运用传统社会宣传与创新社会宣传手段相结合，在做好巡回宣讲、博物馆展览、公益广告投放等宣传手段外，通过走进社区、乡村与市民群众现场交流，倾听和记录他们心中的"最美"故事，运用直播访谈、热线电话等方式引导观众、听众参与互动讨论，实现线上线下联动，使"最美"声音的社会覆盖面更宽、更广，有效地扩大"最美人物"的社会影响力。

（四）形成道德建设的德法并举协同共治的良性机制

"最美"现象在浙江大地上蔚然成风，是浙江党委政府长期以来坚持公民道德建设德法并举、协同共治的必然结果，既注重运用法治手段解决道德领域的突出问题，又强化道德对法治的价值引领和支撑作用。一是以道德监督考评机制推进最美创建。通过最美创建的常态化完善考核机制，有效保障道德实践活动的开展。浙江各地以最美创建为载体，建立健全最美人物的选树、监督、评价和示范机制，通过强化相关工作的考核考评机制，将道德建设的工作和成果纳入各级督查督办、领导班子政绩考核，以制度刚性保障道德建设的有效性和实效性，促进最美创建的常态化。二是以制度规范推进最美的学习和践行。把最美的创建与公民文明条例、纪律规范、行业规范、乡规民约、学生守则、团体章程等有机结合，使学习最美人物成为群众日常的制度约束和自觉行动。三是以惩恶扬善的法律法规保障最美的发展。浙江省及各地出台《见义勇为人员奖励和保障条例》《道德模范待遇保障若干规定（暂行）》等为最美创建的常态化提供了法律保障。同时为进一步扩散最美，提升城市文明水平，浙江杭州、宁波、湖州等地施行《文明行为促进条例》，丽水发布《礼让斑马线行为规范》，通过在全市范围内建立文明行为记录档案，搭建公共信用信息平台，将文明行为记录和不文明行为情况纳入，实现信用信息的数据共享。使最美现象借助法治的力量，转化为人们的情感认同和行为习惯，有效提高最美创建的常态化、法治化、规范化水平，使美成为社会文明进步的新标杆。

转型升级：新时代浙商的历史使命

杨立新　周松强　徐应红　钱泓澎

浙商是四位一体的复合式概念：既是自然人，也是法人；既是经济现象，也是文化现象；既在本土创业，更活跃在全国各地和世界各国；既有历史渊源，更在改革开放后崛起成为当代中国第一商帮群体。

一　浙商的历史及其作用

（一）浙商的成功是历史的偶然也是历史的必然

浙商能够在改革开放之后崛起成为中国第一商人群体，既有历史的偶然，也有文化的必然。在历史上各个时期，无论是工商业活动，商业思想，还是名商巨贾，浙江皆在全国前列或具有典型性。这也是改革开放之后浙商崛起为当代中国第一商帮的源头活水和历史必然。浙商诞生的100多年中，到底是哪些因素使他们能够持续保持竞争力，长期立于不败之地？

1. 区域性的重商文化造就了浙商的"经商"基因

浙江的地理位置为古代越国所在地，中国商人祖师爷陶朱公范蠡就诞生于此，"义利并重""以义取利""事功致用"和"工商皆本"的商业文化从此之后深耕浙江大地。唐、宋以后，中国经济文化重心南下，浙江被誉为"丝绸之府""鱼米之乡"，俗语

"江南熟，天下足"，证明了浙江的生产力之发达。到了明代，一种新型的生产关系萌芽在浙江一带出现，随后宁波商帮和龙游商帮逐渐诞生，成为浙江商帮的前身。

其次，经商文化的传承是浙江文化的重要组成部分。曾任浙江省委书记的习近平认为："现代浙商文化的历史起源，充分借鉴海洋文化和中原文化的精髓，成就了儒家文化中独特的一脉。这一文化基因以温州永嘉学派和金华永康学派为代表，在'舍利取义、以农为本'的农耕社会中开始强调'义利并重、工商皆本'的观念，无疑是一个大胆的创新。"[①] 正是这种历史性的文化创新与传承，形成了浙江老百姓血液中不可磨灭的"经商"基因。

2. 环境制约是推动浙商奋进的客观因素

浙江是全中国出了名的人多地少，有人总结为"七三一水两分田"。浙江陆上区域煤炭资源匮乏，无油气田资源。龙游县，"地薄，无积聚，不能无贾游"。土地贫瘠，生产力落后，浙江不得不弃农，外出经商作为谋生技能。但是在平原地域，浙江又因为得天独厚的区位因素盛产桑棉麻，经过加工可制为丝绸、棉布等，深得国内外客商的喜爱。资源丰富的地区生产优质产品，资源贫瘠的地区外出经商谋生，这种顺应时变，图存竞胜的能力是环境制约下的历史必然。

（二）浙商推动了浙江经济的高速发展

民营经济兴则浙江兴，民营经济强则浙江强，民营经济在浙江国民经济的各个领域均发挥着重要作用。一方面，民间投资表现活跃。2017年，民间投资18152亿元，比2003年增长近8倍，

---

① 柴骥程：《"浙江现象"惹人瞩目，习近平三赞浙商文化基因》，华夏经纬网，2003年9月8日。

年均增长16.9%；占固定资产投资总额的比重，由2003年的48.7%提高到58.3%，超过国有及国有控股、其他经济类型企业投资，是拉动投资增长的主要力量。

民营经济是税收收入的重要来源。2017年，浙江税收收入55.6%来自民营经济，其中，54.1%来自个私经济，比2002年提高24.1个百分点。此外，民营经济成为外贸出口的主力。2017年，民营经济出口14956亿元，占全省出口的76.9%，比2002年提高46.8个百分点，在对外经济方面起着至关重要的作用[1]。

浙江民营企业的综合实力居全国前列。在2018年最新公布的中国民营企业500强中，浙江有93家上榜，连续20年居全国第一。截至2017年2月28日，浙商在省内控制的上市公司有301家，在省外和境外控制的上市公司总计140家，浙商在省外和境外的上市公司数量相差不大，分别为69家和71家。这一数据若是参与2016年全国各省上市公司数量排名，将比全国25个省的上市公司总数量还要多。2017年，新增境内外上市公司96家，上市公司实施并购337起。年末境内上市公司415家，上市公司数量仅次于广东位居第二。其中，中小板上市公司138家，占全国的15.3%；创业板上市公司80家，占全国的11.3%。

哪里有市场，哪里就有浙商。截至2017年底，220万浙商分布在世界五大洲180个国家和地区。著名的马德里Lavapies商贸区，罗马服装批发商贸城，阿联酋迪拜的中国日用商品城分市场，南非中华门商业中心等商业区，都是由浙商创办的。

因此，无论从数量、质量以及贡献来看，浙商是中国人数最多，分布最广，实力最强，影响最大的商人群体。

---

[1] 数据来源于《体制机制显优势 民营经济亮名片——改革开放40年系列报告之三》，浙江统计信息网，2018年11月6日。

二 浙商的特点及其成因

著名经济学家吴敬琏曾经对浙商赞誉有加:"浙江是一个具有炽热企业家精神的地方,浙江商人既聪明又肯吃苦,敢冒风险,敢为人先,最让人敬佩。"毋庸置疑,浙商至少已成为继晋商、徽商之后,又一个具有时代性的中国大商帮。经过数十年的发展,浙商已经发展出其独有的经商哲学。

(一) 浙商的经商哲学之一:肯干但不蛮干

浙商的肯干是出了名的,资源的贫瘠造就了浙江人自我创新、自我发展的意识。凭借积攒多年的深厚务工经验传统和商品经济意识,商业细胞不断从浙江人的血液中裂变出来,使得一些原本是打铁的、缝衣服的、修打火机等的普通劳动者发展成为百万富翁、千万富翁,成为国内外知名的企业家。

1. 会吃苦也会反思

浙商原始资本的积累方式令人难以想象,艰辛而悲壮,可谓是聚沙成塔,就像一个艰辛备尝的农家子弟,历经了无数磨难才积累了相当的财富和实力。这种苦难的历程让他们在积累财富的同时,不但形成了自己发达而完备的营销网络、发展平台,更让他们逐渐熟悉、掌握了一套符合自身特点的企业运作、管理之道。[①] 可以说,浙商的资本积累是从汗水中来的。鲁冠球最早是一名铁匠,徐文荣曾经是农民,王振滔原来是一名木匠。他们为了创业,什么苦都能吃,什么脏活、苦活、累活都愿意干。他们忍辱负重,从事各种别人瞧不起的艰苦行当。他们的第一桶金都

---

① 新浪博客,江南淋雨人,博文《浙商特征之概论》。

是自己双手挖掘出来的。但是他们吃苦的同时会反思，如何做得更大更好，如何开拓市场，如何保持企业健康持续发展，这就是最早的企业家精神，吃苦的同时不忘反思。

2. 抱团经商但分工明确

有人曾经评价浙商的足迹：有人的地方就有浙商，可见浙商的足迹之广。事实上，从浙江本土来说，浙江的每一个地区，即使是山区、欠发达地区，都有大量的工商业经营者，也有大批人外出经商办企业。全世界各地都有"义乌街""温州城"。浙江商人外出抱团经商，但是不同于粤商、潮汕帮等基于家族、血脉相联系的商帮，浙商早已从最早基于血脉亲缘关系的构造，逐步发展成为内部分工明确的商会组织。实力较强的老板成为投资者，率先在经商地建立一个义乌城或者温州城，实力一般的老板进场经商成为摊主，实力较弱者则当伙计、守铺子、看摊位，每个人各得其所也各司其职。这样结构的好处一是在于市场信息传递的及时性，横向与纵向的快速传递有利于投资者和经商者及时掌握市场信息，共同发展。二是各个经营者互相联系的同时又互相独立，没有血脉亲缘带来的思想压力，同时又保证了新思想新血液的流入，抱团但不封闭。

（二）浙商的经商哲学之二：敢闯敢试

市场总是风险与机遇并存，失败者与成功者并存，但是市场不是零和博弈。浙商一脉相承的"经商"基因，赋予其发现机会的眼睛，中国商帮博弈中浙商凭借其固有的文化优势占得了一定先机。浙江的文化传统与现代商业有机融合，也为浙江的发展注入了强劲动力。

1. 机会是闯出来的

浙江出现了新中国历史上第一座中国农民城，第一批个体工商户，第一批私营企业，第一个股份合作制企业，第一批专业市场，第一家私人包机公司，第一个在海外开发专业市场，第一家具有进出口经营权的私营流通企业，第一批私企建立党组织，第一家民营企业在香港上市，第一家自然人直接控股的上市公司。如此多的第一，都是浙江商人一步一步闯出来试出来的。这个过程也有失败者，但是不去闯，永远不会有这么多第一。浙江人当初离开浙江，不仅是抱着外出打工赚钱的心态，更多的是寻求市场机遇，为自己打工，追求利润最大化。正是这种心态发现了当地人无法发现的商机，赚到了当地人赚不到的钱。

2. 追求效率超过利润

浙商深得企业生存之道。追求企业生产的效率提升，往往比追求一时的利润更为重要。浙商企业"小"，产品也"小"。著名的温州，其支柱产品皮鞋、服装、眼镜、打火机、低压电器等，全部是抓在手心里一只手可以拿着走的东西。科技含量，资金门槛都很低，但他们就是有竞争力。[1] 浙商早已明白，企业规模小和规模经济并不是一回事。浙江的小企业通过浙江独有的区域专业市场交换实现生产连接，获得外部规模经济；也可以通过专业化协作进入大龙头企业主导的价值链。浙商懂得，不要去追求做最好的产品，而要去发现最适合自己的产业、管理模式。这是浙商从草根企业逐步发展壮大的重要秘诀。

（三）浙商的经商哲学之三：务实

自古以来浙江人民就形成了求真务实的精神传统，传统浙商更是在多方面体现了求真务实的精神：遵循规律、尊重实际、工商皆本；注重实干、经世致用；讲求实效、义利并举。翻阅浙商

---

[1] 《浙商为什么厉害》，《江门日报》2007年8月6日。

的发家史，很多人是从学徒做起，虞洽卿、方液仙、项松茂等人都是从学徒做起而后创业成功的。成为行家里手后，自然而然地掌握了行业的核心技术，这是浙商发家成功的原因之一。

1. 注重效果而非外表

浙商不尚空谈，踏实苦干。"不重形式重实效"，不喜欢创造新概念和新名词。对于探索中的尝试，少说多做或只做不说；而对于卓有成效的发展道路，无论别人怎么议论都坚持走下去。这个特点，同样与浙商的发展历史有关。浙商经商的目的更多是谋生，只有依靠实际行动和效果才能改变自己的命运。其次，南宋时期的浙东学派认为，学术的任务是培养经世致用的才能，知识用来实践才有价值。浙东学派中金华学派的代表人物吕祖谦曾经提出，"学者以务实躬行为本"。这些思想深刻影响了浙江人民的心理和性格，浙商自然而然地具备了勇于实践的思想。

2. 尊重但不依附权力

浙江商业文化传统中一个重要内容，就是不追求政治权力也不挑战政治权力。浙江商人自古就坚持从社会的最基本民生处获取利益，不会冒险去挑战政治权力，这样可以保证其商业活动有一定的社会空间和生存空间。这一点，与追求并依附权力的徽商和晋商有着很大的不同。著名浙商马云也指出，浙商是崇尚市场，但是懂得利用好政府。习近平总书记在总结义乌经验时也指出，必须把发挥政府这只"有形的手"的作用与发挥市场这只"无形的手"的作用有机结合起来。可以说，在政府和市场之间，浙商找到了最好的平衡点。

三 转型与升级是新时代浙商发展的主旋律

浙商的转型升级是应对当前国际国内新形势的现实需要，也是应对全面深化改革再创体制机制优势的内在要求。党的十九大报告指出，中国特色社会主义进入了新时代，中华民族实现了从站起来、富起来到强起来的历史性跨越。我国当前的社会主要矛盾已转变为人民日益增长的美好生活需要与不平衡不充分发展之间的矛盾。新时代必然带来新使命。作为浙江金名片的浙商群体，如何让这张金名片永葆金色，是新时代新老浙商群体必须考虑的重点课题。

（一）经济全球化的新趋势是新时代浙商转型升级的挑战

著名浙商马云曾经在一次演讲中指出：一个卓越的企业和优秀的企业的差异是，优秀的企业是在顺境里面到处可以发现，而卓越的企业一定是经过了变革的时代，或者经历了灾难。① 2008年的国际金融危机爆发后，经济全球化在多种因素共同作用下，从高速推进期进入调整期，呈现出一些新特点。主要包括：推进速度明显下降，内容与格局发生了深刻变化，全球经济治理体系加速调整，等等。浙商作为中国最早一批外出经商的队伍，如何适应新型全球化，是浙商在新时代下转型升级面临的重要挑战。

1. 本土浙商要向本土跨国公司转变

跨国公司作为经济全球化的重要产物，是企业参与国际经济合作的重要转型方式之一，可以有效利用国际国内两种资源和两个市场。自中国加入WTO以来，浙江已先后诞生了吉利、万向等一批国际上有一定影响力的本土跨国企业。但是从整体上来说，浙江的本土跨国企业仍然数量少、质量低，处于全球价值链的中低端。在新型经济全球化的大背景下，浙商必须适应对外对

---

① 马云：《浙商要有新的全球化观念》，《2016年世界上海论坛暨上海市浙江商会成立三十周年大会的讲话》。

内投资持续快速增长的新趋势,创新国际化投资的新机制,加快构建覆盖全球市场的营销网络,掌握能够在全球站得住脚的核心技术,充分利用国内外优秀人才以及各种资源,努力创造世界前沿技术并占据世界产业链的高端。

2. 浙商要有历史的思维和全球的视野

经济是存在周期性的,无论是短周期还是长周期,能存活下来的企业都是经过历史的考验的。每一次技术革命都有企业灭亡,也有新的企业诞生。柯达的案例深刻证明了拒绝创新的企业是会被时代淘汰的,诺基亚的案例证明了用户需求永远是第一的。从这些企业我们可以看出,企业生存有其永恒不变的法则,也有历史和时代的作用力。首先,对于新时代的浙商来说,观大势,谋全局是对其的新要求,也是其转型升级成功的重要因素之一。坚持党的领导,坚持中国特色社会主义道路是大局,是历史和时代的要求,这一点浙商必须看清楚,悟明白。其次,当前是互联网时代,中国也是世界第二大经济体。把握这两大特点,搭上互联网和中国经济的快车,就能成为引领者,就是成功者。这就要求浙商具有全球化的思维,站在全球的角度看中国,成为中国经济高质量增长的推动力。

(二) 全面深化改革是新时代浙商转型升级的重要机遇

制度环境的不确定性,是全面深化改革背景下浙商创业创新的主要特征之一。这对于认清认准大势和全局提出了新的更高要求。浙商的转型不仅要积极顺应全面深化改革的大势,而且要以丰富的创新行为以及充沛的创业精神影响着改革。

1. 浙商必须坚持创新

浙商作为中国民营经济的代表,起初走的是模仿和模仿创新的道路,致使浙商企业长期处于全球价值链的低端,主要以劳动密集型企业为主。而中国经济进入新时代，面临淘汰落后产能，新旧动能的转换，浙商群体面临时代的考验。而如何创新，创新的目标是什么，是作为创新主体之一的浙商必须要思考的。首先，浙商必须走出模仿创新的老路。模仿创新虽然也是创新，但是创新程度不大，价值增值空间不大。模仿创新适合工业化起步初期的浙江，向西方学习生产技术，提高劳动率生产率，缩小收入差距，这也是"草根"浙商能够快速崛起的主要方式之一。但是，在新时代的中国，当前面临的一个重要经济学课题是跨越中等收入陷阱，而创新是跨越中等收入陷阱的有效途径。当前西方发达国家已经步入后工业化时代，市场机制高度发达，市场效率高，劳动生产率高，资源充分流动，国际通行的标准和技术大多掌握在西方发达国家手中。浙江乃至整个中国要上升到价值链中高端，必须依靠创新，而不是模仿创新，更多的是技术和制度创新。其次，自主创新是创新的最终目标。从西方的文化角度看，创新指的就是自主创新。但是中国的文化传统缺乏个人的独立和自主性。自主创新强调自主性和自主能力的创新，走自主创新道路也是经济周期中实现经济复苏和经济长久繁荣的路径。从微观机制来说，自主创新能力决定了一个企业能否从投资增长型走向创新推进型。

2. 浙商必须明确目标

改革开放40年来，浙商一直勇立于中国经济浪潮的潮头，创造了无数个商业奇迹。但是，企业的生存不可能一帆风顺，开办企业的目的也是各有千秋。有企业家指出：赚钱并不完全是企业生存的唯一目标，做企业一定要做自己喜欢的事情，把开办企业作为企业家的兴趣而不仅仅是生存手段。办什么企业，做什么行业，办多大，在哪办，办多久，这些都是一个企业家需要长远考虑的事，也是一个企业家需要结合时代深入考虑的事。做风口行业来钱快，但是竞争激烈，风险大；做传统行业，利润少，风险低，各有各的优势。企业如何转型，产业如何升级，如何处理好与政府的关系，在不同时期都有不同的选择。在新的时代背景下，要做最合适自己的选择，坚持不懈，敢闯敢试。

（三）新时代浙商精神是浙商转型升级的重要动力

改革开放初期，为了解决温饱问题，浙江人以历经千辛万苦、说尽千言万语、走遍千山万水、想尽千方百计的"四千精神"，闯出了一片属于自己的天空。正是在这种精神的引领下，作为民营经济大省的浙江，经济持续快速发展，经济增长水平和质量步入全国领先行列。在新时代背景下，坚韧不拔的创业精神、敢为人先的创新精神、兴业报国的担当精神、开放大气的合作精神、追求卓越的奋斗精神，将推动浙商转型升级。

1. 浙商要坚持学习

老一代浙商大多出身贫寒，依靠能吃苦，能奋斗，善于发现商机等优势逐步发展壮大。但是随着社会主义市场经济的持续发展，原先备受称赞的"草根精神"在一定程度上成为浙商进步的"绊脚石"。依靠闯劲，依靠蛮干，在当前社会已难以成功。进入21世纪以来，电子商务领域崛起，浙商从原来鸡毛换糖的传统产业逐步转型到互联网，大数据，虚拟经济产业，阿里成功成为全国互联网龙头。这一切都是依靠学习，学习国外先进思想，先进思维，再依靠国内市场，逐步发展壮大。"IT浙商"这个日益庞大的商人群体，据称占据了中国民营IT业1/4到1/3以上的份额。早在2005年的IT富豪排行榜中，前4名中有3人来自浙江。其次，新老一代浙商间要互相学习。老一代浙商身上的"四千"精神与新时代浙商精神，是新一代浙商学习的重点。新生代浙商普遍接受过高等教育，留过洋，对新事物的理解与接受能力要远远超过老一代浙商。人工智能、区块链等新型行业，是新一代浙商创业创新的热土。老一代浙商要向新一代浙商学习灵活的思维，接受新事物的能力，两者相辅相成，共同进步。

2. 浙商要坚持奋斗

浙商的发家史就是一部奋斗史，任何一家浙江企业都是奋斗出来的，任何一名浙江企业家都是奋斗出来的。在新时代，浙商的转型、升级，也要靠奋斗。浙商的奋斗是一种自我奋斗，是一种创新的奋斗，是一种务实的奋斗，是一种担当的奋斗，需要放眼全球，胸怀天下。

习近平同志在浙江工作期间多次强调，要"跳出浙江发展浙江"。这不仅是浙江经济社会发展的必然要求，也是一种全局意识和政治责任。"跳出浙江发展浙江"，是21世纪初浙江为了在高起点上实现更大发展的战略选择。其基本意蕴是，跳出浙江寻求外部资源和发展机遇，弥补浙江在要素供给和环境承载力上的"短板"，为浙江调整经济结构、转变增长方式、提升产业层次创造更多的机会和空间。浙商作为推动浙江经济社会发展重要力量，转型升级的排头兵，是"跳出浙江发展浙江"的主体力量。不仅要为国家协调区域发展做出贡献，而且要向外拓展浙江的产业链，推动浙江产业的梯度转移，促进长三角乃至全国的资源要素合理流动和优化配置。因此，"跳出浙江发展浙江"达到新高度，浙商任重而道远。

人才新政：打造高端人才集聚的平台

阮坚定　赵瑞林　陆银辉　高瑶瑶

一　习近平的人才观

人才是实现国家富强、民族振兴的关键条件。党的十八大以来，习近平总书记在科学继承马克思主义人才思想的基础上，赋予其新的时代内涵，理论联系中国特色社会主义的实践，形成了较为完整的新时代人才观。

（一）人才观的原则：党管人才

2014年，习近平总书记对《中央人才工作协调小组关于2013年工作情况的报告》作出批示，指出"择天下英才而用之，关键是要坚持党管人才原则"。2016年，就《关于深化人才发展体制机制改革的意见》，他再次批示强调："办好中国的事情，关键在党，关键在人，关键在人才。"这明确了党是我国人才工作上的根本保证和基本原则，也是我国发展人才事业上的一项重要制度优势。

当前，中国的社会阶层和人才队伍均呈现出多元化结构的发展趋势，要求党充分发挥其领导核心作用，综合思想政治优势、资源组织优势和群众基础优势，自上而下地统筹人才活动，推进人才的团结、引领和服务等相关工作，实现市场中人力资源的有效配置。中国特色社会主义最本质的特征是中国共产党领导，在以人才竞争为核心的国际环境中，只有坚持党管人才这一基本原则，集中并统一指导各级人才工作，才能破解我国目前的人才短板，聚集大量高端人才，发展国家高精尖产业，增强综合国力和国际竞争力。作为执政党，需要将各界人才资源聚集在一起，充分发挥各类人才在社会主义现代化建设中的重要作用，以建设富强、民主、文明、和谐、美丽的强国而奋斗，实现中华民族的伟大复兴。正如习近平总书记强调的："办好中国的事情，关键在党，关键在人，关键在人才。"

（二）人才观的核心：聚天下英才而用之

党的十九大报告中指出："人才是实现民族振兴、赢得国际竞争主动的战略资源。要坚持党管人才原则，聚天下英才而用之，加快建设人才强国。"

在习近平总书记的人才观里，培养人才意识，重视并重用人才，始终是人才工作的重中之重。从当今世界各国的发展历程来看，综合国力的竞争归根结底是人才的竞争，人才的开发在国家建设上逐渐成为决定性的要素之一。人才是知识的创造者、使用者和传播者，拥有人才数量的多少，决定着这个国家发展的前景是否广阔。在自然资源日益紧张、能源消耗逐渐增加、高新技术不断发展的情况下，综合国力的竞争已主要归结在对人才和知识资源的开发利用上。2013年，习近平总书记谈道："我们比历史上任何时期都更接近实现中华民族伟大复兴的宏伟目标，我们也比历史上任何时期都更加渴求人才。"这句话明确揭示了当前，我国在进行社会主义现代化强国建设中还存在着人才供需的发展性矛盾。这就要求各级政府在工作中善于发现人才、运用人才，重视培养人才、发展人才，积极引进各行各业的国内外优秀人才，为人才解决生活上的后顾之忧，并在社会上塑造良好的人才氛围，尊重创新成果并宽容失败，在全社会形成尊重知识，爱惜人才，见贤思齐的文明之风。

（三）人才观的重点：开发培养创新人才

"发展是第一要务，人才是第一资源，创新是第一动力。"习近平总书记提出的"三个第一"的辩证主张，简明扼要地揭示了当下我国在发展历程中需要重视的创新人才问题。

创新是引领发展的第一动力。当前，以人工智能为代表的第四次工业革命已正式拉开序幕，我国的经济也由高速增长阶段转向高质量发展阶段。想要在新经济常态下实现科学的持续发展，就必须厚植各类研究人才、创新型人才的沃土，为创新发展提供根本的动力和源泉。创新归根结底是人才的创新，创新驱动归根结底是人才的驱动，人才是支撑创新发展的第一资源，因为一切科技创新活动都是通过人的主观能动性来实现的。只有拥有强大的科技创新能力，才能真正提高我国的国际竞争力。当前，新一轮的科技革命和产业升级正在孕育兴起，部分重要的科学问题和关键核心技术已经出现了革命性突破的先兆，这与我国现阶段正迈进的发展关节点形成了历史性的交汇，为我们实施创新驱动发展战略提供了难得的重大机遇。纵观世界历史，近代以来，部分西方国家之所以能进入发达国家的行列，一个重要原因就是掌握了高端科技。而这些高端科技则正是依靠着各类人才来支撑，各种创新来发展。因此，我们必须抓住机遇，直面挑战，在自主创新上大有作为，把坚持人才为本，作为发展科技、经济事业的指路灯。习近平总书记在2014年出席两院院士大会上发表的讲话中说："知识就是力量，人才就是未来。我国要在科技创新方面走在世界前列，必须在创新实践中发现人才、在创新活动中培育人才、在创新事业中凝聚人才，必须大力培养造就规模宏大、结构合理、素质优良的创新型科技人才。"

（四）人才观的实现路径：建立合理的人才管理机制

在习近平总书记的人才观体系中，就如何发展新时代人才，也作了一定的阐述，其中，建立合理的人才机制是一项重要的内容。

2014年，习近平总书记指出："要着力完善人才发展机制，最大限度支持和鼓励科技人员创新创造。要不拘一格、慧眼识才，放手使用优秀青年人才，为他们奋勇创新、脱颖而出提供舞台。"2016年3月，中共中央出台《关于深化人才发展体制机制改革的意见》，就如何构建合理的人才管理机制，促进人才发展给予了政策指导。当前，要实现"聚天下英才而用之"，就必须着力破除体制机制的障碍，自上而下，逐步向用人机构放权，在政策和制度上为人才松绑，鼓励并激发人才的"双创"活动，促使各色人才都能各得其所、各尽所长。同时，要构建公平公开，择优录取的制度环境，在人才招录和选拔工作上必须透明化、合理化，以专业技术作为主要考核标准，保障真正的人才能够脱颖而出，为国所用。

二 浙江省人才新政的实践与探索

（一）历史动因和实施背景

浙江，作为我国改革开放的先行地，习近平新时代中国特色社会主义思想的萌发地，在落实人才新政，打造人才强省上具有深厚的历史发展基础。

2003年7月，时任浙江省委书记的习近平在省委十一届四次全体（扩大）会议上提出了面向未来发展的八项举措，要求进一步发挥八个方面的优势、推进八个方面的工作，即"八八战略"。其中的第八条特别指出，要"进一步发挥浙江的人文优势，积极推进科教兴省、人才强省，加快建设文化大省"。

浙江省素有"文物之邦"的历史誉称，自古以来文化繁荣人才辈出，在中国的文化史上占有举足轻重的地位。从早期中华民族文明的发源地——河姆渡遗址、良渚文化遗址，到春秋五霸之一的越国；从初唐四大家的虞世南，到《梦溪笔谈》的沈括，文献记为"东南财赋地，江浙人文薮"。至改革开放后，浙江又成为民营经济大省，涌现出一大批勇于创新、敢于实践的经济人才。从浙江的人文历史看，人才优势始终是当地能率先发展、优质发展的保障之一。自"八八战略"提出后，习近平总书记的人才观在浙江工作实践过程中有了初步的发展，省各部门也结合具体情况，出台了一系列相关的政策决定，在人才工作上取得了一定的进展，为新时代浙江进行"人才新政"的工作提供了基础保障。

2003年12月，浙江省召开首次全省人才工作会议。会议上，习近平明确提出党管人才原则，并全面系统地阐述了人才强省战略，要求做好顶层设计。会后，浙江省委省政府出台《关于大力实施人才强省战略的决定》，就人才的培养、吸引和使用等相关工作给予了详细规划，决定中尤其强调高端人才和紧缺人才的培养问题，要求完善人才的评价和奖励机制，加强人才市场体系的建设，打造良好的人才社会环境。这对当时的人才工作，具有较强的前瞻性。同时，习近平在综合考察当时的浙江省人才工作情况后提出，必须构建人才工作的新格局，通过各级党委的统一领导、组织部门的协调沟通，引入广泛的社会力量，建立统分结合、协调高效的运行机制。2003年底，浙江省特别成立省委人才工作领导小组，全省11个市、90个县（市、区）的地方党委也配合建立相关小组及其办公室，完整形成了自上而下的人才工作领导体系，并建立人才工作目标责任制，以成效考核来实现人才工作的监督和检查，进一步保障人才工作的落实和到位。

除人才的组织工作外，习近平在浙江工作期间，还特别提出要重视人才的培养工作，提高社会整体的文明水平。人才培养要从娃娃抓起，就必须发展教育事业，做好人才资源建设的基础性工程。在教育工作中，除学习能力外，还要重点培养实践能力和创新能力，发展高等教育事业，优化教育布局，鼓励社会全面学习，终身学习。2007年，浙江省在文教科卫上的财政支出高达617亿元，其中教育支出年均递增19.9%，全省普通高等学校共计77所（含筹建），省属高校工程院士人数近30人。

（二）发展过程和主要做法

人才是我国建成社会主义现代化强国、赢得国际竞争主动权的战略性资源，无论是对地区经济的发展还是国家蓝图的建设，都具有重要意义。2006年，习近平在浙江省自主创新大会上的讲话中指出，要"坚持以人才为本，建设造就一支结构合理、素质优良、实力强劲的创新人才队伍"。步入新时代以来，浙江省认真学习并深入贯彻习近平总书记的人才观，以建设人才强省为工作导向，出台了一系列"人才新政"，招才引智，为全省推进"八八战略"再深化、改革开放再出发，以及"两个高水平"建设，提供了强有力的智力保障。

2016年7月，浙江省出台《关于深化人才发展体制机制改革支持人才创业创新的意见》，即著名的"人才新政25条"。该意见以打造浙江成为人才生态最优省为目标，提出了四个机制和一个体制：创新更具竞争力的人才集聚机制，构建充满活力的人才使用机制，完善便捷高效的人才服务机制，健全市场化、社会化的人才管理体制和建立人才优先发展保障机制。在这次的新政中，为了充分调动各企事业单位在引进人才方面的积极性，高校等单位可以设立特设岗位，为引进顶尖人才和急需紧缺高层次人才提供便利。并进一步改进高校、科研院所领导人员的兼职管理办法，使其经单位同意后可以在职创业或者在企业兼职。对于外籍优秀人才，浙江省降低其申请永久居留和长期居留的门槛，予以政策上的便利。同时，该条新政还特别提出制定实施浙江省高层次人才特殊支持计划，整合优化现有人才工程，与"千人计划"共同构成浙江省人才工程的姊妹篇。

2017年，浙江省颁布《高水平建设人才强省行动纲要》33条以及系列实施细则，力图形成更积极、更开放和更有效的人才制度体系。该纲要主要将目光集中在人才平台上，以更大力度推进"千人计划"和"万人计划"，加强企业家人才队伍建设，加快实施高技能人才培育行动，打造一批产业人才大平台，建设一批重大科创人才平台，如之江实验室、城西科创大走廊等重大人才平台。至2022年，浙江的目标是实现"三个超过"，即全省人才总量超过1500万人，人力资本投资占生产总值比重超过18%，人才对发展的贡献率超过42%。

2018年6月，浙江省发布高端人才集聚政策，对国际顶尖人才、重点发展领域产业支撑人才和青年优秀人才发出招募信息。该新政提出实施人才分类评价，放宽科研项目资金管理，赋予高层次人才更大的人财物支配权、技术路线决定权和内部机构设置权。对于部分具有风险性的高投入创新项目，给予一定的容错尺度，营造鼓励创新、宽容失败的良好社会氛围，以进一步调动高端人才的双创积极性。

三 余姚市人才新政的实践和典型案例

人才资源是最宝贵的资源，人才优势是最根本的优势。党的十八大以来，党中央把人才工作摆在突出位置，习近平总书记在多个场合强调要爱才惜才，聚天下英才而用之。2016 年以来，中央、省委先后出台关于进一步深化人才发展体制机制改革的意见，对人才工作提出了许多新要求新举措。省第十四次党代会报告中关于"突出人才强省，增创战略资源新优势"的新论述，从战略角度把人才工作推到了更加重要的地位。近年来，依托具有一定比较优势的人才政策和细致入微的人才服务，余姚市人才工作走在宁波市乃至全省前列。

（一）余姚市人才新政的实践

"十三五"以来，以习近平总书记人才理念为指引，余姚市人才工作认真贯彻党中央、浙江省和宁波市有关人才工作的决策部署，坚持党管人才原则，紧紧围绕市委市政府中心工作，深入实施"人才强市"战略，通过观念创新、政策创先、机制创活、载体创特、服务创优等一系列改革实践，积极凝心聚力，打造人才生态最优市。截止到 2019 年 5 月底，余姚市累计培养和引进国家"千人计划"专家 72 人、省"千人计划"专家 34 人，宁波"3315 计划"个人 16 人、团队 13 个。余姚市人才工作考核连续 8 年获得省优秀、累计 7 年获得宁波市金奖，相关经验在全省人才工作会议和全省组织工作会议上作发言交流，并得到中组部人才局的肯定。尤其是，2018 年 3 月，浙江省人民政府印发《关于 2017 年度浙江省科学技术奖励的决定》，决定授予丁列明、高从堨、姚力军等3人浙江省科学技术重大贡献奖。姚力军博士作为余姚市引进的高层次人才代表，成为宁波大市获此殊荣的第一人，极大地提升了余姚市人才工作的士气。近年来，余姚市不断推出人才新政，助力高端人才集聚平台的打造，主要做法有：

1. 架构更加高规格严要求的人才工作新格局

首先，成立了以市委书记为组长、以市长为常务副组长的顶格配置人才工作领导小组。2017年，余姚市调整六家单位进入余姚市委人才工作领导小组，并修订了市委人才工作领导小组成员单位职责，进一步明晰各部门具体职责。其次，组织部门牵头抓总职能积极发挥，一方面起草制定了《余姚市"十三五"人才发展规划》，于2016年8月正式通过由中共余姚市委办公室余姚市人民政府办公室印发，确定了"十三五"期间人才工作的主要目标和工作措施。另一方面落实人才工作专项考核。2017年的考核更是将新增市直部门列为考核对象，强化各相关部门"一把手"抓人才工作的职责。人才工作经费保障持续给力，连续两年人才发展资金占比本级公共财政收入均超过3%，累计安排资金超过5亿元。

2. 健全更加科学性高效化的责任落实机制

首先，构建社会化、多元化人才投入机制。除了建立人才发展专项资金，每年统筹安排3亿元以上资金用于人才强市，确保人才政策兑现和重大人才工程实施，还积极鼓励社会资本、民间资本等参与人才投入和开发。其次，落实党管人才责任，深化党政领导班子和领导干部人才工作目标责任制考核，将考核结果作为干部任用和评优的重要依据。再次，建立严格的人才准入机制、科学的评价机制和畅通的退出机制，对作用发挥不明显的，降低或取消相关激励政策。最后，强化绩效评估。明确人才政策执行的责任单位，加强政策执行情况跟踪，引入第三方评价机构，定期对政策落实情况和执行效果开展绩效评估，根据评估结果及时研究调整政策，提高财政资金使用绩效。

3. 培育标准更高专业性更强的引才聚才新平台

"十二五"以来，余姚市高端人才平台载体建设成效明显，培育打造中意宁波生态园、浙江"千人计划"余姚产业园（中国余姚留学人员创业园、侨梦苑）和一批特色小镇，以"园中园"模式打造青年"千人计划"创业基地等高端园区。此外，还举办"千人计划"专家联谊会专委会年会、"中国·余姚人才科技洽谈会"等高端活动，平台载体的品牌特色逐步形成。（1）"千人计划"余姚产业园建设加速推进。近两年，产业园新增注册项目56个，累计注册项目143个，投产项目53个。2016年，产业园荣获国家级留创园、国家级侨梦苑称号，2017年被授予省重才爱才先进单位。（2）产学研合作平台建设实现突破。浙大机器人研究院、哈工大（宁波）智慧科技产业园、诺丁汉余姚国际研究院、中国计量大学国家大学科技园等一批重量级平台相继落户，国家"千企千镇工程"首个落地项目——中国云城暨国际机器人交易博览中心于2017年正式动工，余姚技师学院筹建工作顺利推进。（3）余姚市积极鼓励并支持企业级创新平台建设，近两年新建院士工作站3家、省级博士后工作站5家。

4. 高密度多频次举办"余姚品牌"新赛会

近年来，余姚市高标准举办智能经济人才峰会、全球智能制造创业创新大赛、"河姆智谷"国际人才科技洽谈会等重大引才活动，积极承办国家千人计划专家联谊会各专业委员会、青年千人委员会组织的各类年会、研讨论坛等活动。（1）自2016年中国机器人峰会永久落户余姚市以来，截至目前已连续举办四届。借助峰会举办契机推出的创业创新制造大赛，已连续举办三届。其他高层次人才会议，如中国·宁波余姚"河姆智谷"国际人才科技洽谈会、"中国制造2025"与智慧创新城发展战略研讨会、浙江省海外高层次人才联谊会新材料分会2017年会暨国际纳米材料高峰论坛,也先后举行。"赛会"的接连举办,在一定程度上打响了高层次人才集聚的"余姚品牌"。(2)在传统产业转型升级领域,2017年组织了宁波市专家服务企业服务基层余姚行首站活动。计划从2017年起的3年时间,将组织1000名以上专家和高层次人才深入各区县(市)企业和基层开展多种形式的服务活动。同时,在2016年建成52家企业专家工作站、重点支持10家企业专家工作站、补助经费50万元的基础上,2017年再投入100万元,新建设50家以上企业专家工作站,并对其中10家进行重点支持,每家每年补助工作经费5万元,支持期3年。2018年正式启动了"百企百'千人'"工程,力争以更加柔性的方式引才聚才,助力企业技术难题破解,形成余姚人才工作的新亮点。

5. 实施更具竞争力吸引力的人才引进政策

(1)大力引进集聚重点人才。围绕重点产业、重点项目、重点平台,深入实施"姚江英才计划",优化人才项目评审、扶持资金拨付等程序,对入选的海内外高端创业创新团队项目,给予最高500万元扶持资金、最高500万元种子资金、最高500万元银行贷款额度同期贷款基准利率的全额贴息支持和最高500万元的发展奖励,并优先保障重大产业化项目所需生产场地、土地、资本等资源要素。对入选的海外高层次创业创新人才,给予50万元的一次性奖励;对顶尖人才领衔的重大项目实行"一事一议",可给予最高1亿元支持等。(2)大力延揽各类紧缺急需人才。对余姚市企事业单位和科研机构新全职引进的顶尖人才、特优人才、领军人才和拔尖人才,分别给予500万元、80万元、50万元和30万元引进补助等。(3)加强人才智力柔性引进。全面实施"阳明学者"制度,鼓励余姚市企事业单位和科研机构柔性引进拔尖及以上层次人才。对每年在姚实际工作一般 2 个月以上，且作用发挥比较明显的人才，授予"阳明学者"称号，每年给予 10 万元补助，连续补助 3 年等。（4）探索实施"百企百'千人'"工程。三年内遴选 100 家左右规模以上企业，通过项目合作、全职或柔性引进等形式，有针对性地引进 100 名左右"千人计划"专家，助推企业转型发展。并建立市场化引才机制，实行招才引智奖励制度等。

6. 实施更具开放性灵活性的人才培育政策

（1）大力培育高精尖缺人才。余姚市企事业单位和科研机构现有人才经自主培养新申报成为顶尖人才、特优人才、领军人才和拔尖人才的，分别给予 200 万元、80 万元、30 万元和 10 万元奖励。（2）深化实施优秀中青年人才"百人计划"。五年内遴选 100 名左右具有领先水平的学术、技术带头人和优秀专业技术骨干进行重点培养，并给予每人 3 万元的科研经费补助。（3）健全荣誉激励制度。整合各类人才奖励表彰活动，每两年组织开展杰出人才奖、有突出贡献专家奖、尊知重才先进单位等评比表彰。

7. 实施更具精准性高效性的发展扶持政策

（1）支持人才企业快速发展。对获得余姚市"3 个 500 万"政策支持的重点高层次人才（团队）创办企业，自企业注册之日起 5 年内，任一年度纳税销售额达到 1000 万元以上的，按其当年度缴纳的增值税、企业所得税地方留成部分额度的 70% 给予奖励，累计奖励不超过 500 万元。（2）强化人才创业融资支持。设立总规模 10 亿元的人才产业发展基金，采取政府引导、市场运作方式，投向本市重点扶持发展的人才项目。加大"蔚蓝智谷"产业基金、河姆渡机器人产业基金、"才·富"合作基金等投资人才项目力度。大力引进天使投资、股权投资等专业性投融资机构。（3）落实税收优惠政策。全面落实研发费用加计扣除、高新技术企业所得税优惠、固定资产加速折旧、股权激励和分红、技术服务和转让税收优惠等政策。

8. 实施更为优质和便捷的服务保障政策

（1）强化人才住房保障。对领军及以上层次人才优先安排入住专家楼，给予3年免租待遇；对硕士及副高级专业技术职务任职资格以上的高层次人才，优先安排入住人才公寓，给予3年免租待遇；毕业10年内的创客人才、基础人才在姚首次购买住房的，可享受购房总额最高2%的购房补贴。（2）优化人才家庭保障。多渠道帮助引进人才解决配偶就业问题，对领军及以上层次人才家属来姚暂未就业的，给予每月不低于我市社平工资标准的生活补贴，并缴纳相应社会保险，时间不超过3年。此外妥善解决人才子女入学问题。（3）加强人才医疗保障。设立"千人计划"专家保健中心，符合条件的高层次人才，可享受定期体检、定点医疗机构日常保健和优先安排绿色就医通道。为领军及以上层次人才建立个人专属健康档案，每年组织健康体检和疗休养活动。探索实施高层次人才补充医疗保险制度。（4）完善人才联系服务。完善党政领导干部联系高层次人才制度，构建多元化人才协调服务机制，落实服务人才专项例会制度。健全高层次人才服务联盟运行机制，提升产业园综合服务中心人才服务效能，探索建立政务服务与市场化服务有机结合的服务新体系。

在人才工作取得重大进步和突破的同时，余姚市也清醒地认识到，与"十三五"时期的发展需要和国内先进城市相比，当前余姚市高端人才发展的总体水平仍有一定的差距，还有待进一步提升和优化。

（二）余姚人才新政的典型案例

姚力军博士是余姚市首批引进的国家"千人计划"专家之

一，宁波江丰电子材料有限公司董事长、总经理。2005年，作为掌握"超大规模集成电路制造用溅射靶材技术"的极少数华人专家之一，拥有丰富的理论知识和实践经验的姚力军决定回国创业并创办了宁波江丰电子材料股份有限公司。宁波江丰电子材料有限公司是国家科技部、发改委及工信部重点扶植的一家高新技术企业，专门从事超大规模集成电路芯片制造用超高纯度金属材料及溅射靶材的研发生产，这不仅填补了国内的技术空白，而且打破了美、日国际跨国公司的垄断格局，结束了该产品长期依赖进口的历史。自成立以来，该公司先后承担了国家02重大专项、国家863重大专项、发改委高技术产业化项目、工信部电子发展基金等国家级科研及产业化项目。2017年6月，江丰电子成功挂牌上市，成为余姚首家上市的海外高层次人才企业。目前，江丰电子已发展成为中国生产超大规模集成电路制造用超高纯金属及溅射靶材的高科技企业，以及国内材料最齐全、工艺最完整、设备能力最强、产能最大的超高纯度金属材料及溅射靶材生产基地。不仅如此，作为余姚市的"引才大使"，姚力军利用一切机会义务宣传推介余姚，用自己创业的成功经验先后吸引了50多位高层次人才、40余个科研团队落户余姚，发生了一个"从1到91"的链式引才故事。总之，十余年时光，姚力军"以才引才"，集聚的是全球新材料行业的高端人才，带动的是各种创新要素的优化配置，填补的是中国超高纯度金属及溅射靶材的技术空白。

四 浙江省推动人才新政的经验和启示

抓人才就是抓发展，兴人才就是兴余姚。近年来，余姚市大力实施人才强市战略，努力打造人才发展生态最优市，使人才工作进入了链式发展的良性循环。2017年10月，余姚市又发布

《关于实施人才发展新政策加快建设人才强市的意见》（即"人才新政 25 条"），聚焦人才引进、培养开发、评价激励、流动配置和人才管理等关键环节，破除制约人才发展的体制机制障碍和政策樊篱。人才新政无论是制度设计，还是资金保障，均力度空前，呈现出"内外并举、量质齐升、刚柔并济、引育并重"四大亮点。浙江省在贯彻落实习近平人才观、推动人才新政上的经验有以下方面。

（一）在人才政策的高端谋划上争创新优势

（1）强化人才领域的思想解放和理念创新，实现开放发展。认真贯彻落实习近平总书记"聚天下英才而用之"的开放性人才思想，以聚集高端人才为核心的人才工作理念引领人才工作的高质量发展。按照人才政策现代化和人才管理科学化目标要求，从人才工作的各个环节突破人才发展的政策性和制度性障碍；以理念的先进性、思想的解放性、问题的针对性、举措的实效性，切实增强人才政策的科学性。（2）加快推动人才政策的规范化和标准化。以国外发达国家、国内先进省份为借鉴，通过制定人才尤其是高端人才的政策性法规文件，推动人才标准的规范化和人才待遇的标准化，实现人才交流和人才流动的国际化发展，形成具有浙江特色、与国际接轨的人才政策法规体系，实现国内国际的无缝对接。（3）通过精准聚焦使人才政策契合地区规划定位，实现差异化发展。就省内各市而言就是要根据本地地理位置、发展规划、产业特色、资源禀赋和文化特色，选择本地人才工作侧重的方向、路径和对象，精准化、精细化、差异化地制定人才政策。

（二）在人才政策的灵活实效上实现新突破

近年来，浙江省积极围绕促进人才流动、注重人才激励、健全人才保障、优化人才服务完善人才政策，在人才政策的灵活度上实现新突破。（1）优化促进人才高效流动。以人才的合理流动、资源共享为目标，积极探索推动人才供给侧结构性改革，加快打破户籍、地域、身份、人事关系等因素的制约，畅通人才流通和人才共享渠道，最大限度地以优惠的政策、便利的环境、优越的资源、高端的平台、先进的产业来整合全世界全国高端人才资源。（2）完善促进人才实效激励。以吸引培育高端人才、加快培育新兴产业和高端产业为目标，积极推进浙江人才市场和国内国际高端人才市场的有效对接，在人才政策、人才引进、人才服务等方面积极和国际市场接轨，坚持以市场价值回报人才价值，实施以增加知识价值为导向的分配政策，完善期股、期权等激励措施。优化科技成果转化收益分配制度，赋予科研人员更大的财务支配权和创业自主权。（3）健全完善人才绩效评价。在政府和社会层面上加快建立社会化、市场化、标准化和注重实绩和贡献的人才评价制度，强化人才分类评价和人才实绩考核机制；在用人单位层面上要进一步下放人才评价权利、健全单位自身的人才评价和考核制度；此外还要积极发挥行业协会等社会组织的同行评议作用。

（三）在人才队伍的梯度结构上实现新储备

浙江省注重围绕促进多梯度人才建设优化人才政策。（1）以"高品位、高站位、高视角"来确定本地区高端人才发展战略，明确提出浙江省高端人才发展思路、短期目标和中长期目标，突出抓好高端人才发展生态的整体打造。在人才摸底基础上制定出本地紧缺高端人才培养、引进、储备规划，并且应做到人才规划与重点项目、重点行业、重点产业紧密衔接和共同发展。（2）突破地域局限，拥有全国全球视野，加快对接国际高端人才市场，实施更加积极、开放、有效的重点领域海外高层次人才引进政策，更大力度地引进各行业紧缺的高端人才和顶尖人才。（3）居安思危，架构好高端人才的合理梯度结构。进一步优化现有高端人才队伍的梯度结构，建立层级、数量、质量、产业分布都合理的高端人才系统，克服部分行业、区域人才断层现象，从而引导高端人才资源优化配置。

（四）在人才环境的服务优化上创建新生态

浙江省积极从各个方面构建更富吸引力和竞争力、能良性循环的高端人才系统新生态。（1）突出重点领域和重点时段。在法制环境建设、知识产权保护、个人所得税、进口设备关税等方面，给予更多政策支持。特别是对于高端人才创新创业中不同的动态需求和关键节点，根据实际问题开展专题专项服务，助其爬坡过坎。（2）突出服务水平和服务体系。按照市场化、专业化、社会化、人性化的要求，构建广视角、全覆盖、高实效的高端人才创业创新服务链条。同时，从政府、市场、社会多维度整合人才服务资源，促进人才与产业、政策、资金的有效衔接，提升全链条专业性服务能力。（3）突出配套服务和便利生活。立足各地实际，从高端人才的吃穿住行等全程生活链入手，多渠道为人才提供住房、医疗、培训和出行等保障，切实解决高端人才的后顾之忧和构筑便利优越的生活环境。

（五）在人才政策的有效性上实现新保障

浙江省积极为高端人才的相关政策有效落地、付诸实施，从各个方面提供了新保障。（1）前期精细化制定政策，除了注重政策的宏观谋划性、整体合理性外，还积极关注到细节差异化上的科学性和精准性。一方面，根据政策实施情况以及问题实际情况的发展,及时具体化细化各种配套保障措施,从而不断提升人才政策的社会实效;另一方面,密切关注人才政策和其他相关政策之间的协调配套,减少冲突和重复,增进合力。(2)中期详尽化宣传政策。在政策宣传、解释和对接上,除了用好传统的新闻媒体、高端人才各类宣传推介会以外,还积极发挥各类高端人才的示范引领、牵线搭桥、口口相传的重要渠道,营造凝聚高端人才的良好氛围。(3)后期严格化执行政策。一方面,严格要求各部门立足职能、通力配合,通过各种途径强化政策执行与实施,确保高端人才工作的整体系统成效;另一方面,严格监督和考核高端人才政策的社会效应,通过健全督查机制确保高端人才工作中人才政策的"落细、落小、落实"。

亩均论英雄：高质量发展出新招

占张明　陈华杰　单　凯　冯利斐

一　浙江"亩均论英雄"提出的背景与意义

"亩均论英雄"改革，是浙江省贯彻"腾笼换鸟""凤凰涅槃"的重要实践。这一改革旨在推动产业迈向中高端，加速实现企业、产业、区域动力变革。

（一）提出的背景

进入21世纪，浙江作为市场先发地区，面对发展环境的深刻变化和深层次、积累性矛盾的日益凸显，率先遇到了"成长的烦恼"和"转型的阵痛"。资源、环境等要素制约不断加剧，粗放型外延式的增长方式早已难以为继，加快转变发展方式、推动经济转型升级已刻不容缓。在此背景下，围绕区域经济转型发展，时任浙江省委书记的习近平提出了著名的"八八战略"。作为经济大县、资源小县的绍兴县（现绍兴市柯桥区），如何在国家进一步加大宏观调控，严控土地闸门的严峻形势下，谋求经济发展的可持续性？2006年，绍兴县在"八八战略"的正确指引下，率先提出"亩均论英雄"改革，并迅速得到了社会各界的广泛认同。这一改革发展，通过完善激励倒逼政策、拓展评价领域范围、分级搭建数据平台、及时跟进配套保障等举措，逐步形成了促进区域经济高质量发展的系列经验做法,并从绍兴县推广到全省其他兄弟县(市、区),从单个维度向多个维度逐步完善,在企业层面、产业层面、区域层面得以应用发展,走出了一条资源要素市场化配置的新路径,最终在全省层面被总结为"亩均论英雄"。

(二)"亩均论英雄"的区域发展意义

党的十九大明确指出,我国经济已由高速增长阶段转向高质量发展阶段,正处在转变发展方式、优化经济结构、转换增长动力的攻关期。经济的发展必须坚持质量第一、效益优先,以供给侧结构性改革为主线,推动经济发展的质量变革、效率变革、动力变革,提高全要素生产效率,着力加快建设实体经济、科技创新、现代金融、人力资源协同发展的产业体系。深化供给侧结构性改革,努力构建高质量的产业体系,切实提高产业供给的能力,实现产业发展从适应市场、满足市场向引领市场、创造市场的方向转变,是新时期衡量区域经济发展真正实现"三大变革"的重要依据。作为资源小省的浙江,是全国最早践行"亩均论英雄"改革的省份,实现了从传统经济的增长方式向现代经济的发展方式转变。"亩均论英雄"改革的实质是推动高质量发展,它以传统产业改造提升为重点,不断深化以"亩产效益"为导向的资源要素市场化配置,不仅对浙江产业结构调整、区域经济转型升级具有重大现实意义,同时,对全国加快经济发展方式转变亦有重要借鉴意义。

二 浙江省"亩均论英雄"的发展历程回溯

十多年来,浙江省"亩均论英雄"大致经历了基层探索、试点推广、全面深化等三个阶段。

第一阶段：率先倡导的基层探索阶段（2006—2012年）。跨入21世纪以来，面对资源要素、生态环境等日益突出的问题，作为传统资源小省的浙江省，如何突破"成长的烦恼"，加强经济转型升级？2006年，绍兴县率先提出了"亩均论英雄"这一发展理念。同年7月，一个以亩均销售和亩均税收为考核依据的企业效益百强排行榜在绍兴县引起了各方高度关注，媒体纷纷给予报道和推广。其中，浙江明牌首饰股份有限公司以亩均销售1527.86万元和亩均税收27.76万元名列第一。而一些往年在总产值或年销售收入排序中的工业龙头企业，却因占用大量土地、沿袭粗放生产经营模式的缘故，在新的排行榜中名落孙山。这一时期，绍兴县重点围绕节约集约用地、节能降耗减排等重点，通过给企业算亩产，以亩产论英雄，公布企业效益排行榜，逐步建立起导向、准入、制约、激励等四大工作机制，引导企业走上科学、健康、持续发展之路，促进了经济发展方式转变与经济结构调整升级，实实在在地提升了经济发展质量，在全省、全市、全县倡导了集约发展的良好氛围。2006年，绍兴县万元工业产值电耗同比下降5.5%，万元工业增加值能耗同比下降5%以上。绍兴县对工业企业的评估和导向机制的有力推出，背后有其历史和现实的必然性，实质是要求正确处理好经济发展与人口、资源、环境等要素之间的关系，力改传统的粗放经营模式，改变高投入、低产出、高能耗、低效益的不良状况，从而促进经济又好又快发展。在浙江省委省政府领导的重视和支持下，这一做法得到了越来越多的省内县（市、区）的认同和推广，广东、重庆、江苏、山东等地的一些县域也纷纷借鉴和实践，同时得到了国土资源部等国家部委的充分肯定。2006年7月30日，《人民日报》在头版头条位置，刊登了《以"亩产"论英雄——浙江绍兴县节约集约用地纪实》，向全国介绍推广绍兴县的先行先试做法，文中提到绍兴县"以企业'亩产效益'论英雄"。同时，《中国国土资源报》《浙江日报》等权威媒体也纷纷在显著位置，介绍了绍兴县的实践做法。

第二阶段：继续探索的试点推广阶段（2013—2017年）。2013年9月，浙江省政府批复《海宁市要素市场化配置综合配套改革试点总体方案》，在海宁市启动以"亩产效益"为导向的资源要素市场化配置改革试点。2014年5月，浙江省政府印发《关于推广海宁试点经验加快推进资源要素市场化配置改革的指导意见》，选择改革意愿强烈、资源要素制约突出的24个县（市、区）开展改革扩面试点，目标重点是深化"亩均论英雄"工作实践，并逐步在"24+1"个试点县（市、区）中建立完善以"亩产效益"为导向，综合考虑亩均产出、亩均税收、单位能耗、单位排放等指标，分类分档、公开排序、动态管理的企业综合评价机制。同时，根据综合评价结果，完善落实差别化的用水、用地、用电、用能、排污等资源要素配置和价格政策措施，探索区域性要素交易制度，破除要素配置中的体制性障碍，从而提高资源配置质量和效率。2015年4月，浙江省工业转型升级领导小组办公室（浙江省转升办）在嘉兴市召开全省专题工作推进会，印发《关于全面推行企业分类综合评价加快工业转型升级的指导意见（试行）》。同年9月，浙江省政府印发《关于全面开展县域经济体制综合改革的指导意见》，要求全面建立以"亩产效益"为导向的资源要素市场化配置机制。2016年8月，浙江省转升办联合省经信委、省财政厅、省国土资源厅、省环保厅印发《关于三级联动抓好企业综合评价工作的通知》，提出省、市、县三级联动，所有县（市、区）工作开展实现全覆盖，所有规模以上工业企业纳入评价实现全覆盖。2017年6月，时任代省长的袁家军在浙江省经济体制改革领导小组会议暨"放管服"改革推进会上提出,"要深入推进'亩均论英雄'改革"。至此,企业"亩产效益"综合评价从基层探索走向顶层设计、逐步试点推广阶段,成为推动供给侧结构性改革、加快经济转型升级的一项关键性政策举措。截至2017年底,全省完成11个设区市、89个县(市、区)、31个制造业行业以及88661家用地5亩以上工业企业"亩产效益"综合评价工作。同年,全省36800家规上工业企业"亩产效益"综合评价后,其中,A类企业有7885家,用地占29%,实际税收贡献占60%,是真正吃得少、产蛋多的"俊鸟"。

第三阶段:系统推进的全面深化阶段(2018—)。追求质量和效益的统一,努力率先进入高质量发展时代,是浙江省实现两个高水平发展目标的必然选择,是贯彻党的十九大精神的重要路径。为此,2018年1月,浙江省政府出台实施《关于深化"亩均论英雄"改革的指导意见》,建立浙江省深化"亩均论英雄"改革工作领导小组,标志着"亩均论英雄"改革进入全面深化的新阶段,"亩产论英雄"正式升级为"亩均论英雄",吹响了加快供给侧结构性改革、向高质量发展进军的集结号,一系列整体部署开始改革的整体性推进。"亩均论英雄"改革是浙江省经济治理的一场深刻革命,是深入践行习近平总书记"腾笼换鸟、凤凰涅槃"理论,是"八八战略"再深化、改革开放再出发的一项制度创新系统工程,是开展营商环境评价,打造良好的营商环境,积极构建亲清新型政商关系,切实降低企业成本,切实推动高质量发展,高起点打好供给侧结构性改革的一套系统组合拳。一方面,改革的目标是要通过"亩均论英雄"改革打基础,区域能评、环评改革减环节,"标准地"改革定标准,高水准开展亩均效益评价,高效率推进要素市场化配置,高标准推动产业创新升级、高效能推广"提高亩均效益十法"①，最终实现"一年大提升，三年走前列，五年成示范"的目标。另一方面，作为一种新的工业考核评价体系，"亩均论英雄"也意味着对领导干部的考核不再是简单地以 GDP 论英雄，而是更加强调发展的质量和效益的提升。2019 年初，《浙江省经济开发区"亩均效益"领跑行动计划》印发，提出从今年起，浙江省经济开发区全面启动"亩均效益"评价，开发区亩均增加值要超过 140 万元，落后开发区将被约谈。各地政府在实践层面上，也都相继制定了自己的目标要求，例如，杭州市、嘉兴市、义乌市等地构建了完整的工业企业绩效综合评价机制，宁波市作为"亩均论英雄"改革的排头兵，制定了全省首个取数规范文件，杭州滨江区还提出了力争每宗产业用地成就一家上市公司。至此，经过相关部门、基层的一系列创新、探索和实践，改革的完整性、系统性、科学性得到了更好的体现，浙江省"亩均论英雄"改革切切实实抓出了实效，形成了机制，积累了经验。

三　浙江省"亩均论英雄"的经验与启示

浙江省立足于当地资源禀赋条件，总结各个历史阶段发展经验，在特定历史时期提出了"亩均论英雄"发展理念。该理念是创新、协调、绿色、开放、共享五大发展理念在浙江大地上的最新发展成果，具有鲜明的发展特色、浙江特色和市场特色，它经受了市场的检验，并成为新的历史阶段浙江经济高质量发展的指挥棒。

---

① 即腾笼换鸟法、机器换人法、空间换地法、电商换市法、品牌增值法、兼并提效法、管理增效法、循环利用法、设计赋值法、新品迭代法。

(一)"亩均论英雄"承接五大发展理念，具有鲜明的发展特色

一方面，"亩均论英雄"是创新、协调、绿色、开放、共享五大发展理念在浙江的地方实践内容。围绕创新发展理念，"亩均论英雄"突出创新是第一生产力，以创新发展推动浙江产业实现"腾笼换鸟""凤凰涅槃"转型升级，并实现技术创新、品牌创新、管理创新。围绕协调发展理念，"亩均论英雄"突出生产力导向，填平城乡生产力发展鸿沟，连接县域经济和都市圈经济的发展桥梁，以实现城乡区域之间协调发展。围绕绿色发展理念，"亩均论英雄"突出绿水青山就是金山银山，以最小的发展用地实现最大的生产效益，最大限度地保护好、利用好绿水青山这个浙江最大的财富。围绕开放理念，"亩均论英雄"绝不是坚守一亩三分地，而是对浙江开放型经济发展模式的延续，开放范围更广，开放深度更大，更积极主动地参与到国际产业体系分工中去，在产业链中占据更高端的位置。围绕共享理念，"亩均论英雄"突出"市场有效、政府有为、企业有利、百姓受益"的共建共享原则，明确市场在资源配置中的决定性作用，积极发挥政府服务主动性，以正向激励和反向倒逼提升企业市场竞争力，提高老百姓劳动报酬，改善生活与工作条件。另一方面，浙江的"亩均论英雄"也反过来丰富了五大发展理念的成果，为五大发展理念的形成与发展提供了丰富的浙江实践素材，并用浙江实践检验了五大发展理念的理论指导价值。"亩均论英雄"在浙江这块局部地区的试验，已成为地方经济治理的一场深刻革命，形成的丰富成果，值得在全国推广与借鉴。

(二)"亩均论英雄"聚焦浙江发展实际，具有鲜明的浙江特色

一方面，"亩均论英雄"的提出并不是一蹴而就的。"亩均论

英雄"的提出具有鲜明的时代背景和地方发展特色。它是特定历史阶段发展的产物，是在浙江经济发展模式从较高能耗、较高污染、较低技术水平向低能耗、低污染、较高技术水平转变过程中逐步形成并发展成熟的，需要从动态的角度来看待这个发展理念。在改革开放之初，浙江经济要实现从无到有的转变，广阔的市场需求促进了浙江"家家生火，户户冒烟"家庭作坊发展模式的形成与成熟。到2000年之后，随着市场的发展和产业发展的需求，浙江经济在国际产业体系中的位置被动摇了，面临着更低劳动力成本地区和更高技术水平地区的双重竞争与挤压。因为土地、原料、能源等多重限制，简单的规模扩大生产模式遇到了发展瓶颈，中低端市场的恶性竞争倒逼浙江必须放弃粗放经营模式。另一方面，"亩均论英雄"也不是一朝一夕能实现的，这期间经历了十多年的基层改革探索、试点推广、全面深化三个阶段，并随着浙江产业体系的发展和国际国内市场需求变化，不断地进行调整，最终将完成三个阶段的发展：一是在全国先行先改，从低效企业全面整治，再到全面启动规模以上服务业企业、开发区（园区）、特色小镇的亩均效益评价，初步建成统一的"亩均论英雄"大数据平台；二是到2020年，在全国率先取得改革成效，"亩均效益"达到全国水平，全面建成"亩均论英雄"大数据平台，形成科学公正的评价体系和高效有序的资源配置体系；三是在全国率先建成"亩均论英雄"示范区，当好高质量发展的排头兵。

（三）"亩均论英雄"明晰参与主体职能，具有鲜明的市场特色

"亩均论英雄"强调市场在资源配置中的主体地位，突出服务型政府的能动作用。一方面，坚持市场导向，将企业单位资源的市场输出，作为综合评价的主要依据，就是通过企业亩均效益的综合评价和资源要素的差异化配置，推动资源要素向优质高效领域集中。虽然开发区（园区）、特色小镇等创新创业平台是"亩均论英雄"的重要考核对象，但考核仅是一种手段，最终作用要传递到企业身上，通过土地使用税政策以及水电气价、排污费等差别化政策实施，引导企业最终走上科学发展之路，以企业高质量发展促进浙江经济结构优化调整，加快经济转型升级，共同迎接市场的考验。另一方面，"亩均论英雄"不再简单以GDP论英雄，而是更加强调发展的质量和效应。这一导向，倒逼各级政府在算好经济账外，还要算一算环境账、资源账，更加积极主动地推动服务型政府建设，利用政府掌握的资源要素作为杠杆，设立资源要素差异化配置规则，设置企业准入门槛，有效弥补市场在部分要素领域调节功能缺位；以政府主动改革适应市场发展需求，出台一系列政策组合拳，以更加清晰的市场导向政策，着力破解"亩均论英雄"工作中遇到的系列难题，如科学评价问题、政策推进问题、倒逼退出问题、数据共享问题等；加强"数字政府"建设，加快完善"最多跑一次"改革，积极营造亲清的政商环境，科学、高效地完成税收评价及审批流程，让"亩均效益"评价真正发挥作用。

浙江省对"亩均论英雄"的多年探索，在全国率先建成"亩均论英雄"示范区，为全国其他地方推进经济高质量发展提供了借鉴。"亩均论英雄"发展理念挣脱了"唯GDP论"的发展理念桎梏，聚焦单位亩均效益，并经受了市场的检验，成为新的历史阶段浙江经济高质量发展的"指挥棒"。而在"亩均论英雄"工作中遇到如科学评价问题、政策推进问题、倒逼退出问题、数据共享问题等，也是浙江接下来几年所需要重点破解的发展难题。

"地球卫士"：为践行新发展理念勇立潮头

项晓艳　殷荣林　张玲丽　于佳秋

生态文明是实现人与自然和谐发展的必然要求，生态文明建设是事关中华民族永续发展的根本大计。党的十八大把生态文明建设放在重要地位，首次把"美丽中国"作为生态文明建设的宏伟目标，提出必须树立尊重自然、保护自然的生态文明理念。十八届三中全会提出构建系统完整的生态文明制度体系；十八届四中全会要求用严格的法律制度保护生态环境；十八届五中全会强调，破解发展难题，厚植发展优势，必须贯彻创新、协调、绿色、开放、共享的发展理念，并将绿色发展作为我国经济社会发展的重要理念。党的十九大报告强调加快生态文明体制改革，实现美丽中国的伟大愿景。浙江作为我国经济发达地区，最先遭遇环境污染阵痛，也最先进行生态文明建设探索。自2002年起，浙江以"八八战略"为统领，发挥"一任接着一任干"的接力精神，从提出"绿色浙江"到"生态省"建设，再到"生态浙江""美丽浙江"建设，走出了一条具有地方特色的生态文明"浙江之路"，取得了"绿水青山就是金山银山"的生态文明实践成果。从浙江绿色发展指数位居全国第一到湖州市成为全国首个地市级生态文明先行示范区；从在全国率先开展水权交易、排污权有偿交易、生态补偿转移支付制度到首创空间、总量、项目"三位一体"的环境准入制度；从提出"打造最严环保执法省"到启动"绿色GDP"考核体系；从全国首创由林、水、气组合而成的"绿色指数"与补助资金挂钩到建立省内流域上下游横向生态保护补偿机制……浙江作为"两山"理念的发源地和样板地，始终一以贯之推动生态文明建设，书写"美丽中国"的创新实践。

浙江在推进生态文明建设取得斐然成效的同时，积累了丰富且宝贵的"浙江经验"，对于建设美丽中国，实现中华民族的伟大复兴有着重要的理论价值。一是发展了新时代习近平生态文明思想。"两山"重要思想是习近平中国特色社会主义生态思想的总纲，"绿水青山就是金山银山"是习近平生态思想的核心理念。二是弘扬了中华传统优秀生态文化。生态文明建设是传承中华民族生态文化思想的迫切需要。中华文明传承五千多年，积淀了丰富的生态智慧，如天人合一，道法自然，人与自然和谐统一，保护环境等思想。儒家追求的人与自然"天人合一"思想，在我国传统文化中占主导地位，倡导天道与人道的相通，人与自然的和谐。道家则主张人要节欲知足，感恩大自然。三是走向生态文明新时代的重要遵循。在生态文明建设实践中，浙江始终坚持"八八战略"重要思想，积极发挥生态优势，把生态文明建设放在突出位置；坚持在保护中发展、在发展中保护，把发展生态经济和改善生态环境作为核心任务，成为生态文明新时代的重要遵循。四是揭示了建设美丽中国的本质规律。美丽中国的"美丽"即是"既有绿水青山，又有金山银山"交相辉映的美丽画面，"美丽中国"就是中国处处绿水青山、地地金山银山，既有优美的自然环境，又有发达的经济社会状态。浙江的生态文明实践正是对美丽中国理念的深化与践行。

一 浙江生态文明建设"勇立潮头"的发展历程

浙江生态文明建设的历程，生动展现习近平总书记生态文明思想形成和发展的过程，集中体现对走"绿水青山就是金山银山"发展之路的共识，大致经历"绿色浙江""生态省""生态浙江""美丽浙江"四个一脉相承又层层递进的发展阶段。具体可分为以下四个阶段：

（一）实施可持续发展战略，打造绿色浙江（2002—2003年）

进入21世纪以来，在经济快速发展的基础上，面对自然资源先天不足的问题，"高能耗、高污染、低效益"的粗放型工业化模式与生态环境矛盾日益凸显，生态环境的改善程度与人民群众生态理想需求的矛盾等"先成长起来的烦恼"，浙江自觉贯彻党的十六大提出的可持续发展战略，把生态建设与转变经济增长方式相结合，并于2002年6月，省第十一次党代会上提出建设"绿色浙江"的战略目标，把生态价值观上升到新高度，至此浙江生态文明建设进入崭新的发展时期。在"绿色浙江"战略的指导下，为缓解经济发展与农村人居环境需求之间的突出矛盾，2003年6月，浙江省启动以农村生产、生活、生态的"三生"环境改善为重点，提高农民生活质量为核心的"千村示范、万村整治"工程（简称"千万工程"）。十余年来，浙江"美丽乡村"建设"星火传递"，不仅造就了像安吉鲁家村、德清禹越三林村等万千"美丽乡村"，也获得国际社会的认可——该工程于2018年9月荣获了联合国最高环保荣誉"地球卫士奖"。

（二）贯彻"八八战略"，创建生态省（2003—2010 年）

2003年是浙江生态文明建设关键的一年，在习近平同志的重视和推动下，2003年1月浙江成为全国第五个生态省建设试点省，出台《浙江生态省建设规划纲要》，并成立以习近平为组长的生态省建设工作领导小组。这标志着浙江生态省建设全面启动，开启了浙江生态文明建设的新里程。同年，习近平同志明确提出要进一步发挥"八个优势"、推进"八项举措"（简称"八八战略"），进一步发挥浙江的生态优势。沿着"八八战略"的指引，浙江以创建生态省为目标，一手抓减排治污，一手抓环境美化。一是提出"绿水青山就是金山银山"的发展理念。早在2005年，时任省委书记习近平同志到曾依靠石矿、水泥厂发展的安吉余村考察时，高度肯定村里关闭矿区、走绿色发展之路的做法。他强调：我们既要绿水青山，也要金山银山，绿水青山就是金山银山。这也成为浙江生态文明建设的根本遵循。2006年6月，湖州市安吉县成功创建为全国第一个生态县。二是开展治污减排的专项行动。建设生态省的标志性工程即"811"环境污染专项整治行动。一方面，2004年到2007年在全省的八大水系和11个环保重点监管区开展"811"环境污染整治三年行动，全省环境污染和生态破坏趋势基本得到控制，建成了环境质量和重点污染源自动监控网络，环境质量稳步改善。2008年，启动"811"新三年行动计划，重点是环境保护，着力推进污染减排和重点区域环境整治。2011年，继续推进为期五年的第三轮"811"生态文明建设行动。另一方面，2005年浙江省启动"发展循环经济991行动计划"，即在发展循环经济的九大领域、打造九大载体、实施十大工程，标志着环境保护和生态建设迈上新的台阶。三是创新生态文明建设的体制机制。浙江率先在全国开展排污权有偿交易制度、水权交易制度、生态补偿机制等制度。2005年，率先出台省级层面的生态环保财力转移支付制度，在国内首先出台《关于进一步完善生态补偿机制的若干意见》。作为全国试点省份，从2010年起，浙江开始实施最严格水资源管理制度，水资源管理的指标被纳入生态省建设及党政考核。此外，浙江是全国第一个实施排污权有偿使用制度的省份。2007年，嘉兴市在全国首创排污权交易制度，实现排污权从不可交易到可交易、从无偿使用到有偿使用的转变。

（三）实施生态立省战略，建设生态浙江（2010—2013年）

2010年7月，浙江省通过《关于推进生态文明建设的决定》，强调坚持生态省建设方略，通过发展生态经济，优化生态环境，注重建设生态文化，强化生态文明理念，建设全国生态文明示范区，最终建设富饶秀美、和谐安康的"生态浙江"。一是首创浙江生态日，生态文化理念深入人心。2010年，浙江省第十一届人民代表大会常委会中，决定把6月30日定为浙江生态日。借助"浙江生态日"活动、评选"浙江省生态文明教育基地"等形式，使绿色发展方式和生活方式逐渐深入人心。二是推进国家生态文明先行示范区建设。2010年，浙江提出要"努力把浙江省建设成为全国生态文明示范区"。全国首个地市级生态文明先行示范区花落湖州，杭州、丽水也成功入选国家生态文明先行示范区。衢州市、海盐县、仙居县、天台县等地成为首批省级生态文明先行示范区创建地区。三是创新生态文明考核机制。浙江在淡化GDP考核的同时，加强了对环境保护、生态建设的考核，并于2012年9月，浙江省实施《浙江省生态文明建设目标评价考核办法》，从生态经济、生态环境、生态文化和生态制度四个领域10个方向对生态文明建设情况进行科学量化评价，并把考核结果作为各设区市党政领导班子和领导干部综合考核评价重要依据，以"生态指挥棒"引导干部加快生态浙江的建设。湖州通过出台《湖州市领导干部自然资源离任审计暂行办法》在全国率先探索领导干部自然资源资产离任审计试点、率先建立"绿色GDP"核算体系，为生态文明建设之路构筑根本保障。

（四）实施绿色发展战略，迈向美丽浙江（2013年至今）

2013年，浙江省提出要坚持走生态立省之路，深化生态省建设，加快建设美丽浙江。2014年，在《关于建设美丽浙江创造美好生活的决定》中指出，要坚持生态省建设方略，把生态文明建设融入经济建设、政治建设、文化建设、社会建设各个方面和全过程，建设"富饶秀美、和谐安康、人文昌盛、宜业宜居的美丽浙江"，推动生态文明建设迈上新阶段。一方面，打好环境整治组合拳，实施"五水共治""三改一拆""四边三化"等一系列专项行动。2013年，一场名为"五水共治"的水环境综合整治拉开序幕，并配合施展一系列转型升级"组合拳"。通过"五水共治"，共清理垃圾河6000多公里，整治黑臭河4000多公里，浙江的水环境质量持续改善；共整治6.4万家问题企业，涌现像长兴铅蓄电池、浦江水晶产业为代表的"低小散"行业整治提升的典型。另一方面，提出"决不把脏乱差、污泥浊水、违章建筑带入全面小康"。2016年，浙江启动小城镇环境综合整治行动，通过城乡危旧房治理、城中村改造和拆除违法建筑等六大专项行动对1191个小城镇进行系统的综合整治。截至2018年，已整治达标1100个小城镇，实现了城镇环境的美丽"蝶变"。此外，省委于2017年初提出全省要坚决、干净、彻底剿灭劣V类水，并立下军令状。剿灭劣V类水也取得显著成效，全省地表水Ⅰ—Ⅲ类的省控断面比例大幅提升，大幅提高平原河网水质，并在国家首次

"水十条"考核中位列第一。同时，2018年，浙江启动实施蓝天、碧水、净土、清废行动，生态文明建设深入到方方面面、角角落落。如今的浙江，正加速奔向"美丽浙江"。

二 浙江省大力推进生态文明建设的主要做法

（一）转变理念，打造绿色浙江

改革开放以来，浙江省以民营经济为突破口，在全国率先进行市场化改革，全省经济综合实力迅速上升。但是，"不计代价追速度"的粗放型发展模式成为新时期发展的桎梏。2002年，代省长习近平明确指出，"治理大气污染，保护生态环境，功在当代、利在千秋，标准怎么定都应该，花再大代价也值得"。在习近平的推动下，浙江成为全国生态省建设试点省，并明确"绿色浙江"成为"八八战略"在生态建设方面的重要内容，浙江从此迈向"质量效益稳中求进、生态环境日益改善、民生保障日渐提升"的发展方向。2005年，习近平同志赴安吉余村调研，谆谆告诫当地干部："不要以环境为代价去推动经济增长，当熊掌和鱼不可兼得的时候，要知道放弃，要学会选择"，因为"绿水青山就是金山银山"。这一新发展理念为余村指明了方向，也为浙江省的发展指明了方向。同年3月，中央出台《关于加快推进生态文明建设的意见》，"两山理论"成为指导全国推进生态文明建设的指导思想，生态文明理念由此深入人心。为推动生态文明建设再上新台阶，浙江省在经费保障与组织保障上不遗余力，仅2013—2017年5年间，省级财政生态环境保护支出就达767.42亿元，年均增长24.31%，远高于同期财政收入和支出的增幅。同时，坚持党政"一把手"亲自抓，分管领导直接抓、一级抓一级、层层抓落实的工作推进机制，逐渐形成生态文明建设全域化格局。生态兴则文明兴，生态衰则文明衰。在各级政府的高度重视下，浙江省水、土、气、林等生态环境质量不断提升，生态环境状况综合指数连续多年居于全国前列，2017年，劣Ⅴ类水质断面全部消除，县级以上城市日空气质量优良天数比例高达90%。

（二）创新制度，完善制度保障

践行绿色发展，完善制度保障是关键。一直以来，浙江省在建立生态文明制度方面不断创新与探索，在全国率先编制生态环境功能区规划，并首创项目、总量、空间"三位一体"的新型环境准入制度。为提高水资源效率、优化水资源配置，浙江省在全国首创开展区域间水权交易。2000年11月，经多次谈判，缺水的义乌市与水资源丰富的东阳市签订水权转让协议，义乌出资2亿元购买东阳横锦水库每年5000万立方米水的永久使用权。2002年，绍兴与慈溪签订每年7300万立方米的水权转让协议，浙江省水权转让的成功经验在全国逐渐推广。同年，嘉兴秀洲探索实践排污权有偿使用制度，经多年摸索，嘉兴建立了全国首个排污权交易平台。此后，省政府相继出台《关于开展排污权有偿使用和交易试点工作的指导意见》《浙江省排污权交易有偿使用和交易试点工作暂行办法》，标志着浙江省内工业企业彻底告别向自然界随意排污的历史，成为国内首个将排污权交易制度纳入省环境管理体系的省份。在探索建立生态补偿机制方面，浙江省也一直走在前列，新安江生态补偿机制是全国第一个跨省流域的生态补偿样本，实施至今已有7年。该模式由中央每年出资3亿元，浙皖两省分别出资1亿元，共同保护新安江。在一年时间内，水质若是全年达标，由浙江补给安徽1亿元；反之，则由安徽补给浙江1亿元。尝到甜头后，2015年，浙皖两省启动第二轮试点，各自出资额增加到了 2 亿元。

（三）经济转型，促进绿色发展

绿色发展是个经济问题，是生产方式、经济结构、消费模式和发展道路的问题，要从源头上防止污染，必须从经济发展方式上找根源，改变原先资源消耗大、环境污染重的增长模式，推动产业转型升级。15 年来，浙江省以壮士断腕的决心保护生态环境，力促产业结构转型升级。一是以"一锤一锤钉钉子"的做法推进"五水共治""剿灭劣 V 类水"等专项行动，引领生态文明建设。典型案例如浙江省浦江县的治水工程。浦江有 30 多年水晶加工产业历史，国内 80% 以上的水晶产品出自浦江。水晶加工业虽富了村民的口袋，却极大地污染了当地的山水。彼时，浦江每天有 1.3 万吨水晶废水、600 吨水晶废渣未经处理直接排放，导致固废遍地、污水横流，社会矛盾不断激化。2013 年，省委书记夏宝龙赴浦江，亲自督办浦阳江水环境综合整治工作。该县以"五水共治"为契机，终于 2015 年捧回浙江省"五水共治"先进县的"大禹鼎"。二是政府强势参与推进整治"低小散"，优化产业布局。浙江省长兴县的蓄电池行业就是例子。2006 年前，长兴蓄电池产业走的是粗放型发展道路，戴上了"环境保护重点监管区"的帽子。从这之后，长兴人痛定思痛，通过出台政策文件、淘汰落后产能，升级技术和产业链、推动"机器换人"、实行长效管理等"五大专项整治"保护生态环境，促进经济转型升级。温州平阳县是"中国皮都"，全世界 6 条皮带就有 1 条出自平阳水头。粗放式的发展虽让平阳皮业举世闻名，却也因此戴上了国家级环境污染的"黑帽"，平阳面临"要了这张皮就会疼肚皮，没了这张皮就会饿肚皮"的困境。为破除生态保护与经济发展失衡，换回平阳县的绿水青山，平阳关停取缔废水直排江河企业 94

家，通过"五水共治"整治53条垃圾河和41条黑臭河，推进"三改一拆"拆违850多万平方米，坚持水岸共治，创建"无违建河道"708条，走出一条适合自身的绿色发展之路。三是盘活生态资源，将生态优势转化为经济优势。2014年，开化争取到国家公园的试点，真正走上将生态优势转化为经济优势的路子。按照5A级景区标准建设，开化被列为浙江省唯一一个国家公园体制试点区域。从2016年开始，开化旅游收入达到年均50多亿元，真正实现山水资源变为山水银行。

（四）试点先行，推动点面结合

浙江省的"千万工程"是"两山"理念在基层农村的成功实践。2003年，时任浙江省委书记的习近平亲自部署谋划"千万工程"，并做出"八八战略"的重大决策，其中第5条指出"进一步发挥浙江的生态优势，创建生态省，打造'绿色浙江'"。2008年，安吉县率先在全国开展"中国美丽乡村"建设，安吉鲁家村从从前的落后小山村变成远近闻名的旅游村、明星村，是浙江"千万工程"的成功体现。这15年来，浙江省委省政府按照习近平总书记指明的方向，深入贯彻"八八战略"，坚持一张蓝图绘到底，一任接着一任干，一以贯之推进"千万工程"，于2018年9月27日获得联合国颁发的"地球卫士奖"。同时，浙江省是国家确定的10个"绿色GDP核算试点"省市之一。2005年3月，浙江正式启动试点。虽然试点对象仅涉及生态环境领域的废水、废气和固体废弃物，但浙江省有效样本单位是全国最多的，占试点总样本单位的21.5%。2014年，浙江省湖州市成为全国首个地级市生态文明先行示范区，标志着湖州践行"两山"理念开始进入国家战略层面。湖州市连续5年开展以治污水为龙头的"五水共治"，并全面建立并落实河长制、大气污染防治"十条措施"，加强土壤源头污染综合整治，着力实现绿色和可持续发展。2016年3月，湖州市试点绿色审计，审计机关用抽样检测、问卷调查、实地核查和地理信息技术影像分析等多种方式进行审计，查找问题疑点。从实践来说，"绿色审计"有利于扫除障碍，抓准各地当前环境问题"痛点"所在，促进相关环保政策出台，从而提高环保工作针对性和有效性。至2018年，国家正式建立"绿色审计制度"，领导干部自然资源资产离任审计由试点阶段进入全面推开阶段，对完善生态文明绩效评价考核和责任追究发挥更重要的作用。

（五）乡村治理，建设美丽乡村

"地球卫士奖"的获得，充分肯定了浙江省多年来在农村生态环境保护方面的成效，也是我国大部分乡村因地制宜、精准施策，扎实推进农村环境整治工作的缩影。从2005年"两山理论"的提出到2012年推动"四边三化工程"，进一步提升环境质量，再到2014年推动"五水共治"，浙江省农村生态环境发生质的飞跃。安吉县鲁家村曾是贫困落后的小山村，通过推进"五改一化"工程（改厕、改路、改房、改水、改线和环境美化）、"双十村示范，双百村整治"、发布全国首部乡村治理地方标准等一系列乡村环境整治行动，如今鲁家村环境变美了，村民的收入也提高了，每天都有纷至沓来的游客前来参观和取经。金华创新推出"二次四分"的垃圾分类处理模式，从源头上探索出一条农村垃圾无害化、减量化、资源化的治理新路。16年来，浙江美丽乡村以户、村、道路为对象，创建"一户一处景"的美丽庭院43万户，培育"一村一幅画"特色精品村2000多个、打造"一路线即一风景"美丽乡村风景线300多条，培育出特色精品村300多个，农家乐经营户1.45万户，拥有各类休闲农庄2000多个。

2016年，浙江省出台《浙江省深化美丽乡村建设行动计划（2016—2020）》，旨在浙江农村实行全域规划、全域建设、全域管理。水质好转、河流变清，农村生活垃圾得到有效处理，一、二、三产业进一步融合，农民收入持续增长，生活环境更加优越，老百姓的生态意识也越来越强。在全民呵护下，浙江省绘就了一幅幅美丽的绿色画卷。

三　浙江省推进生态文明建设的启示

（一）理念转型是生态文明建设高质量推进的最大动能

浙江生态文明建设的历程，都是伴随着发展理念的变革和升华，实现了从"用绿水青山换金山银山"到"既要金山银山又要绿水青山"再到"绿水青山就是金山银山"发展理念上的历史性飞跃。坚持绿色发展理念的引领，是我们建设生态文明的最大动能和关键所在。纵观浙江16年来的实践经验，重中之重就是要通过深入学习和宣传教育，让绿色发展理念深入人心，坚持一张"绿图"绘到底，让绿色成为浙江省高质量发展的最美底色。这启迪着我们，要切实打赢环境整治、建设生态文明这一仗，不能只把目光集中在"环境整治"上，而是要立足全局，妥善处理好生态环境保护和经济发展间的关系，把可持续发展、绿色发展理念贯穿生态文明建设的各阶段各环节全过程，为增加群众收入、提升群众生活品质奠定基础，增加群众的获得感和幸福感。

（二）制度建设是生态文明建设高质量推进的强力保障

制度创新是推动改革发展的制胜法宝，把绿水青山转化为金山银山，让老百姓"富口袋"的同时又有安居乐业的获得感，必须依靠体制、机制的保障。浙江省创新考核评价制度，发挥引导作用。各地实际情况不同,衡量政绩的侧重点也应不一样。为此,浙江省制定了符合当地实际且具有浙江特色的干部考核评价指标体系,充分发挥各地优势,并把生态环境指标纳入干部考核评价指标体系。浙江的另一制度创新,在于"三位一体"和"两评结合"的新型环境准入制度,这在实践中发挥了有效的调控作用,切实推进经济布局和生产技术的优化升级,实现了从源头上防控环境污染。此外,浙江通过一系列制度建设和创新,鼓励公众参与环境保护,保障公众的知情权和参与权。由此,浙江明确了政府、市场、社会三大主体的责任定位,通过制度创新,实现了协同治理。

(三) 转型升级是生态文明建设高质量推进的内生动力

绿色发展要从源头上杜绝污染,必须从发展方式上找到根源,加快调整经济结构,助推产业转型升级。党的十八大报告明确指出,要着力推动绿色、循环、低碳发展。浙江是最先认识到生态环境冲突并在实践中解决冲突的先行者。在"两山"理念指导下,推动"高碳经济"向"低碳经济"转型、"线性经济"向"循环经济"转型,把"生态资本"变成"富民资本",依托绿水青山培育新的经济增长点,这是遍布浙江大地的生动实践。十多年来,浙江省委省政府在经济发展中加大对传统产业、重化工业的改造,走清洁化、循环化的路子,以此带动传统优势产业的改造提升。加快推进产业园区、集聚区的生态化建设,实现环境治理从点源治理向集中治理转变。"敢于放弃GDP,敢于牺牲GDP""不要躺在垃圾堆上数钱",已经成为浙江人民的共识。

(四) 先行先试是生态文明高质量推进的实践创新

浙江省是我国建设生态文明走在前列的省份,在其他大部分兄弟省份还未涉足生态文明建设时，浙江省已有了部分阶段性成果。这得益于浙江省因地制宜推行试点，坚持试点先行，并及时总结试点经验，加以总结、提升和推广，使之发挥示范引领作用。同时，浙江省并没有因为自身的生态文明建设走在前列而忽视了借鉴学习，而是积极同其他省份交流合作，并主动向外推广试点经验。这样一来，既能带动全省薄弱地区的生态建设大发展、取长补短，又能向外推广自身生态文明建设的先进经验，展示浙江省的生态形象，提升自身的美誉度和知名度。

新时代"枫桥经验":探索中国特色基层治理发展道路

屠永生　丁光飞　陈　莹　田胡杰

20世纪60年代,诸暨枫桥的干部群众在社会主义教育运动中创造了"发动和依靠群众,坚持矛盾不上交,就地解决,实现捕人少、治安好"的"枫桥经验"。1963年11月,毛泽东同志批示:"要各地仿效,经过试点,推广去做。""枫桥经验"成为全国政法战线的一面旗帜。2003年11月25日,时任浙江省委书记的习近平同志,在纪念毛泽东批示"枫桥经验"40周年暨创新"枫桥经验"大会上指出,"枫桥经验"是加强政法综治工作的有效载体,是正确处理改革发展稳定关系的重要经验,是各级干部实践"三个代表"重要思想和党的群众路线的具体体现,要充分珍惜"枫桥经验",大力推广"枫桥经验",通过着眼工作大局、营造法治环境、相信依靠群众、建立长效机制,使"枫桥经验"在维护社会稳定中显示更强的生命力。2013年10月9日,习近平总书记又作出重要指示,强调要充分认识"枫桥经验"的重大意义,创新群众工作方法,善于运用法治思维和法治方式解决涉及群众切身利益的矛盾和问题,把"枫桥经验"坚持好、发展好,把党的群众路线坚持好、贯彻好。

一 "枫桥经验"的发展历程及其在新时代的新内涵

(一)"枫桥经验"的发展历程

"枫桥经验"是基层社会治理的中国方案、中国道路,"形成于社会主义建设时期,发展于改革开放新时期,深化于中国特色社会主义新时代"[1]。56年来,先后经历了"社会管制—社会管理—社会治理"三大阶段,实现了两次历史性飞跃,反映了我国基层社会治理的深刻变革。

1. "枫桥经验"形成于社会主义建设时期

在新中国成立后的很长一个阶段,我国基本处于社会管制时期,对于阶级矛盾的处理基本以打压、歧视的方式为主。但当时枫桥的干部群众,用"文斗"不要"武斗",通过群众教育的方式把"四类分子"改造成为社会主义新人,形成了"一个不杀,大部不捕,矛盾不上交"的"枫桥经验",并在得到毛泽东同志亲笔批示后推向全国。"文革"结束后,枫桥的干部群众又率先给"四类分子"摘帽。该阶段的"枫桥经验",是全国改造"四类分子"的典范。

2. "枫桥经验"发展于改革开放新时期

十一届三中全会的胜利召开,我国的工作重心实现了从"以阶级斗争为纲"向"以经济建设为中心"的转变。随着经济的发展,社会利益、社会主体日益多元化,随着人口流动的日益加剧,社会治安成为日益重要的社会问题。为了确保改革开放有稳定的社会环境,这个阶段的"枫桥经验"实现了第一次转型,先后探索出社会

---

[1] 卢芳霞:《新时代"枫桥经验":中国特色基层社会治理的典范》,《人民论坛》2019年第4期。

治安综合治理、平安建设和社会管理等经验，确保了基层社会和谐稳定，实现了"小事不出村、大事不出镇、矛盾不上交"。该阶段的"枫桥经验"，是社会治安综合治理领域的先进代表。

3. "枫桥经验"创新于中国特色社会主义新时代

十八届三中全会提出要实现国家治理能力与治理体系现代化，并从"社会管理"转向"社会治理"。在这样的背景下，"枫桥经验"又一次实现了转型，成为基层社会治理的经验，创新了"党建引领乡村治理、社会组织参与基层社会治理、基层治理全科网格与四个平台、矛盾多元化解体制、自治德治法治三治结合的乡村治理体系"等一系列的经验做法，成为中国特色的基层社会治理方案。

（二）新时代"枫桥经验"的内涵

"新时代'枫桥经验'是在党的领导下，由枫桥等地人民创造和发展起来的化解矛盾、促进和谐、引领风尚、保障发展的一整套行之有效且具有典型意义和示范作用的基层社会治理方法。"[①] 其基本内涵主要包括五大方面：党建引领、人民主体、"三治"结合、共建共治、平安和谐。新时代"枫桥经验"是在党的十八大以后，尤其是十八届三中全会基础上创新发展起来的，具有鲜明的"治理"特征。

二 新时代"枫桥经验"的诸暨实践

（一）筑牢党建引领"基础桩"，激发"枫桥经验"新活力

坚持把党的领导贯穿基层治理全过程，全面提升基层党组织

[①] 中国法学会"枫桥经验"理论总结和经验提升课题组：《"枫桥经验"的理论建构》，法律出版社2018年版，第18页。

引领力、组织力、号召力，努力构建党组织统一领导、各类组织积极协同、广大群众广泛参与的基层治理体系。

1. 重抓"党建＋两新组织"

以两新组织党组织"五星示范、双强争先"创建为抓手，持续在全市1138家两新组织党组织中开展"三亮三提升"活动。职工30人以上的两新组织和社会组织，实现党的建设全覆盖，做到两新组织发展到哪里、党的建设就跟进到哪里。以抓中组部社会组织党建工作综合监测区试点为契机，推动社会组织发展与党建工作深度融合，健全完善社会组织党建云平台。探索社会组织党组织组织力指数动态评价办法，建成市镇村三级社会组织服务平台，推行"5＋X"村级社会组织标准化建设，并以政府采购、定向委托等方式将24项服务职能让渡给社会组织，真正让专业人做专业的事、志愿者做自愿的事、社会人做社会的事。目前，登记在册社会组织达728家，实现社会组织党组织应建尽建；备案社区社会组织2232家，涵盖了治安巡逻、矛盾化解、网格化管理、心理服务、特殊群众帮扶等各个方面，参加人数达28万余人，占常住人口的18.8％。其中专业性社会组织今年参与矛盾化解2600余起，公益性社会组织今年服务时间超98万小时；云平台操作系统为国内首个获国家专利的党建类信息系统。

2. 重抓"党建＋四个平台"

坚持把乡镇党委这个龙头挺起来，把村党组织领导核心立起来，有效转变镇村职能，真正把党的政治优势、组织优势转化为治理优势、服务优势。针对乡镇功能不齐全、权责不对称等问题，以基层治理"四平台"为突破口，全力打破壁垒、拧条成块，将国土、市场监管、综合执法等7个部门的服务管理职权和485名人员纳入平台，建立"信息收集、分流交办、执行处置、日常督办、信息反馈、督查考核"运行机制，做到百姓有事找平台、基层治理用平台。大力推进全科网格建设规范提升工程，全面整合流管、卫计、农林、水利、国土、市场监管等条线资源，配齐"一长三员"，全面推行网格员专职化模式和星级考评机制，有效提升网格管理服务水平。目前，全市共划分网格1203个，配备2148名网格员，累计采集信息38万余条次，事件按时办结率达100%。同步创新推行"1个网格+1个党小组+N个专业服务组织"网格党建模式，组建网格党支部1513个，有效推动在职党员进网格、志愿服务队驻网格、两新组织联网格，实现"党建网"与"治理网"双网合一，真正使群众的事看得见、有人管、办得好。

3. 重抓"党建+五星3A"

坚持把"五星达标、3A争创"作为实施乡村振兴战略的重要抓手，注重党建、富裕、美丽、和谐、文明"五星齐抓"，有效推动干群一起上、点面一起建、变化一起比，做到以党建带发展、以发展促和谐。创建工作开展以来，累计吸引各类社会资本26.8亿元，首批277个"五星达标、3A争创"创建村验收通过率达85.4%，居绍兴首位。强化"一切工作到支部"的理念，创新实施基层党建"五大引领"工程，旗帜鲜明亮出阵地"规范化"标准、干部"规矩+发展型"标准和党员"先锋型"标准，推动基层党组织"全面进步、全面过硬"。统筹抓好城市社区、两新组织、机关企事业单位等各领域"五星"系列创建，持续整顿软弱落后党组织，全面提升基层党组织组织力。深化落实党建责任清单20条，建立4.68亿元村级集体经济发展基金，制订村干部创业承诺1994条。通过党组织牵头，实行"村级集体经济增收八法"，全市村集体经济总收入8.25亿元，村均164万元，全面消除省级经济薄弱村。

(二)打好三治融合"组合拳",提升"枫桥经验"的内涵

坚持以善治为目标,积极推动自治、法治、德治"三治融合",不断创新社会治理新模式,努力打造平安、富裕、文明、活力的善治之城。

1. 基层事务重自治

强化自治的基础作用,健全以群众自治组织为主体、社会各方广泛参与的新型社区治理体系,促进民事民议、民事民办、民事民管。坚持把决策权交给群众,深化落实村级重大事务"五议两公开"制度,推行村级收集议题、酝酿论证、审议决定程序规范的"三上三下"民主治村制度,创新实施10项村民自治机制,形成"民意引导决策、权力阳光运行"的村级民主管理新局面。坚持把管理权交给群众,制定出台村民行为约束"负面清单"和劝导式"正面清单",全市551个行政村(居、社区)全面完成村规民约、社区公约等自治章程修订,探索推行村规民约积分制考评。对排名靠前的优先获得农村建房等资格,排名靠后的轻则批评教育,重则黑榜公布、要求损害赔偿等,有效推动村民自我约束、自我管理。坚持把监督权交给群众,深入开展村务监督委员会规范化建设,推动村级事务阳光化,推行村党员干部"五带头",持续强化对"三资"管理零违规、"四不"承诺零违背、"四违"零容忍、村级工程零投诉和村级公务零招待等村级五件事的监督,从源头上斩断利益链,真正让群众明白、让村干部清白。

2. 社会秩序用法治

强化法治的保障作用,紧扣建设法治型政府目标,健全重大决策社会稳定风险评估机制,全面推行政府法律顾问制度,引导骨干律师主动参与重大决策制订、房屋征收、农村土地流

转等中心工作，累计实施风险评估项目406个，确保重点项目"零阻力"推进。深入推进以司法责任制为核心的司法体制改革，严格执行领导干部禁止干预司法办案制度和政法干警"十个严禁"，扎实推进法官员额制改革，基本破解执行难问题，有效实现公正司法、严格司法、阳光司法。探索实施信访法治化处置机制，深化"零上访镇村""无诉讼村"创建，建立依法分类投诉清单，开展信访终结、群众评议工作，对违法上访行为进行依法处置和媒体曝光，引导群众依法理性反映信访诉求。2017年，全市赴京上访较2013年下降69%，实现"零非访"，历年信访积案化解率达90%以上。全面开展"法润诸暨"专项行动，落实"谁执法谁普法"责任制，扎实开展"法律六进"普法教育，深化"民主法治村（社区）""诚信守法示范企业"创建，构建市、镇、村三级公共法律服务体系，创新开播"1963法润"矛盾纠纷预防化解直播平台，打造全国首个基层刑事犯罪源头防治中心和未成年人法治教育中心，实现全市农村、社区法律顾问全覆盖。

3. 乡风文明讲德治

强化德治的引领作用，坚持以全国文明城市创建为龙头，出台《培育和践行社会主义核心价值观30个重点项目》，开展"礼让斑马线""十大不文明行为"评议等20余项活动，全力打造文明之城、活力之城、和谐之城。扎实推进"新时代文明实践中心"全国试点，加快构建"实践中心—实践所—文化礼堂"三级体系，充分发挥7.2万名志愿者队伍力量，全面推进移风易俗。建立村级关爱基金，打造"五清"村居，实现德润人心、教化群众、减少矛盾。目前，已建成运行农村文化礼堂187个，在503个行政村（居）实现移风易俗全覆盖，大力倡导婚事新办、丧事俭办、其他喜事减办，平均每场红白喜事节支5万余元，形成了移风易俗的"诸暨模式"。大力建设"书香暨阳",持续开展"我们的文化"系列群文活动,全面打造城市文化公园、社区文化家园,兴建镇村两级"乡贤馆""乡贤廊""乡贤墙",实现优秀传统文化与现代治理元素的有机融合。大力弘扬社会主义核心价值观,组织实施"善行暨阳"活动,持续开展"最美诸暨人""最美家庭"评选,依托道德讲堂、乡风评议会等弘扬崇德向善新风,选树一批道德榜样、家风典范和文明示范,唱响向美向善的诸暨"好声音"。

(三)筑牢矛盾风险"防火墙",谋求"枫桥经验"新突破

坚持社会治理社会化、法治化、智能化、专业化"四化并举",有效防范化解管控各类社会稳定风险,做到发现在早、防范在先、处置在小。

1. 创新线上线下大调解

秉持就地解决问题的基本精神,组建环境污染纠纷、物业纠纷、医疗纠纷、交通事故等十三大专调委,建成市镇两级联合调解中心和29家司调、诉调、检调和警调对接工作室,精心打造"老杨""江大姐"等一批群众认可度高的品牌调解室,形成以市镇村三级人民调解为基础,专业性行业调解为依托,行政调解、司法调解、仲裁调解、信访调解等多种调解相互配合、分工合作的"枫桥式"多元化矛盾纠纷"大调解"工作格局。五年来,全市人民调解组织共受理矛盾纠纷近7万件,调解成功率达98%。坚持将治理触角向网络延伸,创新发展网上"枫桥经验",建立在线矛盾纠纷多元化解平台,抓好省级"在线矛盾纠纷多元调解平台"试点,引导114家解纷机构、382名调解员在线注册,目前调解成功率达80%以上。统筹抓好政民e线、政务微博群、民生微信等平台建设,全面构建三级信息发布体系,实现网民留言

"2小时网上回应，24小时限时办理"和民生类网帖100%回复，打造"24小时不下班的网上政府"。

2. 开展智慧治理大联动

积极探索"互联网+社会治理"模式，加大党委政府投入保障力度，推动互联网大数据信息新技术与社会治理的深度融合。推进立体化、信息化社会治安防控体系建设，深化全国"智慧安居"建设试点，全面推进"雪亮工程"，建成全省首个高清数字视频监控专网，实现综治视联网全覆盖、公共视频监控全接入。2017年，全市利用视频监控直破各类刑事案件223起，占全部破案数的21.7%，并成功侦破了历时22年的甬绍系列持枪抢劫杀人案。加快基层基础信息化建设，在全国率先建成刑事诉讼涉案财物管理中心和一体化办案系统，整合平安通、安监通、食安通等平安类APP，打造"平安管家"。深化流动人口服务管理，创新实施网格化标配式、集约化旅馆式、信息化协同式、多元化融合式"四化四式"服务管理新模式，探索"老乡党员带老乡"，推行闲置农房"红心租"，做到统一管理、统一改造、统一出租、统一分配收入"四个统一"和政府放心、村民开心、租户暖心"三心合一"。

3. 推进平安创建"大合唱"

坚持专项治理和系统治理、综合治理、依法治理、源头治理相结合，巩固深化G20峰会18项维稳安保长效机制，推动形成问题联治、工作联动、平安联创。加快市、镇、村三级综治中心建设，整合服务热线、数字城管、应急指挥中心等各类业务信息平台，打造市级智慧治理中心，实现村级社会心理服务完全覆盖，构建起信息共享、处置联动的基层治理"闭环"。建立完善公共安全风险查控机制，坚持技防物防人防心防"四防并举"，加强重点领域、行业、物品全链条安全监管，推动以实名制为重点的行业监管制度落实，建立"全程留痕"监管机制，织密织牢公共安全网。建设市镇村三级社会心理服务平台，在特定群体比较集中的重点部门设立心理服务示范点，形成以心理知识宣传普及为前端、心理问题监测预警为中端、高危人员精准干预为末端的社会心理服务体系。加强风险源头防范，推行集16个稳定指标于一身的"三色"预警工作，每月对经济金融、信访、社会治安、公共安全、网络舆情等五大领域风险进行预警、预控。

（四）托起人民群众"幸福梦"，拓展"枫桥经验"新领域

牢固树立以人民为中心的发展思想，最大限度地激发政府活力、释放市场活力、提升社会活力，着力营造群众看得见、摸得着、感受得到的幸福生活。

1. 在深化改革创新中提升百姓获得感

把以人民为中心的发展思想落实到具体工作中，从群众不幸福、不快乐、不满意的地方入手，最大限度发挥改革在社会治理中的牵引作用。大力推进"最多跑一次"改革，按照"最多跑一次是分内、跑多次是例外"的要求，找准群众"办事难、办事烦、来回跑、跑多次"的痛点堵点问题，在全省首创"一证通办一生事"，建设"一库一窗一网一章一档"工程。整合公安、国土、市场监管、民政、社保等领域的公共服务数据，建立居民电子证件信息数据库，着力打破信息孤岛、破解信息共享难题，让"数据跑"代替"群众跑"，实现群众凭身份证可完成办理346个涉民事项，八成事项的平均办理时间缩减50%以上。创新推行一窗通办、一码通办、一网通办、城乡通办，实行"一窗受理、集成服务"，企业投资项目审批承诺制改革实现从土地摘牌至施工许可30天完成，立项至施工许可最多15天完成。探索实施镇乡"无差别全科受理",强化市镇村三级联动,推进审批权限与公共服务事项向基层一线延伸,推行多部门、多层次、多事项的集成办理模式,构建市、镇、村三级便民服务体系,落实村级专职代办员685名,实现群众办事不出村,只进"一扇窗"就能办成"一件事"。目前,全市"最多跑一次"事项比例达100%,444个事项实现"零上门",群众改革满意率达99%。2017年,"最多跑一次"改革工作考核和总体政务环境指数均居全省第二。

2. 在践行群众路线中提升百姓满意度

坚持面对面倾听群众呼声,心连心为群众服务,做好事、办实事、解难事。因地制宜开展"大调研大走访大服务"等专项活动,以"十个一"为调研重点,围绕发展问题清单、平安问题清单、发展项目清单,力求问题大起底、大梳理、大解决,以实打实的举措倾力服务企业、服务群众、服务项目。健全落实市级领导定期接访、主动约访、上门走访制度,实施初信初访首问责任制,推动信访问题依法及时就地解决。完善党员干部直接联系群众制度和"走村不漏户、户户见干部"工作机制,深化"返乡走亲、驻村连心、联户交心"常态化机制,切实架好干群"连心桥"、当好民情"大脚掌"。自活动开展以来,累计走访群众40.8万余户(次),收集民情信息6.5万条,有效化解问题矛盾2.4万个。全面推行"群众档案"工作法,深化开展"民情通"网下标准化建设,打造"政策一口清、民情活地图"的驻村干部队伍,让群众主动"开门请诊",让干部进村"入户问诊",全市群众满意率测评达99.2%。

3. 在建设美丽家园中提升百姓幸福感

坚持每年将财政支出和财政增量支出的2/3以上用于民生事业,办实办好十大惠民实事,社会保障提质扩面提标,城乡教育均衡协调发展，健康诸暨建设扎实推进，城乡公共服务均等化水平提升，有效构建起社会事业、社会民生、社会保障联动推进的新格局。深入实施乡村振兴战略，重抓国家现代农业产业园建设，深化落实村级集体经济转型发展三年行动计划，率先创新"地票""房票"政策，以农村保障房建设盘活农村建设用地，有效拓宽农民增收渠道，优化宜居宜业环境。纵深推进"千村示范、万村整治"工程，深化美丽集镇等美丽系列创建，利用农村闲置用房培育发展民宿经济、健身养老等新兴产业，推动工商资本和人才"上山下乡"，实现美丽乡村建设成果向经营成果转化。坚决打好污染防治攻坚战，持续抓好"五水共治""五气合治"，大力开展"垃圾革命""厕所革命""污水革命""围墙革命"，探索建立生态环境替代性司法修复机制，全市域剿灭劣V类水，三夺"五水共治"大禹鼎，空气质量优良天数比例提高到84.9%，成功创建国家生态市，荣获中国人居环境奖。

三 新时代"枫桥经验"对中国特色基层治理的启示

结合诸暨的实践创新，在新时代坚持发展"枫桥经验"，进一步完善中国特色基层社会治理，重点是抓好"四个结合"。

（一）坚持党政推动与群众首创相结合

党政推动是"枫桥经验"的政治优势，群众首创精神始终是"枫桥经验"的灵魂。是否善于发挥社会主体积极性，是衡量党委政府社会治理能力高低的重要标志。要坚持党政推动与发动群众相统一，既确立党委政府在社会治理中的主导地位，又突出社会组织、基层自治组织和人民群众在社会治理中的主体地位，充分调动各级组织和群众的积极性、创造性，努力形成党政作为与群众作为有机统一、相互补充、相互协调、相互促进的社会治理新格局。

（二）坚持解决问题与落实长效相结合

坚持发展新时代"枫桥经验"既要立足当前，解决好社会治理领域的突出问题；又要着眼长远，将一些行之有效的做法和经验固化为长效机制，更好地指导和推动面上工作。要从群众最盼最急最忧的问题入手，瞄准要害、精准发力，全力防范风险、堵严漏洞、补齐短板；同时要总结固化成功做法，建立完善科学治理、有效治理的长效机制，促使各项工作由突击运动变常态长效、事后变事前、治标变治本、被动变主动。

（三）坚持内涵提升与外延拓展相结合

坚持在传承中创新、在创新中发展，切实把新时代"枫桥经验"融入到中国特色社会主义事业"五位一体"的总体布局中，融入到"八八战略"再深化发展体系中，融入到诸暨经济社会高质量发展的建设中，使社会治理、平安建设的内容从减少犯罪、维护社会治安秩序、保证社会大局和谐稳定，扩大到政治经济安全、文化生态安全、社会充满活力等多个领域，在创新制度、健全机制中丰富"枫桥经验"的内涵，在优化环境、提升群众"三感"中拓展"枫桥经验"的外延。

（四）坚持社会治理与经济发展相结合

抓社会治理不能就事论事，不能单打独斗，必须与经济社会发展各项工作统筹起来。要在总结提升推广新时代"枫桥经验"的基础上，深刻理解和把握习近平总书记关于实施乡村振兴战略的重要论述,把新时代"枫桥经验"纳入乡村振兴总体规划,把推进基层社会治理现代化放到"两个高水平"建设大局中去谋划,找准社会治理工作与基层经济社会发展的结合点、着力点,坚持把社会治理与诸暨经济社会高质量发展规划同部署、同实施、同落实,全面推进诸暨经济社会高质量发展。

精准扶贫：攻坚克难走向共同富裕

陆朝霞　帅丽芳　章元红　林梦佳

实现共同富裕是社会主义的本质要求，是中国共产党必有的担当。要实现共同富裕，必须消除贫困。

党的十八大以来，习近平总书记在几代中国共产党人领导不断探索与实践的基础上，在全面建成小康社会宏伟目标的指导下，走基层、下农村，在实地调研中就农村扶贫工作作出了一系列重要论述与指示，进一步丰富、完善马克思主义的扶贫理论，形成具有鲜明新时代中国特色社会主义的扶贫思想。其中，2013年考察湖南湘西时提出的"实事求是、因地制宜、分类指导、精准扶贫"的"精准扶贫"思想，可谓新时代扶贫思想的精髓。后来围绕"精准扶贫"强调的"六个精准""五个一批"，不仅使精准扶贫思想具体化、系统化、科学化，而且为夯实扶贫工作明确了方向，提升农村治理的规范性，从理论与实践上为全面建成小康社会奠定双重基础。

浙江，江南水乡，自然禀赋远远优于西部、西北这些地域，因此没有深度的连片贫困区；浙江，沿海省份，改革开放的先行之地，也不存在群体教育缺失，观念陈旧，因代际传递问题而致贫的现象。但再富裕的地区，也有相对的贫困。浙江作为全国的"排头兵"，党的十八大以来，深入学习贯彻习近平总书记关于扶贫工作的重要论述，认真落实党中央、国务院关于扶贫开发工作的决策部署，四级联动、多措并举、改革创新，走出了一条富有浙江特色的扶贫开发路子，成为全国"三最"之省份：农民收入最高、城乡居民收入差距最小、区域发展差距最小。

一 浙江精准扶贫的做法

（一）四级联动，有序扶贫

1. 省级注重宏观谋划

党的十八大以来，浙江省委省政府多次召开省委常委会、省政府常务会议，深入学习习近平总书记"三农"和扶贫工作的重要指示，把浙江省的扶贫工作划分为两个阶段：第一个阶段是2013—2017年，低收入农户收入倍增阶段；第二个阶段从2018年起，进入低收入农户高水平全面小康的新阶段。为了切实完成两个阶段的任务目标，省委省政府把扶贫开发纳入"四个全面"总体布局，坚持党政主导，战略推进，根据各个阶段的特点，实事求是，分别出台《实施低收入农户收入倍增计划（2013—2017年）》和《低收入农户高水平全面小康计划（2018—2022年）》，作为两个阶段扶贫工作的指南印发全省各个市县的各个相关部门，以便具体工作的开展。为了倍增计划与全面小康计划的真正落地，省扶贫办等相关部门依据扶贫工作的逐步推进，相继出台系列配套政策指导性文件。如在扶贫资金项目管理政策上，为确保扶贫资金用到实处、项目做出实效，先后出台了《2012年欠发达地区低收入农户发展资金项目实施任务》（浙扶贫办〔2012〕24号），《关于进一步加强扶贫专项资金阳光监管的意见》《浙江省扶贫资金项目公告公示制实施办法》（浙扶贫办〔2015〕13号），《浙江省"光伏小康工程"实施方案》（浙扶贫办〔2016〕

11号），《浙江省财政专项扶贫资金绩效评价办法》（浙财农〔2018〕23号），《浙江省财政专项扶贫项目资金绩效管理办法》（浙财农〔2018〕54号），《浙江省扶贫资金项目公告公示实施办法》（浙扶贫办〔2018〕34号）等，对财政专项扶贫资金的使用落实目标管理、绩效监控。同时，围绕《低收入农户高水平全面小康计划（2018—2022年)》的工作要求，修订了扶贫异地搬迁、产业增收扶持、扶贫小额信贷等项目管理制度，进一步加强专项扶贫项目的实施与管理，推进浙江省新阶段扶贫开发工作的开展。

2. 市、县（区）注重贯彻落实

省、市、县（区）、乡镇（街道）四级行政级别中，市、县上传下达，起着桥梁枢纽的作用，直接关系该项工作的成效。为此，浙江省各级市、县党委、政府及部门，铭记习近平总书记的"四个意识"，紧跟省委省政府步伐，深入学习习近平总书记"三农"和扶贫工作的重要指示，深刻领会以习近平为核心的党中央关于"三农"和扶贫工作的指示精神，及时召开电视电话会议、常委扩大会议、专项工作推进会，认真组织学习，贯彻文件精神。根据省委省政府的扶贫计划，结合地方实际，制订工作计划，出台多个相关政策措施，为扶贫工作提供政策保证和依据。同时以考核为抓手，制定考核细则，做好落实这篇文章，明确工作责任，压实工作任务，落实精准扶贫精准脱贫部署要求。

3. 乡镇（街道）注重组织实施

乡镇（街道）是最基层的行政组织，是上级各项工作最后得以落地的关键一站。为使浙江全省的扶贫工作落到实处，乡镇（街道）的行政职能不可忽视。党的十八大以来，浙江省的乡镇（街道）注重扶贫工作的组织与实施，建立健全帮扶对象清单、责任清单（结对清单）、措施清单、效果清单，切实解决帮扶

"最后一公里"和"神经末梢"问题，真正做到精准制导、精准帮扶、精准脱贫。比如，在"减缓相对贫困"阶段，为精准识别帮扶对象，加强动态管理，乡镇（街道）干部根据省低收入农户认定的指导意见与地方统一的认定标准，走村入户，邻里访问，信息核查，信函索证，对申请人的家庭人口、收入和财产状况进行调查登记，核实清楚后按低保对象、低保边缘对象和其他经济困难户组成（对已发现或已申请，但因家庭经济收入核对结果还没有出来的对象，暂时列为其他经济困难户，目的是确保不落下一户一人）三大类别建立电子档。家庭收入较为稳定的每年至少复核一次，对有劳动能力及条件的家庭一季度复核一次，并定期进行走访调查，确保动态管理的真实性、有效性。这些工作繁杂琐碎，但乡镇（街道）干部必须做好组织实施工作。

总之，浙江省省、市、县（区）、乡镇（街道）四级联动，在脱贫攻坚战中各司其职，使得扶贫工作有序、有效推进。

（二）多措并举，合力扶贫

1. 率先出台政策，救助"低边人群"

基于种种原因，"低保边缘户"（又称"低边人群"）达不到低保申请的条件，因而不能享受政府的低保补助。但实际上，这部分人群与低保家庭的收入相近，生活窘迫，甚至有些家庭生活水平还低于受低保补助的家庭。为了解决"低边人群"的实际困难，本着"实事求是、精准扶贫"的原则，2014年，浙江省十二届人大常委会第十一次会议审议了《浙江省社会救助条例（草案）》。该条例在规定的社会救助范围内，第一次把最低生活保障边缘家庭纳入其中，扩大了近一倍的社会救助对象，这是全国率先出台关于"低边人群"的救助政策。2015年，浙江省再次出台《浙江省民政厅关于开展最低生活保障边缘家庭认定工作的通知》

（浙民助〔2015〕214号），明确"低边人群"的界定，即共同生活的家庭成员人月均收入超出本地最低生活保障标准但低于低保标准1.5倍之内（含1.5倍）的家庭，进一步强化政府救助兜底功能，扩大救助覆盖。浙江省始终遵循托底线、救急难、保民生、相适应、可持续原则，公平公正救助"低边人群"，完善社会救助托底。

2. 开展异地扶贫，帮助"山区人群"致富

浙江虽是全国经济发达省份之一，但在10.18万平方公里的土地面积中，山区占71%，平原占23%，河流和湖泊占6%，素有"七山一水二分田"之说。"山区人群"由于地处山区，交通不便，生产生活条件差，农民增收相对低，故做好"山区人群"扶贫工作是浙江省扶贫开发的重点工作之一。

2012年7月，浙江省委省政府下发《中共浙江省委浙江省人民政府关于加快山区经济发展的若干意见》（以下简称《意见》）（浙委〔2012〕90号）。《意见》明确指出，要"加快山区人口内聚外迁"，"引导山区人口有序向县城和中心镇转移；加大高山远山、重点水库库区、地质灾害隐患点等区域人口异地搬迁力度，完善补助政策"。在《意见》的指导下，2013年，浙江省扶贫办率先出台异地搬迁规划，明确搬迁对象、规模、类型、时间、方式和安置地点、方式等。同年，浙江省财政厅连同省扶贫办公室、省国土资源厅联合下发《浙江省农民异地搬迁项目和资金管理办法》，强化异地搬迁项目和资金管理。2015年，浙江省扶贫办再次出台了《关于下达2015年度异地搬迁项目计划的通知》（浙扶贫办〔2015〕15号），结合之前异地搬迁项目实施情况，再次完善规划异地搬迁项目，实现动态管理。

浙江省开展异地搬迁的扶贫工作，把"山区人群"从偏远山区搬迁至公共服务好、就业机会多的城镇化区域，在根源上解决

创收难问题。这种异地搬迁跳出空间限制，创新发展思路和扶贫理念，将发展效应予以优化。几年时间下来，浙江始终把异地搬迁工程作为一项系统工程来抓，加强组织领导，落实工作责任，优先保障用地，确保农户搬得出、稳得住、能致富，扶贫成效显著，成为贫困山区脱贫致富的优先选择，相关经验甚至被联合国采纳推广。

3. 强化特别扶贫，推动欠发达县发展

从区域扶贫角度看，文成、泰顺、开化、庆元、景宁等26个欠发达县是浙江省打赢脱贫攻坚战的关键。为贯彻落实《中共浙江省委浙江省人民政府关于推进欠发达地区加快发展的若干意见》（浙委〔2011〕29号），加快重点欠发达县群众增收致富奔小康步伐，省委省政府决定，从2011年起，连续三年对26个欠发达县（市、区），分类实施特别扶持项目。

（1）以来料加工为抓手，专门出台《浙江省来料加工项目管理办法》，规定来料加工项目属扶贫项目，下拨专项扶持资金。一方面对26个欠发达县低收入农户进行培训，使其成为来料加工经纪人；另一方面资金重点用于交通运输费、来料加工费补助、来料加工设备购置、加工产品储藏设施购建、来料加工场所建设补助等，通过项目发展提高低收入农户增收。

（2）根据《中共浙江省委办公厅、浙江省人民政府办公厅关于加强农村实用人才队伍建设和农村人力资源开发的实施意见》（浙委办〔2008〕37号）等文件精神，深入实施"扶千名人才、促千村发展"计划。由浙江农林大学向26个欠发达县35周岁以下的农户子女专项开展成人高等学历教育招生制度，通过"学历+技能"的培养模式，函授三年，完成本专业教学计划任务的同时，免费参加相关职业技能鉴定培训与考证，拓宽知识面，强化一专多能，以提升就业创业能力。其中所需学费、学杂费、教材资料费、实习费和技能鉴定费等，由省财政全额资助，进一步减轻农户负担。

（3）在资金管理上，对26个欠发达县的搬迁农户给予特别倾斜。《浙江省农民异地搬迁项目和资金管理办法》明确规定，26个欠发达县（市、区）扶贫重点村的搬迁农户和受地质灾害严重威胁并经省国土资源厅认定需要避让搬迁的农户，享有专项扶贫补助资金。同时，规范了扶贫项目资金公示公告实施办法以及扶贫资金管理办法，将扶贫项目及扶贫资金详细内容予以公示，使资金运转置于阳光之下。在新规的指导下，浙江省首推低收入农户统一认定标准，有效解决了以往因标准不一而导致的识别不清问题以及"救助"（民政部门主管）与"扶贫"（扶贫部门主管）两项政策之间的矛盾。

浙江省遵循习近平总书记"因地制宜，精准扶贫"的指示精神，对26个欠发达县实行特别扶持政策。2015年，这26个县一次性全部"摘除"了欠发达县的"帽子"，成功脱贫。

（三）改革创新，引领扶贫

1. 统一识别标准，瞄准政策协同

有一段时间，在扶贫开发工作中，因为识别标准的不一致，不同部门之间自成政策体系，致使帮扶资源投入不平衡，出现"多龙治水""大水漫灌"的不合理现象。这严重影响党与政府在老百姓心目中的形象，少数老百姓心里嘀咕：扶什么贫？有关系的这边拿了那边拿，没关系的一边都没得拿！为避免这种乱象的出现，提升政府公信力，浙江省对扶贫标准的识别进行了改革。2016年底，省扶贫办印发《浙江省低收入农户认定标准、认定机制及动态管理办法》及《浙江省低收入农户认定及动态管理工作的通知》（浙农办〔2016〕82号）。2017年伊始，省扶贫办又出台《浙江省低收入农户认定操作细则（试行）》（浙扶贫办〔2017〕5号）。在这三个新规的指导下，浙江省首推低收入农户统一认定标准，有效解决了以往因标准不一而导致的识别与瞄准之间、"救助"（民政部门主管）与"扶贫"（扶贫部门主管）两项政策之间的矛盾。过去，低保家庭与低收入农户由民政部门和扶贫部门以不同的收入财产认定标准分别认定，帮扶资源投入难以统筹，在实践中普遍发生识别矛盾和帮扶失衡问题。例如，理论上低保户也应是低收入农户，但实际上低收入农户未完全覆盖低保户；而对于低保户和低收入农户的重合认定，则容易因不同部门分治而形成帮扶资源叠加。低收入农户统一认定机制的改革与创新，有效实现了识别和瞄准的衔接、不同部门帮扶的统筹平衡，为解决当前我国低保与扶贫的衔接问题提供了实践经验。

2. 聚集社会力量，建大扶贫格局

《国务院办公厅关于进一步动员社会各方面力量参与扶贫开发的意见》（国办发〔2014〕58号）中明确指出，广泛动员全社会力量共同参与扶贫开发，是中国特色扶贫开发道路的重要特征。为打好新时期扶贫攻坚战，须进一步动员社会各方面力量参与扶贫开发，全面推进社会扶贫体制机制创新，形成政府、市场、社会协同推进的大扶贫格局。

浙江的扶贫工作一直走在全国前列。1997年，全国第一个消除贫困县；2002年，全国第一个消除贫困乡镇；2012年，浙江省在2011年国家制定新的扶贫标准——2300元（即2010年全国农民人均收入的38.9%）后，随即做出调整，将地方扶贫标准提高到本省农民人均收入的40.7%——4600元，是国家标准2300元的整整两倍。浙江定的这一标准，无论是在绝对数额上，还是在相对比例上，都是全国最高的。无疑，要在全省范围消除农村家庭年收入4600元以下贫困现象，任务是艰巨的。为切实做好此项工作，2015年，省扶贫办下发《关于认真做好基本消除农村家庭收入4600元以下贫困现象的通知》（浙扶贫办〔2015〕7号）。根据该通知精神，以及《关于做好2015年省政府十方面民生实事任务分解等有关事项的通知》（浙政督函〔2015〕5号）要求，除确保老、弱、病、残等增收困难的低收入农户和其他基本符合"低保"条件的农户全部纳入"低保"及其他社会救助范围外，设立干部自愿帮扶结对机制，建立"一村一单位""一户一干部"帮扶制度，要求结对干部"走村不漏户、户户见干部"，对"4600元以下"农户认领到人、责任到人。

2017年6月12日，在2016年全省全面消除家庭人均收入4600元以下贫困户，摘掉26个欠发达县帽子的基础上，车俊书记在省第十四次党代会会上就"全面消除集体经济薄弱村"作出部署。2017年8月底，省委办公厅、省政府办公厅联合印发《关于实施消除集体经济薄弱村三年行动计划的意见》（以下简称《意见》）。《意见》提出，要通过三年努力，到2019年底，全省全面消除集体经济年收入低于10万元的薄弱村，经济发达县所有村年经营性收入达到5万元以上；到2021年底，力争经济发达县所有村年经营性收入达到10万元以上，其他县的村年经营性收入达到5万元以上。于是"消薄"工作在浙江轰轰烈烈展开。为使全省的"消薄"工作顺利完成，2018年4月，省委省政府部署"千企帮千村 消灭薄弱村"专项行动，扶贫对象以26个欠发达县的集体经济薄弱村为主。自行动开展以来，浙江各省属企业积极响应，切实承担社会责任，坚守使命，主动结对，以产业帮扶为主要抓手，帮助薄弱村增强自我"造血"功能，互利共赢。企业充分发挥资本、项目、管理、人才、党建等优势助力"消薄"攻坚，而"薄弱村"利用农村闲置的集体资产或可流转集体土地等资源优势，村企联手，开发产业项目，增强"薄弱村"的内生动力，真正走向共同富裕。据统计，省级229个单位组成29个帮扶团组，为2000个扶贫重点村落实帮扶项目5000多个，到位帮扶资金6.64亿元，引进资金8.17亿元。

3. 跨省结对帮扶，彰显浙江担当

浙江省作为"打赢脱贫攻坚战"的先进省份，创下诸多第一，是全国"脱贫攻坚"的探路者、"模范生"。但"一枝独秀"不是春，"百花齐放"才是春。浙江省在高质量完成"脱贫攻坚"硬任务的同时，也不忘"帮扶西部贫困地区"的使命。

据了解，自1996年开展"东西扶贫协作"以来，由浙江省交通厅、发改委、民委和杭州市等单位对四川省阆中市实施对口帮扶。12年来，共注入帮扶资金3000万元，实施项目110多个，惠及阆中全市原32个特困乡镇，210多个特困村，受益群众达15万人，许多工作取得显著效果。在对口帮扶的12年里，阆中市通过总结、交流、互访等多种形式，不断把新情况、新资源、新想法传递给各个帮扶单位，使其进行有针对性的帮扶，在项目的推荐及实施上双方达成了共识，让被帮扶的老百姓得到了更多实惠。12年来，120套安居房和5处敬老院的修建、15所希望小学的建设、15所农村乡镇卫生院的改造等一批扶贫济困工程的相继建成，使受援群众生活条件明显改善；14处电灌站和9处人饮工程、12座桥梁的修建、一批村道的竣工、10个"浙·川"新村建设等一批扶贫开发项目的迅速实施，使受援乡镇发展后劲明显提升；一批浙江及周边知名企业先后落户阆中，带来的宝贵资金、技术、人才和先进管理理念，为阆中经济的快速发展增添了新的动力。

对于浙江省，阆中只是"东西扶贫协作"的一个缩影。其实，从省直机关到下面市、县（区）单位，从政府到企业，从集体到个人，无时无刻不在伸手援助，结对帮扶，彰显浙江的担当。2019年5月5日，车俊书记在省委常委会上传达习近平总书记关于解决"两不愁三保障"突出问题座谈会上的重要讲话精神时强调：浙江省要在过去取得积极成效的基础上，对照"两不愁三保障"标准要求，把东西部扶贫协作和对口支援工作做得更好；主动对接，与受援地一起细化"两不愁三保障"核心指标，发挥浙江教育、医疗资源优势，加大智力援助力度；与尚未脱贫的受援地密切配合、协同作战、合力攻坚，进一步向深度贫困地区、特殊贫困人口聚焦发力、精准发力，确保对口地区如期脱贫、如期摘帽，确保对口地区贫困群众真脱贫、脱真贫；提高政治站位，以钉钉子精神抓好中央决策部署的落实落地，为全国夺取脱贫攻坚的全面胜利贡献浙江力量。

二 浙江精准扶贫的成效

（一）助力乡村振兴

这条具有地方特色的精准扶贫路使浙江走在全国前列，居民城乡收入和发展差距最小，并且成了农民收入最高的省份之一。据统计，2017年浙江低收入农户可支配的人均收入为11775元，收入倍增的目标全部达成；绝对贫困得到消除，开始迈入减缓相对贫困的新征程。习近平总书记强调："要把脱贫攻坚同实施乡村振兴战略有机结合起来。"产业扶贫，乡村就能扶贫，产业振兴乡村就能振兴。

党的十八大以来，浙江全面推进项目产业的发展，不限于电子商务、农家乐、来料加工等。截至2017年，精准扶贫重点关注的26个原欠发达县和婺城区、黄岩区、兰溪市三地，共实施农业产业11600个，助力资金高达3.4亿元。农家乐数量为8748户，相关职业群体多达9.4万人，其中低收入农户从事农家乐产业的占了近 1/5。建设了 1359 个电商专业村，交易额超 300 亿元。来料加工解决了近 105 万人的就业问题，人均年收入超过 9000 元。通过产业扶贫使低收入农户增收持续提升，年均增长 23.6%，低收入农户与全省农村居民人均可支配收入之比进一步缩小至 2.25∶1。收入结构得到进一步优化，由原先的单一农业经营性收入转为多种经营性收入并存。5 年间，浙江对 2000 个重点扶贫村开展了 5000 余个资助项目，专项资金为 6.64 亿，引入资金在 8 亿以上。

此外，为了更进一步落实精准扶贫，省委省政府针对重点地区实施特别扶持政策，一期时间为三年，分阶段进行，成效显著。2011 年至 2013 年，第一期特别扶持资金投入 144.3 亿，项目完成 1536 个；2014 年至 2016 年，第二期特别扶持资金带动 126.4 亿，总项目 458 个。

大力发展项目产业，增强了低收入农户的"造血"功能，从根本上解决贫困问题，从而助力乡村振兴。产业脱贫建立了低收入农户从业人员占比较大的特殊农业基地，同时，增强低收入农户与当地企业的利益黏合度，助力贫困地区发展农产品加工业，促进一二三产业融合发展，有效契合了乡村振兴的发展需要，使其成功推动农村贫困人口全面发展和贫困乡村整体发展。精准扶贫工作是实现乡村振兴的良方，解决了群众最基本的物质问题，为贫困地区振兴奠定了坚实的基础。

（二）改善干群关系

精准扶贫之前，干部的行政执法主体意识较强，往往通过管控来推进各项公共事务的开展，由此习惯并逐渐形成了强制管理加严格控制的工作方式，而群众表现为顺从接受。在长期的干群关系中，缺乏主动参与和主张权利的认识，从而形成管理和被管理局面。而这种强调管理与被管理关系，不符合中央强调的以人为本、服务为先的治理理念。在长期的历史环境中，干部所形成的特有行为方式具有很强的延续性。要转变干群关系，就要通过新的要素，并给予明确指导。而精准扶贫为此提供了持续精准的推动力。

浙江各地精准扶贫，要求做到"'一村一计一单位''一户一策一干部'"，明确五年一定，每年考核，不脱贫不脱钩，细化为"一户一卡、包干到人、责任到人"，要求帮扶干部"走村不漏户、户户见干部"。一对一的结对政策，增强了低收入群众与干部的紧密度。同时，因地制宜地完善创新，解决了以往信息滞后的难题。金华磐安县建立扶贫数据监测机制，对贫困情况做到动态跟踪与实时更新，并且开展定期月度调研走访，依据"看房屋算家当，看产业算后劲，看劳力算收入，看医教算支出"的办法，记录家庭收入变化、就业实际情况、生活日常支出等详细内容，并将结果予以整合分析，进一步加强了干部扶贫开发的参与度。精准扶贫明确了具体的工作范围与方式，使基层干部有了明确的自查标准与机制，权力行使得到有效约束，干群的沟通趋向平等化、畅通化，提升了群众对干部的信任度。对于普通群众而言，精准扶贫的开展使权利意识和自我主张能力得到进一步强化，增强了他们参与乡村建设的主动性。核定扶贫对象、评估扶贫效果，都需相关群众参与。参与度的提升，为村务处理提供了更多民主化的可能，也为和谐的干群关系打下良好的基础。

由于精准扶贫对象是脱贫考核评估的重要内容，参与精准扶贫的基层干部工作理念和工作方式也产生积极变化。促使他们以服务扶贫对象为宗旨，以获得扶贫对象的较高的满意度。这一内生的工作动力和细化的工作指导，推进了基层干部工作方式的转变，从而逐步增强了群众的主体认识和主体地位，降低了干群矛盾发生的可能性，最终有效改善基层干群关系。

（三）提供农村治理的经验

浙江的精准扶贫不仅解决了低收入农户增收问题，而且使农村的治理结构发生巨大变化。原先这些地区一般或多或少都存在不同程度的乡村治理问题，譬如开展农村工作缺乏着力点，村级组织具有软、散难点，参与机制缺乏有效性。而浙江精准扶贫实施后出现的乡村治理新理念，给了精准扶贫自身强有力的保障，也提供了中国乡村治理的新经验。

1. 农村治理需要精准发力

过去农村工作千头万绪，不知道该如何开展。精准扶贫的精准性明确了乡村治理的目标性。在精准扶贫中注重资产扶贫，在农村治理中便积极发展集体经济。村民与低收入农户共同推进农村集体资产的建设，不仅使贫困户收入增收，也壮大了集体经济。精准扶贫注重保障农村老人的医疗和养老问题，在农村治理中便着力解决老年贫困共性问题。通过建立老年活动中心，开展敬老养老活动，倡导家庭子女尽孝赡养。各地政府围绕精准扶贫创造性地落实工作，既使精准扶贫得到较好实施，又推进农村工作的有效开展。

2. 农村治理需要基层党建引领

在精准扶贫实施过程中，基层党建作为一项重要内容，起到了较强的引领作用。党建引领使得集体经济发展壮大，基础设施得到改善，资金投入得到增加，农村人才得以集聚。基层党建的强引导力使得贫困村可持续脱贫。而农村治理同样需要强有力的主体引导，让治理具有更贴合实际的整体性和方向性。

此外，在精准扶贫中形成的贫困户优先受益、政府监管严格、执政为民和民主公开的乡村治理理念，给予乡村治理新的活力与生命力，为乡村振兴、乡村稳定和谐提供了新的元素。

三 浙江精准扶贫的经验

（一）干在实处

浙江省作为全国范围内最早开始实践精准扶贫的省份，率先建立低收入农户数据库。之所以能够取得如此丰硕的成果，重点在于落实。干在实处主要体现在三个"精准"：精准识别、精准施策和精准落实。

精准识别是精准扶贫的前提。如果没有精准识别，就无法开展落实扶贫政策。习近平总书记曾说："只有通过有效，合规的程序，把哪里是贫困区域，谁是真正的贫困人口识别并分别归类出来，才能够实现'精准'二字。"浙江通过低收入农户数据库，全面展开地毯式贫困人口排查，争取做到不漏户、不错人，以年收入4600元为标准，准确登记在册。再通过进一步的数据核查、信息核对、公示公告精准识别贫困村与贫困户，并把不同的贫困程度、致贫原因等内容予以记载，最后再进行建档立卡。通过一系列严格细致的程序步骤，确保贫困对象识别的精准性。

精准施策是精准扶贫的关键，重点在于处理如何扶贫的问题。不同的贫困村有不同村情，不同贫困人口的致贫原因也各不相同。精准施策的核心要义是因地制宜、因人因户因村施策。浙江在精准施策上注重对症下药，促进扶贫工作扎实落地。浙江在强化农村困难家庭政策兜底保障的同时，及时调整最低生活保障标准，低保标准逐步实现城乡一体化，有效解决因病返贫问题，最大限度遏制因病返贫现象发生。同时建设完善社会救助家庭经济状况的核对平台，通过动态管理和定时跟踪机制，及时调整扶贫措施，确保扶贫与实际相适应。

精准落实是精准扶贫的重点。倘若没有主体予以实施，精准扶贫永远无法落实到位。习近平总书记强调："要解决'谁来扶'的问题必须要完善精准扶贫的工作机制，做到分工明确、责任清晰、任务到人、考核到位。"浙江因村派人，农村工作指导员发挥自身特长，落实经济发展项目、基础设施项目、扶贫资金等，有力地支持了所驻村发展和低收入农户增收，干部紧紧抓实脱贫工作，为人民群众做实事，扶贫政策真正得以按质按量落实到位。

（二）敢于创新

以往扶贫，政府是单一主体。资源有限，力量单薄，单一的财产性投入不具备可持续性。实践证明，社会参与度越高，就越能发挥作用，扶贫对政府的依赖性也会进一步降低，脱贫再返贫的概率也会同时下降。浙江在精准扶贫的过程中积极发挥社会作用，动员全社会参与，集众心、聚众智、合众力，引导社会力量广泛参与扶贫，从而形成精准扶贫的强大合力，发挥了社会扶贫在大扶贫格局中的重要作用。让扶贫领域得到广泛拓展，扶贫形式多样化，形成了由政府牵头领导、扶贫机构主管实施、相关部门各司其职、社会力量充分参与的扶贫推进机制。

多元扶贫主体得以培育，全省政府机关、科研机构、金融机构、高校单位、发达县镇、各类企业等参与结对帮扶重点村。大力倡导企业扶贫，推进"千企帮千村"精准扶贫行动提质增效，倡导企业通过培育产业、研发技术、开拓市场等方式进行投资生产、增加就业，促进低收入农户增收。积极引导社会组织扶贫，支持社会团体、基金会等各类组织参与扶贫工作。积极呼吁个人扶贫，营造互保互助的公益服务理念。充分发挥共青团、工商联、妇联和民主党派、工会、无党派人士等群体的优势，广泛动员社会各界参与脱贫攻坚。

多方协作机制得以构建。政府在扶贫过程中坚持与多方主体进行合作，明晰企业组织、商业机构等不同主体的角色定位，让各主体扶贫的职能责任有明确区分，对利益也进行协调整合，促进全社会的扶贫力量得到最大限度发挥。完善扶贫定点牵头机制，使"单位包村、干部包户"制度得以落实，健全社会力量参与脱贫攻坚的各项规章制度，形成了不同单位、不同部门共同联合参与的多元化主体的创新社会扶贫体系，以社会扶贫、行业扶贫、专项扶贫为主体的大扶贫格局最终形成。不同形式的扶贫措施进一步实施。以华人华侨、浙江民营企业家、爱心人士等民间力量为主体创建了乡情公益基金，旨在回报家乡。建立扶贫开发投融资公司，让更多的工商资本、金融资金、社会资本得以集聚，参与精准扶贫。

（三）重视廉政建设

针对可能存在的地方资金使用管理不规范，大量资金闲置，违规违纪使用等扶贫领域的腐败问题，浙江予以严肃处置，坚决零容忍。

浙江依照中央开展脱贫攻坚作风建设统一部署，出台了《浙江省扶贫开发领导小组关于扶贫领域作风问题专项治理的实施方案》（浙扶贫〔2018〕2号），就扶贫领域作风问题深入开展专项治理。通过持续传导压力、层层压实责任，促进扶贫领域进一步转变作风，增强廉洁意识，形成强大合力，严格执纪问责，提升项目绩效，凝聚工作合力，进一步加强扶贫领域反腐建设，促进扶贫工作的有效开展。

在监督治理上，浙江省各级纪检监察机关扎实推进工作，认真履职。对具有扶贫领域形式主义、官僚主义突出问题的违纪人员进行严肃通报，强化警示教育，多次开展扶贫领域腐败和作风问题专项治理，进一步明确红线，严格全省打赢低收入百姓增收攻坚战的纪律要求。

浙江始终绷紧廉洁自律这根弦，在思想防线上巩固不想腐的自觉，确保廉洁扶贫、阳光扶贫。让基层扶贫干部真正进村入户、联村带户，真正深入田间地头，既当好联络员，更当好战斗员，深入推进阳光扶贫、廉洁扶贫。以干部自身的廉洁自律，达到群众满意和成果优质的扶贫目标。

浙江精准扶贫的经验为新时代中国扶贫事业提供新的实践方案。从宏观建构到地方实践，从理论创新到实践创新，推动精准扶贫由政府为主体向多元主体扶贫机制转换，体现了精准扶贫在地方的要求。党的十九大报告提出，要动员全党全国全社会力量，坚持精准扶贫、精准脱贫，做到脱真贫、真脱贫。浙江精准扶贫的成就，反映了我国地方精准扶贫的阶段性实践。通过实践，让目标方位更加精准，重点更加明确，努力使精准扶贫以最优方式、最佳路径向前推进。浙江的扶贫事业在泽惠浙江人民的同时，为中国其他地区扶贫事业的开展提供了具有参考价值的浙江样本。

后　　记

　　浙江是中国革命红船起航地、改革开放先行地、习近平新时代中国特色社会主义思想重要萌发地。特别是习近平同志在浙江进行"省域"治理层面的探索与实践，其理论渊源、核心要义、实践价值、科学方法与党的十八大以来党中央治国理政新理念新思想新战略内在契合、相融相通、高度一致。比如，"八八战略"提出的八个方面举措，覆盖经济、政治、文化、社会、生态建设等重点领域，契合十八大以来"五位一体"总体布局；提出加快全面建设小康社会、再创体制机制新优势、打造法治浙江以及加强党的执政能力建设等重大决策部署，契合"四个全面"战略布局；提出以"腾笼换鸟、凤凰涅槃""绿水青山就是金山银山""念好山海经""坚持内源发展与对外开放、向外拓展相结全""全面小康一个乡镇也不能掉队"等新理念新部署，契合创新、协调、绿色、开放、共享五大新发展理念。

　　面对新形势新使命新要求，浙江如何继承发扬"红船精神"，如何推进"八八战略"再深化、改革开放再出发，如何自觉践行"干在实处、走在前列、勇立潮头"？

　　作为学习、研究和宣传习近平新时代中国特色社会主义思想的重要阵地，充分发挥"三个地"的政治优势，研究浙江实践、总结浙江经验、宣传浙江样本，中共浙江省委党校责无旁贷。

　　2019年2月，中共浙江省委党校组织相关领导和专家共同策划了这一选题。3月，党校确定了本书的基本框架、研究思路和写作要求。全省党校系统抽调精干力量，组成编写组，保质保量完成了编写任务。在编写过程中，特别感谢中共浙江省委党校常务副校长陆发桃同志、副校长徐明华同志提出修改意见。

　　本书编写分工如下：胡承槐撰写了引言《高质量发展的"新浙江现象"》；陈宏彩、易龙飞撰写了第一篇《"最多跑一次"改革：引领政府未来发展新方向》；何圣东、徐梦周、潘松挺、胡青撰写了第二篇《"一号工程"：打造数字经济示范省》；包海波、潘家栋撰写了第三篇《大湾区：擘画未来区域发展新蓝图》；胡承槐、卢宁撰写了第四篇《大花园：全面建成美丽浙江》；董敬畏、葛亮、徐律撰写了第五篇《未来社区：改变全省人民的生产生活方式》；徐梦周、杨大鹏、周凌撰写了第六篇《之江实验室：打造未来高能级科技引擎》；李涛、张洪岭撰写了第七篇《浙江精神：生生不息的发展动力》；徐晖、李颖撰写了第八篇《城市大脑：构建数字社会新平台》；吴翔阳、钟春洋、赵海平、宓红撰写了第九篇《大交通：建设"一带一路"枢纽》；王健、杨美凤撰写了第十篇《特色小镇：产城融合发展的浙江经验》；胡继妹、刘正武、张璇孟、胡占光撰写了第十一篇《"五水共治"：山水林田湖成为浙江发展的新优势》；徐勇、徐连林、马燕军、彭世杰撰写了第十二篇《清廉浙江：风清气正的政治生态》；杨宏翔、宋潞平、葛斐、金晶撰写了第十三篇《"四换三名"：凤凰涅槃看浙江》；陈迎春、章胜峰、黄梓桢、张昂启撰写了第十四篇《大都市圈：建设长三角金南翼的浙江实践》；周良生、姜裕富、杨川丹、钱勤英撰写了第十五篇《文化礼堂：新时代农民的精神家园》；张伟存、顾自刚、胡佳、陆瑜琦撰写了第十六篇《陆海统筹：以建成世界大港为目标》；章正杰、夏梁省、邢震、金台临撰写了第十七篇《最佳营商环境：助力民营经济再创辉煌》；柳一珍、杨琳撰写了第十八篇《"最美"现象：闪耀浙江的文明

后　记

之光》；杨立新、周松强、徐应红、钱泓澎撰写了第十九篇《转型升级：新时代浙商的历史使命》；阮坚定、赵瑞林、陆银辉、高瑶瑶撰写了第二十篇《人才新政：打造高端人才集聚的平台》；占张明、陈华杰、单凯、冯利斐撰写了第二十一篇《亩均论英雄：高质量发展出新招》；项晓艳、殷荣林、张玲丽、于佳秋撰写了第二十二篇《"地球卫士"：为践行新发展理念勇立潮头》；屠永生、丁光飞、陈莹、田胡杰撰写了第二十三篇《新时代"枫桥经验"：探索中国特色基层治理发展道路》；陆朝霞、帅丽芳、章元红、林梦佳撰写了第二十四篇《精准扶贫：攻坚克难走向共同富裕》。

这项工作得到了中国社会科学出版社党委书记、社长赵剑英先生，总编辑助理王茵女士的大力支持，中国社会科学出版社马明老师为本书的出版付出了诸多辛劳和汗水。另外，《浙江日报》全媒体理论部原主任谢正法对本书选题论证、编辑修改做了大量工作。王立嘉老师对书稿进行精心修改、校对。在此一并致以谢忱！

虽然本书的编写组专家和全体成员、中共浙江省委党校科研处等相关部门，在资料收集、深入研究、组织研讨、精心校读等环节都给予极大的重视、付出了真诚的努力，但对照社会各界的殷切期待，差距还是很大的。加之水平有限，时间仓促，难免疏漏甚至差错，恳请政策理论界专家、社会各界读者给予批评指正。

本书编写组
2019 年 7 月